GRAND REFORM

Finding the
'China solution'
of modernization

大变革
平天下

寻找现代化的
"中国方案"

南风窗杂志社 ◎ 编
李少威 赵义 谢奕秋 李桂文 等 ◎ 著

人民日报出版社

图书在版编目（CIP）数据

大变革，平天下：寻找现代化的"中国方案" / 南风窗杂志社编；李少威等著. -- 北京：人民日报出版社，2018.11（2019.3重印）
ISBN 978-7-5115-5731-5

Ⅰ．①大… Ⅱ．①南… ②李… Ⅲ．①中国特色社会主义－社会主义建设模式－研究 Ⅳ．① D616

中国版本图书馆CIP数据核字（2018）第251794号

书　　　名：	大变革，平天下：寻找现代化的"中国方案"
编　　　者：	南风窗杂志社
著　　　者：	李少威　赵　义　谢奕秋　李桂文　等
出 版 人：	董　伟
责任编辑：	张炜煜
排　　　版：	阮全勇
出版发行：	人民日报出版社
社　　　址：	北京金台西路2号
邮政编码：	100733
发行热线：	（010）65369527　65369512　65369509　65369510
邮购热线：	（010）65369530
编辑热线：	（010）65369514
网　　　址：	www.peopledailypress.com
经　　　销：	新华书店
印　　　刷：	北京朝阳印刷厂有限责任公司
开　　　本：	710mm×1000mm　1/16
字　　　数：	280千字
印　　　张：	20.5
版　　　次：	2018年12月第1版　2019年3月第3次印刷
书　　　号：	ISBN 978-7-5115-5731-5
定　　　价：	48.00元

本书编辑委员会

主　　编：李桂文
副 主 编：李　龙　赵　义
执行主编：赵　义
编　　辑：李少威　谭德波　赵　义　谢奕秋
　　　　　李　龙　李桂文
撰　　稿：李少威　赵　义　谢奕秋　李桂文
　　　　　雷志华　荣智慧　何子维　郑嘉璐
　　　　　杨　露
编务统筹：钟璐珊

序　言

40年后，我们迎来又一个关键时刻

秦　朔

2018年是中国改革开放40周年。

40年我们靠双手改变了命运。中国的成就不是偷来的、抢来的、别人送来的、天上掉下来的，是干出来的。中国的活力和亿万创业者、劳动者的奋斗分不开，奋斗精神代代传，人力质量步步高，这是我们独特的文化优势，世罕其匹。

中国正在成为全球商业领域的创新引擎。现在美国某个产业的学术杂志发表一篇前沿性论文，最早把它商业化、做出样品的可能是中国，因为中国不仅有如饥似渴的"技术寻源"能力，还有强大的零部件和加工生产体系。

百闻不如一见，凡到过中国的外国投资者都能意识到中国在不少方面已处于世界前列。我最近遇到的美国、德国、法国的几家跨国公司高管都承认，如果说过去几十年不进入中国就不算真正的跨国公司，现在，失去中国就失去了未来，因为最鲜活的创新实践往往不在其母国，而在中国。

但即使这些人，对中国经济强大后对世界的影响到底如何也有疑问。有的觉得中国是"经济动物"，搞"经济沙文主义"，而且通过国家干预的方式，是不公平竞争；还有的对中国的政治制度、意识形态、社会控制方式存有疑虑，不知道就长期而言，中国将向何处去。

中国巨龙的经济规模已经让世界震惊，如果不能在国际大视野中对自己的道路做出恰当、正当的界定，我们越强大、越自信，国际社会可能越担心。

一段时间以来，中美贸易争端有升级之势，并从贸易差额问题向知识产权、投资等更多领域蔓延，且涉及两国的经济结构、经济制度、意识形态等深层次问题。特朗普在2018年对中国采取的一连串进攻型打法，用英国《金融时报》的评论，像是派B-52轰炸机出场进行地毯式轰炸；用美国《国家利益》杂志的说法，"全球局势有可能从前苏东剧变之后的冷和平，逐步向新冷战滑落的危险性"。

就国内来讲，一时间，看空中国市场的声音和抱怨多了起来，要和美国"血战到底"（如卖出美债、对在华美国公司直接进行限制）的声音也不绝于耳，主流专家学者也纷纷拉响警报。但学者们真正担心的是，此次贸易争端会变成一个转折点，成为历史上"老大"遏制"老二"崛起的最新版本。从这个角度看，贸易差额只是导火索，本质是美国要通过"干预'中国对经济的干预'"来确保自己的优势不被侵削。在白宫看来，中国经济增长是通过"不符合经济规范和准则"的行为实现的，这种政府干预型模式是对美国的"经济侵略"（economic aggression）。

其实，美国对中国采取更强硬的路线，从奥巴马时代就开始了。他热衷TPP（跨太平洋伙伴关系协定）的目的就是"制定21世纪贸易规则"。而到了特朗普时代，他干脆退出多边体系，直截了当推行"美国优先"。美国正逐步脱离以WTO为框架的多边体系，更多使用美国的国内法来保护其利益。

如果这是一个大的路线图，则中美经贸争端将常态化，时不时就会升级，而且充满不确定性。中国原来的基于一个统一全球市场所制定的战略可能遇到意想不到的压力。

是美国成功遏制中国崛起，还是中国成功进行反遏制，这是未来几年的全球重大看点。

我的基本看法是，中国不会像日本或苏联那样被美国遏制。中国不是20世纪80年代末的日本，中国内部市场规模巨大、远超日本，中国人均GDP增长的潜力也很大，不像当年的日本已经接近美国水平；苏联的经济活力无法与中国相比，中国也没有苏联那么突出的加盟共和国的离心问题。尽管美国把中国作为战略竞争对手，但注定遏制不了中国成长。美国《国家利益》杂志也承认，"如果美国将胜利定义为克服抵抗，特别是克服中国的抵抗以实现其全球霸权，那么它在新冷战中将遭败绩"。

中国如何不被遏制、继续前进呢？这方面已经有很多建议，我也写过不少文章，不再赘述。在我们庆祝改革开放40周年，重整行装再出发的时候，我想强调的，一是平常心，二是规则心。

首先是对美国开给中国的问题清单要有平常心。中国到底有没有遵守WTO承诺，有没有推进知识产权保护，不是美国说了算。众多国际组织自有评价，中国总体表现属于上乘。有做得不足、不到位的地方，有随着自身发展应该进一步提高标准、承担责任的地方，但绝不是"小偷"，不是"经济殖民者"。心底无私天地宽，我们无须被美国的这套说辞、那套规则吓唬住，自贬其身。如果说一个国家经济增长的大部分是靠不公平竞争做到的，而且能做到世界第二，那简直是在侮辱全世界消费者、投资者的智商。这样的例子在历史上也找不出一个！

其次是对谈判这种形式也要有平常心。虽然谈判常常让人不开心，但我们要明白，谈判是解决争端的最不坏的方式。谈判恰恰是为了消除战火。一次谈崩了也没什么了不起的。我们要习惯谈判，学会谈判，用好谈判。

与此同时，我们要有更强的规则意识。中国走向世界，向世界开放，也是一个不断增强规则心、按国际规则办事的过程。

根据中国加入世界贸易组织关于政府采购的承诺，"中央和地方各级所有政府实体，以及专门从事商业活动以外的公共实体，将以透明的方式从事采购，并按照最惠国待遇的原则，向所有外国供应商提供参与采购的平等机会"。

根据"国有企业和国家投资企业"的这条承诺，"中国保证国有和国家投资企业仅依据商业考虑进行购买和销售，如价格、质量、可销售性和可用性，其他 WTO 成员的企业将拥有在非歧视的条款和条件基础上，与这些企业在销售和购买方面进行竞争的充分机会"，"政府将不直接或间接地影响国有企业或国家投资企业的商业决定，包括关于购买或销售的任何货物的数量、金额或原产国，除非与《WTO 协定》相一致"。

无论按照美国的规定还是按照中国的承诺，可以看到我们还存在不少问题。这些问题，别人不追究，也要解决，也要校正。否则我们很难真正建立起作为一个市场经济国家应该获得的国际信任。

在新书出版之际，我还有一个最想表达的观点，就是中国在未来的战略制定中，在"以开放促改革"这条主线之外，应该把提升国民福祉放在最高位置，以国民幸福为抓手推动改革与发展，体现"国民优先"的方向。

美国很重要，我们有一万个理由与之搞好关系。但万一美国对中国就是要从接触政策走向战略竞争和战略抑制呢？什么是中国长期发展的永不改变的驱动力？我想还是人民对美好生活的追求，人民生活的痛点就是各项工作的抓手。

就拿 A 股来说，我对中美股市做了点对比研究后发现，美国股市从 2009 年 3 月进入"长牛"，已经延续 9 年，道琼斯指数增长了 300% 以上。这有很多原因，但特别值得一提的是，美国上市公司一直都将大笔资金用来给股东分红和回购股票，分红和回购成为牛市一大动力来源。公司将股票回购后注销，总股数减少，每股盈利和分红增多，相当于返利给股东。

数据显示，2017 年美国上市公司的股票回购与股息分红合计超过 1 万亿美元。高盛预测，今年美国股票回购额将从去年的 5270 亿美元增长到 6500 亿美元，增幅为 23%。还有数据显示，自 2013 年以来美国上市公司的股东回报总额超过 4.8 万亿美元，超过美联储在金融危机后推出的整个量化宽松计划的规模。以苹果公司为例，今年公布一季度财报时，宣布将额外斥资 1000 亿美元用于股票回购，还将季度股息提高了 16%。

所以，美股对投资者的含金量越来越高，A 股对投资者的水分越来越多。

在 A 股市场，一些企业的股价上升，主要靠估值水平的上升（"故事大王"），而不是靠真实利润的上升。但非常遗憾的是，那些直接去"瓜分财富"（靠批文牌照，靠补贴特惠，靠廉价资金额度，靠高杠杆）的企业，比起脚踏实地的价值创造者，常常挣得更多。中国几十年来形成的大量不良资产，就是某些企业和富豪的发财之道。

特别指出的是，人民对美好生活的向往是全面的，不仅仅是物质的，更是信仰、精神追求、社会参与、社会公平等更深层次的全面。

最近和很多朋友交流时他们都提到，在强调自上而下变革的同时，如何激发自下而上的积极性，是一个重大命题。我们对中国经济有信心，是源于对广大创业者、企业家和劳动者群体有信心。既然我们可以把中美贸易争端当成进一步改革开放的助推器，为什么不能把国内百姓的意见建议作为打火石呢？开放商品和服务的市场很重要，观念市场的建设也很重要，要兼听则明，这又涉及信息透明、开放社会、媒体职责等等问题。

只有更多地从国民福祉角度思考问题，才能铸就民心的万里长城。中国的高铁很得民心，高铁建设过程中也有很多国外的技术转让，当时国外供应商也有说三道四的，但老百姓完全站在高铁一边。因为如果当时没有技术转让与合作，未来光是每一年的维护成本就是天文数字，折算到票价里，中国乘客难以承受。所以，国民福祉是一切思考的根本点，我们之所以开放，最大的理由是开放能够促进国民福利提升。

今天是一个关键时刻。让我们透彻地意识到，国内百姓的福祉才是中国的最高利益，没有他们的努力，就没有中国今天的地位。他们的命运，就是中国的命运。当我们坚决围绕他们的酸甜苦辣及时回应时，才能把他们团结在一起，凝聚在一起。真正以民为本的中国，才是不惧任何外部挑战的中国。

（作者为"商业文明联盟"创始人、"秦朔朋友圈"发起人，曾任《第一财经日报》总编辑、《南风窗》总编辑）

目　录

序　言　40年后，我们迎来又一个关键时刻 / 01

引　言　通往人心之路 / 001

第一章　中国人的现代化

1. 欲望释放，身份重组 / 014

2. 农民工：向城市出发 / 021

3. 恢复高考：知识和理性的回归 / 028

4. 个体感涌动和人生困惑 / 037

5. 诗歌和武侠：向理想主义致敬 / 044

6. 听到另一个世界 / 054

7. 人的城市化和现代化 / 061

8. 科技时代：社会生活的互联网化 / 068

9. 文化自信的回归 / 075

10. 不忘初心，牢记使命 / 083

第二章　大国经济崛起

1. 金融顶层架构之变 / 092

2. 第一融资系统的重任 / 100

3. 证监会剑指利益集团 / 108

4. 债券市场强势崛起 / 116

5. 富起来之后钱谁管？/ 123

6. 国企改革，被忽略的"制度优势"/ 130

7. 外来驱动力，中国的外资的 40 年 / 136

8. 大国互联网产业的"秘密"/ 143

9. 从"大国红利"走向世界创新引擎 / 150

第三章　走向治理现代化

1. 窑洞之问的历史回响 / 162

2. 重构政治生态 / 171

3. 反腐败形成压倒性态势 / 179

4. 把权力关进制度的笼子 / 187

5. 较真碰硬的机构改革 / 195

6. 法治，国家治理的一场深刻变革 / 203

7. 落实"税收法定"/ 212

8. 财税改革最难啃的硬骨头 / 219

9. 稳定：对治理能力的重大考验 / 226

10. 现代国家视野中的治理变革 / 233

第四章 美美与共，天下大同

1. 中美关系：超越分歧重构共识 / 245

2. 欧盟，全球治理的中国伙伴 / 256

3. 中俄合作：大国战略协调的典范 / 264

4. 两个第二经济大国之间那些事 / 269

5. 朝鲜半岛与大国担当 / 276

6. 谁人不识东南亚？/ 281

7. 西半个亚洲：爱憎不必分明 / 289

8. 非洲"兄弟"与拉美"伙伴" / 296

9. 加拿大、澳大利亚：并不遥远的存在 / 304

10. 从国际组织边缘到舞台中央 / 308

后　记 / 313

引言

通往人心之路

1978年，在邓小平同志倡导下，以中共十一届三中全会为标志，中国开启了改革开放历史征程。从农村到城市，从试点到推广，从经济体制改革到全面深化改革，中国人民用双手书写了国家和民族发展的壮丽史诗。

"人民对美好生活的向往，就是我们的奋斗目标。"改革开放顺应了人民要发展、要富裕、要美好生活的历史要求，在中国共产党的领导下，成功开辟出一条符合中国实际的发展道路。这是一条经济持续快速增长的成功之路，是一条国家治理水平不断提高的探索之路，也是一条亿万中国人通往美好生活的不平凡之路。

一

40年间，中国经济社会发生了巨大的变化。2017年中国的国内生产总值达到82.7万亿元，比1978年增长33.5倍，年均增长9.5%，平均每8年翻一番，远高于同期世界经济2.9%左右的年均增速。人均国内生产总值达到5.97万元，年均实际增长8.5%，人均国民总收入（GNI）由1978年的200美元提高到2016年的8250美元，一个近14亿人口的大国进入中等收入国家行列。农村贫困人口由7.7亿人减少为3046万人，累计减少贫困人口7.4亿人。人均预期寿命由1981年的67.8岁提高到2017年的76.7岁。中国经济在世界经济中的位次也从第11位一路跃升到第2位。

简单数字的背后，是可触摸的生活温度。千千万万普通中国人的命运，因为改革开放这一伟大转折而发生了天翻地覆的变化。

改革开放是中国百余年现代化探索的一部分，也是其中真正不受外力干扰，沿着现代化正途昂首阔步前行的高潮阶段。现代化，是中国人一百余年的不懈追求，追求的目的是让民族和人民不挨打、不挨饿、不挨骂、不低人一等。为了实现这一宏愿，中国经历了太多坎坷和磨难。每个个体面对眼前的现实，或许还有许多的困难与无奈，但当我们以历史的眼光回顾更宏阔的过去，却清晰可见中国向现代国家迈进的脚步，虽有曲折，终入正轨。在历经 40 年改革开放之后，今日之中国，正以崭新姿态屹立于世界的东方，迎来中华民族伟大复兴的光明前景。

世界变化之快，让人眼花缭乱。我们似乎早已习惯了这样的心理变幻：迅速地忘记过去，满怀热情地去憧憬未来。虽然对这段波澜壮阔的历史进行盖棺定论式的评价，不是我们这一代人能做的事情，但正如马克思所说，人们自己创造自己的历史，但是他们不是随心所欲地创造，不是在他们自己选定的条件下创造，而是在直接碰到的、既定的、从过去继承下来的条件下创造。

从这个角度讲，所谓历史，就是正在发生的未来。在历史的长河中，40 年的时间不过是弹指一挥间，但对于"生也有涯"的我们来说，40 年的时间足可以看清楚很多事情，明白很多道理。

遍观世界各民族、国家的发展史，有一个共同思索的永恒命题：为什么有些国家和地区会由穷变富？如何实现由穷变富？怎样防止富起来后又走向衰落？回到中国，40 年的历史经验，启发我们更深入地思考：重大的改革议程应如何启动和推进，以及如何选择路径、控制风险，真正实现改革的目的，推动国家现代化进程？

史学界有一种解释，现代化包括器物、制度和思想文化三个层面，在单线思维的最简单模式里，这是一个逐步升级的过程。尽管这一三分法有待商榷，但从其逻辑上可以发现，现代化，最终是人的现代化。40 年来，现代化最直观的表现是产业结构上的工业化，地理空间上的城市化，社会身份上的市民化。这个过程渐进但又急剧，产业结构的变化带来了社会结构的变化，而社会结构的变化又促动着国家治理方式的嬗变；越来越多的人口进入城市，推动着现代社会规则的不断建立和成熟，而由此带来的社会资本的积累、交易效率提升和财富总量增长，又让城市不断扩容和增加，能够接纳更多农村转移人口。

中国人作为现代社会人的素质，也在这一过程中不断自然提高。人们不断感受新式生活的喜悦，也持续体验社会转型的阵痛。中国人以传统的勤劳、忍耐、宽容的品格与对未来的乐观追寻，把国家和社会推进了真正的现代化大门。这个过程在宏观上波澜壮阔，又在微观上精彩纷呈，有巨大的社会变迁，又有温暖的相互理解和悄然的文化再生。

经济体制改革是 40 年改革贯穿始终的主题，其主要脉络可以归纳为放权收权、财金分离和资源配置。以 20 世纪 90 年代的财政金融大改革为中点，经济改革可分为前后两段，前一段是放权的改革，发挥地方的主观能动性，目前中国几乎所有知名的民营企业都诞生于这一时期。在财政金融大改革之后，则通过分税制、垂直向上的金融系统的构建，统一国内市场，奠定了中国经济近 20 年高速增长的基础架构。财金分离改革，进一步在全球市场奠定了中国的"国家信用"，中国顺利加入 WTO，融入全球经济体系，分享了意想不到的全球化红利。关于政府和市场边界的辩论伴随着整个改革进程，最终达成共识，要发挥市场对资源配置的决定性作用，同时更好发挥政府作用，成果来之不易。

所有的经济学都是政治经济学，自发秩序必然要和国家治理发生碰撞。40 年改革开放，中国的执政党和政府对社会经济的治理形成了比较好的经验，它是现代化"中国方案"的重要组成部分。这些经验不仅包括根据日益变化的社会经济结构进行相应的上层建筑的调整，而且包括通过治理体系和治理能力上的主动作为，来为社会经济的发展和新生事物的成长打开空间。

在中国历史上，如果在相当一段时期内能够维持政治稳定、社会安定、经济繁荣，就往往被称为"天下大治"，这是数千年来中国政治文化精英与平民百姓共同的愿景。40 年改革开放让我们初步实现了"天下大治"，但离我们的真正目标还有很远的距离。治理现代化依然是我们追求的目标，虽然其内涵和前现代社会相比已经有很大不同。今天，治理现代化已经是攸关我们事业成败的关键。

二

回顾这段历史，改革开放之初，在整个国家经历了"文革"的危机和重创之后，百废待兴，人心思变。经由重要历史事件的铺垫，对传统思想观念的批判和谋求全新社会图景的共识逐步形成和强化，这使得改革开放的新思想获得快速而广泛的传播，新思想和改革开放相互激荡，观念创新和实践探索相互促进，成为改革的巨大推动力。

在此过程中的每一个历史关头，伟大政治人物的非凡领导力至关重要，正确的重大决策使得思想解冻，推动发展实践。在正确的战略方向指引下，成功案例和激励因素不断积累，相互激发，铸就着不可逆转的发展趋势，成就了中国经济40年持续和超常规增长的奇迹。

经济学家朱天提出了"中国增长之谜"：为什么中国能够实现40年的超常规增长，而且中国的经济增长不但比发达国家快很多，比其他发展中国家也要快很多？

总的来看，中国出现的增长奇迹是适应世界格局变化、凝聚社会共识、提升社会能力、发挥比较优势和文化潜在力量的结果。进一步分析，与经济增长相关的解释变量离不开制度模式、技术变革、产权保护、管理创新和企业家精神等经典因素，但如果追根问底，探究为什么变化是在这里而不是在那里发生时，则往往要追溯到不同的历史文化因素。

早在100多年前，马克斯·韦伯在其名著《新教伦理与资本主义精神》中将资本主义在西方的诞生与发达归因于新教教义，禁欲苦行的精神让人们注重积累而不是消费，把财富增殖视为来自宗教要求的天职。

韦伯的论断在学术界一直存在激烈争议，但无论在何种社会形态和经济组织方式下，一个民族具备勤劳节俭的工作伦理，对财富积累有利则是不争的事实。而这一工作伦理恰恰深深渗透在中国传统文化的伦理内核当中。

在对廉价劳动、人口红利、出口拉动、制度模式等增长原因做了对比研究之后,《中国增长之谜》的作者朱天得出结论:文化才是揭开中国增长之谜的关键。经济增长表面的决定因素是资本、劳动、技术和地理优势,但是最终起作用的是文化和习惯的遗传。中国文化中与经济增长直接相关的价值取向只有两个,一个是勤俭节约,一个是重视教育和学习,前者影响物质资本的积累,后者影响人力资本的积累和技术进步的速度。

我们再把眼光放到当下的世界,一方面世界正在变得更平,中国作为庞大的开放经济体与世界经济的互动性在全面加强,与此同时,世界经济格局已经发生重大调整。随着新兴市场经济国家的崛起,不断扩大的全球生产能力和接近极限的全球市场空间之间矛盾突出,贸易保护主义抬头,自由贸易体制面临越来越大的挑战。

2001年至2017年,中国GDP总量在世界占比从4%增加到15%。这一时期美国的占比从32%下降到24%,欧盟和日本的降幅更大。此外,经济全球化红利在国家间以及国家内部分布不均,给民粹主义滋生创造了土壤。由此产生的西方国家内部政治变化,不可避免地反映到经济政策和贸易政策上。"逆全球化"并非危言耸听,有数据显示,世界贸易额在GDP总量中的占比,已经从2007年高峰时期的53%,下降到2016年的不到35%。

经济全球化不再是纯粹的经济问题,毫无疑问将给中国带来挑战。也就是说,中国经济发展的外部环境,正在发生根本性的变化,这增加了中国经济转型的不确定性,也给转型带来了新的紧迫感。

在这样的关键历史时刻,中国必须进一步扩大对外开放,全方位融入全球市场体系,继续以开放倒逼市场化改革。国际问题学者阎学通认为,与20世纪90年代初有点类似,中国又到了一个迫切需要开放的时期。在90年代初,中国坚持改革开放,快速扭转了在国际社会中的孤立局面;今天的情况是,如果我们能够尽快扩大开放,成为新型经济全球化的积极倡导者,给世界经济发展和自由贸易输送希望,那么中国的崛起也很有机会迅速跃升一个新台阶。

在"文革"中已经证明失败的路线没有必要再重新论证,同样,在过去40年已经被反复验证的市场和法治的两大改革方向,也无须再论证。要实现中国经济高质量、可持续发展,必须发挥市场对资源配置的决定性作用,经济生活中所有的多轨运行,都应该导入市场的正轨。中国的市场化改革已经抵达一定的深度,政府要更好发挥作用,必须维护统一和公平竞争的市场环境,退出一切对市场的不当干预。不能把千千万万主体的市场行为,变成政府与市场的一场场充满猜测和不确定性的微观博弈,那样既耗费巨大成本,又充满道德风险。

三

今天我们要做的,就是要沿着40年来经受了实践一再检验的正确方向继续走下去,加快改革步伐,推进全面开放,这也将决定中国未来5～10年是否能够从根本上提高全社会的创新能力,从而既实现经济的爬坡过坎,又有效地缓解巨大环境负债、贫富悬殊和社会不公,并逐步迈向一个更加公正廉洁、民主法治的社会。为此,人民的安全感和社会的自由活力是我们必须认真考量的两大重要因素。

对安全和自由的追求,贯穿了人类的文明史。今天,对于已经实现温饱的近14亿中国人来说,吃饱穿暖之后对生活有了更高的期待,期待活得更有安全感,也更自由。安全给人以一种确定性,让人免于恐惧。自由打开了人们生活和思考的无限可能,是幸福的应有之义,也是社会创造力的来源。

为此,我们需要对产权保护给予最高程度的重视。财产的安全,是安全感最起码也是最重要的保障。"民之为道也,有恒产者有恒心,无恒产者无恒心",思想家孟子的这句话,历经两千多年依然闪烁着智慧光芒。改革开放40年,中国人拼了命地干,社会财富不断积累,中等收入群体规模日渐壮大。保护产权就是保护人民的辛勤劳动、保护创新创造、保护推动社会进步的力量。

有恒产者有恒心，这是"尊重劳动、鼓励创造"的制度前提。公有财产权不可侵犯，私有财产权同样不可侵犯。唯有铸就刚性的法律权威，才是对每一个公民财产最好的保障，也唯有刚性的法律权威，才能真正确认恒产，增强恒心。在此基础上，社会自由活力的激发，对创新至关重要。

创新是教育的函数，也是自由的函数。今天，创新的重要性成为社会共识，自由的重要性却仍远远被低估。我们都认同，出色的教育水平会带来一国创新能力的提高，从而推动经济的增长。如果没有"自由之思想，独立之人格"，教育将没有生机，创新也将无从谈起。无法想象，在一个被紧紧束缚的环境下能成长出一个健全而丰富的灵魂。就像柏拉图所说的"洞穴囚徒"，所看到的，都是别人希望他们看到的，枷锁和幻影构成了他们的仅有的思想来源。现实中的各种"洞穴"一直存在，需要我们突破束缚，获取新知。

从自由与秩序的关系看，自由是秩序的目的，秩序是自由的保障。自由，可以视为是一种能够酝酿和导向更多可能性的社会机制，这种可能性的多寡，将决定一个社会创造和创新的能力。从这个角度看，文明的发展，与一个社会的自由气息密切相关，自由的程度将决定我们能否为文明的发展提供更多的机会。

我们也认同秩序的保障作用。在不同的历史节点，这需要我们做出权衡与决断。但我们的目标应当是尽可能地去完善或改进我们的制度，让社会活力自由生长，才能够增加对未知做出正确预测的概率。

天理与人欲，是宋代以来中国思想界最重要的一对概念，中华民族最具智慧的那一部分精英，一直试图在普遍性的自然法则和个人的需求满足之间寻求一种平衡。100年前新文化运动提出解放"人欲"，也正是新思想的重要指向。

这没有错，尊重合理的"人欲"，人们就会自我管理自己，"人欲"与人心，是一种由此及彼的逻辑关系。自由不是秩序的天敌,而是一种无须维持的"永恒的秩序"。

事实上,自由正是马克思主义最为强调的价值之一,是"人的解放"的深刻内涵的重要组成部分。人不应当是权力、资本和其他一切外在物的奴隶,他首先应有选择的权利,从不同的方向去实现有价值的、丰满的人生。

如果说,40年前开启的改革开放,让中国人长久被压抑的欲望和智力奔涌而出。今天,我们依然坚信,14亿中国人还有巨大的潜能等待释放。无论世界风云如何变幻,中国人民必将继续把改革进行到底,继续寻求自我解放,沿着已经开辟的道路坚定地走下去。这是一条通往人心之路,也是这个国家的人民通往更美好生活的必由之路。

(李桂文 南风窗杂志社总编辑)

第一章

中国人的现代化

现代化，是中国人一百余年的不懈追求。

这个过程非常艰苦，在新中国成立以前，中国整体上是以对自己的全面否定为基础去追寻现代化路径的，重点是解决"不挨打"的问题。

在西方殖民扩张的坚船利炮面前，中国人其实没有选择。中华人民共和国成立以后，一个与世界相对隔离的国内环境给现代化建设提供了自主的可能性，也正是在此基础上，中国的工业化尤其是重工业化迅速推进，以军事科技为代表的生产力进步，终于让"不挨打"这一百年难题得到彻底解决有了坚实的物质保障。

不过，共和国前30年的工业化过程，是以全国人民勒紧裤带过日子为前提的，尤其是以农村向城市输血、农业向工业输血为前提的。工业基础建立起来以后的中国，仍然是一个农业国，农业人口占全国人口的八成以上，从社会生活角度看，我们离现代化仍然有着遥远的距离。

1978年的改革开放，真正开启了社会现代化进程。直观层面上，现代化表现为"去三农化"，即产业结构上的工业化、地理空间上的城市化、社会身份上的市民化。这个过程渐进但又急剧，产业结构的变化带来了社会结构的变化，而社会结构的变化又促动着国家治理方式的嬗变；越来越多的人口进入城市，推动着现代社会规则的不断建立和成熟，而由此带来的社会资本积累、交易效率提升和财富总量增长，又让城市不断扩容和增加，能够接纳更多农村转移人口。

中国人成为现代社会人的素质，也在这一过程中不断自然滋长。人们不断感受新式生活的喜悦，也持续体验原有社会生活方式瓦解的阵痛。中国人以传统的勤劳、忍耐、宽容的品格与对未来的乐观追寻，把国家和社会推进了真正的现代化大门。由中国共产党领导中国人民合力缔造的40年现代化进程，是世界公认的发展奇迹。

这一进程的自然结果,是十八大以后中国人的道路自信、理论自信、制度自信和文化自信的回归。中国在百余年亦步亦趋的现代化过程中,确立了自身清晰的主体性,从一个跟随者向一个引领者过渡,积极以中华文化中的优秀内容,纠正西方主导的现代化暴露的弊端,为世界的未来发展贡献中国方案。

这个过程在宏观上波澜壮阔,又在微观上精彩纷呈,有冰冷的社会变迁,又有温暖的相互理解和悄然的文化再生。

1. 欲望释放,身份重组

改革开放向社会释放了许多机会,让社会成员的人生有了更多可能性,这种可能性,术语叫作"社会流动"。

改革开放前的中国,是一个流动性非常微弱的社会。每一个人都归属于某个特定的组织,比如农民,基本上被固定在某个人民公社以及更小一级的"生产队"上,而城市职工,则都有自己的单位。一般情况下,人们不能轻易地离开自己生活的地方,农民如此,城市职工亦如此。事实上,直到改革开放后的1980年代,前往异地出差或办事还需持有所在单位开具的介绍信,这是对方接待的凭据,也是入住招待所必需的文件。

彼时的中国,社会结构非常简单,农村劳动者是"农民阶级",城市的职工是"工人阶级",知识分子只是一个阶层,所以数十年里都有"两个阶级一个阶层"的说法。1978年召开的全国科学大会上,邓小平提出"知识分子是工人阶级的一部分","一个阶层"消失,中国社会只剩下农民阶级和工人阶级。

改革开放之前,由于财富分布的平均化,物质生活水平差别不大;而由于生产效率的低下,人们也不可能过上更富足的生活。

农民身份、工人身份、干部身份(也是工人阶级的一部分)是基本固定而且是世代相传的,很难实现转换。想要从农民转变为城市职工,最常见的道路有两条，一是读书，大学毕业后安排工作，就能"吃商品粮"，户口也从农村转向城市；二是参军，在部队表现优异，有可能复员后获得一份城市里的工作，也就成为城市人，但相当一部分参军农民复员后还是回到了农村。城市职工要从工人身份转为干部身份，难度也不比从农民变为工人小。

社会流动性很低，是因为机会很少，与之相应的就是社会氛围整体上表现得"无欲"，或者说，欲求被压制住了。而人的欲求，是社会发展永恒的动力，唯有社会成员对更好的生活充满向往，并且相信其实现的可能性，社会发展才有动力。

改革开放提供的就是这种可能性，从而释放了人们的欲求。

改革从农村开始。1978年的冬夜，安徽凤阳小岗村，18个农民在一份文件上按下了手印，悄悄地搞起了"包产到户"，后来被称为"家庭联产承包责任制"的农村生产组织方式，雏形初现。

农民识字率低，对他们来说，按手印就是一种最庄重的承诺与保证，意味着对风险的理解与担当。这一行为，揭示着彼时中国农民的处境：富裕对他们而言，是一个超出想象能力的名词，他们的目的只有一个——吃饱肚子。

家庭联产承包责任制改革解放了农村生产力。这一改革成功的一条暗线，是它承认了人的自主的欲求和意志，让人们可以凭借个人的能力与努力，去寻求最好的结果，让个人对自己负责。这是尊重自然规律和社会规律的表现，尊重，释放了人的可能性。

我们知道，欲望的实现，是以人对物的占有和支配为基础的。如果一个人通过自己的努力增加了财富，但最终财富的增加部分都被平均分配，劳动的付出与财富的获取之间没有对应关系，那么就意味着欲望不可实现，人们就会丧失奋斗动力。开启中国改革开放序幕的家庭联产承包责任制受到农民的欢迎，正是因为它在现有生产力条件下回到了这个基本常识。人们在"大包干"的方式下，只要向集体缴足承诺部分，此外每增加一份，自己所得就多一份。尽管土地所有制没有发生变化，但土地经营和产出的相当部分支配权转移到了农民手中。统计资料显示,改革开放初期到20世纪80年代中期,中国的基尼系数呈现下降趋势。这一指标变化其实是对农村改革的肯定,大面积贫困农民获得了制度资源和改善生活的机会。

改革开放前中国的国民经济遭受严重破坏,吃饭问题、生存问题高于一切。诞生家庭联产承包责任制的安徽凤阳,以花鼓戏闻名,而花鼓戏在历史上曾经就是贫穷百姓讨饭的技艺。但凡还有一线生机,人们都不会选择离乡背井,乞食他乡,而在当时,包干到户就是他们可以冒险尝试的唯一生机,改革事实上是被逼出来的。18个农民自行其是的大冒险,得到了安徽省委以及中央不动声色的支持。改革开放的战略决策已在高层酝酿,农民自发的行动,实证的是中国社会对于变革的上下同气。

随着改革开放从农村到城市的全面铺展,农民和城市居民都获得了新的发展空间。对内的改革,把资源配置方式从计划逐渐转轨到市场,一步一步消除妨碍市场有效发挥作用的制度和观念因素,个体和私营经济得以在城镇中迅速崛起,城市待业人群得以加入生产队列。对外的开放,引入外部投资,中外合资和外商独资企业快速发展,深刻改变着中国的经济结构和社会结构,同时也进一步瓦解旧思维,巩固新观念。

在城市里也一样。改革开放前,所有的生产资料都是归全民所有或集体所有的,城市职工都由国家统一安排工作。城市的这种存在方式,最低限度的前提是"国家统一安排"可以持续运作,但在20世纪80年代初,其运作难以为继。上一个十年里"上山下乡"的知识青年,出现了回城大潮,无论从社会安定的角度还是人道主义角度,这股洪流都不可阻挡。然而城市远远没有做好准备,现存的工作单位根本无力接纳这么多的青壮年就业人口。回城的知识青年失业,陷入困顿,要吃饭要工作成为强烈的呼声,怎么安置他们成了一个十分紧迫的问题。一个办法是发动各单位兴办集体企业,增加就业岗位,但这一方法容量有限,同时因为它与社会需求脱节,很大程度上以生产的低效率为代价。另一个办法是号召这些回城青年们自谋职业,从事个体工商业。

这一号召意味着体制松动，一定程度上允许私营经济存在。于是城市里除了"工人阶级"之外，出现了另外一种身份——个体户。除了回城青年，其他一些就业无着的人，如被国营或集体企业开除者、刑满释放人员等，也加入了个体经营的大军。

过去40年里，中国最有名的个体户是年广久，"傻子瓜子"①的创始人。

年广久是安徽芜湖人，一开始贩卖水果，后来转向了经营炒货。他认真钻研炒制西瓜子的技巧，掌握了精熟的手艺，同时他又很有品牌意识，把自己的产品命名为"傻子瓜子"。生意越做越大，从一个月几十斤，到一百多斤，再到两百多斤，月营业额也很快超过万元。规模的扩大很快碰到了天花板，因为仅靠他和两个儿子，继续把生意做大已经心有余而力不足。他面临着两个选择：一是和其他做炒货的个体户联合成为个体经济联合体，这样做的好处是维持自雇劳动者的身份，没有意识形态风险，而弱点则是联合体内部的经济利益关系非常复杂，不好处理；二是雇工，成为私营企业，这样利益问题的处理比较简单，但同时将会进一步突破体制，并面临来自各方的"存在剥削"的质疑。年广久选择了后者，他从1981年9月开始雇工，一开始只雇了4个帮手，父子三人都还是主要劳动力，而且在"雇佣数量不超过7人"的范围内，社会尚能接受。然而他的生意扩张速度实在太快，1983年初雇工数量已经增加到103人，加上他儿子开的分店，雇工共有140多人，日产瓜子一万多斤，月营业额达60多万元。与生意发展相伴随的是社会上的质疑之声越来越大，许多人主张要"对他采取措施"，不过，中央在"摸

---

① 年广久因多次被邓小平提及并收入《邓小平文选》而闻名全国，号称"中国第一商贩"。《邓小平文选》第三卷注释第43条，这样解释"傻子瓜子"："安徽省芜湖市的一家个体户，他雇工经营，制作和销售瓜子，称为'傻子瓜子'，得以致富。"

着石头过河"的态度下,旗帜鲜明地对年广久表示了支持。

"傻子瓜子"快速发展的一个重要原因是,瓜子是国家经济计划基本不涉及的领域,因此一开始就避免了和体制的直接冲突。正如后来邓小平在南方谈话中说到的那样:"农村改革也有争论,但是农村这几年成长最快的是水产业和水果业,这恰恰是我们计划经济没计划,政府基本不管的行业。"

年广久从一开始的个体户身份转化为私营企业主,而这两者对于改革开放前的中国社会而言,都是新的身份。私营经济被政策允许存在,表明在所有制结构上发生了风向变化,基于私有财产的人的欲望得到了体制承认。这一变化鼓励了更多的基层尝试,从而不断拓展改革和发展的空间。

与年广久所代表的个体户和私营经济发展几乎同时,中国南方地区的老百姓也在探寻另一条发展道路:招商引资,通过生产要素的结合达到发展经济、改善民生的目的。1978年,东莞虎门镇的"太平手袋厂"获得中国工商总局的"粤字001号"批文,成为全国第一家"三来一补企业",拉开了南方外向型经济发展的序幕。

太平手袋厂的第三任厂长唐志平这样回忆这家企业的诞生过程:

> 7月29日晚上,一位叫张子弥的港商,在东莞县第二轻工业局领导的陪同下,来到服装厂。张子弥给我们出了一道按版加工的考题。他从包里拿出一个黑色的人造革女士手袋,并拿出了带过来的毛料,让我们复制手袋。当时担任太平服装厂厂长的刘艮立刻安排了技术骨干陈雪萍与其他两名服装厂技术人员来负责这件事,虽然这三人之前并没有做过手袋,但我们厂一直做服装,工艺手法与做手袋是相通的,所以在熬了一个通宵后,第二天他们就交出了一个和样品一模一样的手袋。第二天早晨,张子弥看到我们做好的手袋感到很惊讶。他觉得我们做得很好,和样品一模一样。当时,在他的印象中,我们内地企业工作散

漫,没有时间观念,他没想到我们的工作效率这么高,做工质量这么好,所以他对我们非常满意,当即拍板要投资200万元港币,将手袋加工厂落户虎门。

太平手袋厂刚建时,所有的原材料和设备都是张子弥从香港运过来,手袋厂赚取其中的加工费,而加工费的20%要返还给张子弥,作为偿还设备的费用。平均20元左右一打的手袋,太平手袋厂只收12元的加工费。虽然太平手袋厂是港商投资,但仍算集体企业,由我们掌握生产指挥权。其实,当时厂领导还是有顾虑的。那时候还没有召开十一届三中全会,担心跟港商一起做,会不会有资本主义成分。但当时正值知青回城,僧多粥少的工厂正面临就业份额的挤压,张子弥带来的来料加工贸易,正好拓展了就业的渠道,还是值得太平人奋力一搏的。所以我们就抛开顾虑,一心要把这个手袋厂做好。①

港商张子弥带到中国大陆的,除了资金之外,还有资本主义社会的经营管理观念。在太平手袋厂厂房二楼,刷着一行大字标语:"时间就是金钱,效率就是生命。"这种张扬欲望的口号,曾经是让人恐惧的,但在生存问题面前,人们必须克服恐惧,去适应一种过去被刻意排斥、已经变得十分陌生的生产文化。不过这种顾虑很快就消失了,因为太平手袋厂更高的生产效率,让进入其中工作的人们获得了远远高于原有集体企业职工的收入,在社会上受到普遍的羡慕,而不是预想中可能面对的指责。生活的改善、欲望的实现,是普通社会成员进行是非好坏评判的最朴素的前提,而改革开放本身的顺利推进,很大程度上正是因为它尊重了老百姓的意愿,并且鼓励和发挥了他们的创造性。

如果说年广久式的个体户和私营企业的发展,受到鼓励的是国内的个体创业热情,那么以太平手袋厂为标志开启的"三来一补"模式,撬动的则是

---

① 摘自广东省政协编纂《敢为人先——改革开放广东一千个率先》,人民出版社2015年版。

因为成本上升正在寻觅出路的产业资本的信心。前者满足的是国内人民的生活需求，多元的、更富于色彩的生活，在长时间的压抑之后汹涌释放，供给的增加使价格下降，又进一步刺激需求；而后者的市场在国外，其生产不受国内消费能力的制约，因而更具有短时间内快速发展的潜力。无论是哪一个，它们的发展都会改变中国社会的身份结构，因为对雇工人数的需求不断膨胀。

这个时刻，农民已经等了很久了。

从新中国成立到改革开放前，中国农民是被锁定在土地上的。为了实现社会主义工业化，农村必须承担工业积累的功能。所谓积累，其实就是相当一部分劳动成果被无偿转移到其他领域去集中调配使用，主要是为重工业的发展源源不断地提供原材料，以及进行科研和管理的成本。中国农民是对早期社会主义建设贡献巨大、牺牲巨大的群体。为了保证工业和城市的运转，必须保持农业生产的规模，同时尽量减少不从事农业的被供养群体，因此"城市化"是当时的生产力所无法承受的，城乡身份的固定，很大程度上正来自这一现实。然而大量人口集中在农村，农村内部也面临劳动力富余问题，在土地面积既定的条件下，即便是实行了包干到户，生活的改善空间也非常有限，温饱问题也无法获得彻底解决。

农民并不是天生喜欢当农民，也不是对土地抱有与生俱来的感情，他们世世代代生活在农村，只是因为他们没有其他选择。

纵观中国历史，离开农村永远是中国农民的向往，在社会流动方式有限的条件下，离开的方式就是读书。科举时代考取功名，成为国家认可的知识分子，从而摆脱农民身份，一直被视为"光宗耀祖"的正途。在改革开放前的新中国，农民的这一集体未来诉求也从未发生变化。读书、参军进而"吃商品粮"，是他们的至高荣耀。只不过，正如前所述，这两条路径都非常艰难，只有一小部分极具天赋的人才有机会。这一小部分极具天赋者，最期望的结果就是从农民变成工人（职工）。工人对农民，具有体制优势，因而也就拥有心理优势，因为城乡的隔离墙坚实地存在，农民和工人虽然政治地位相当，但现实处境上和心理上农民都是一直仰望着工人的。

现在农民们有了另一条变身为工人的途径——出门打工。由于私营经济和外商投资经济的蓬勃发展，企业对用工的需求触动体制改革，给农民向城市流动开启了一个新的通道。20世纪80年代，无数农村青壮年满怀着对新生活的向往，背上简陋的行囊走向了城市。更准确地说，他们是走向了工业，因为他们的目的地其实未必是城市，比如在珠三角地区，许多工厂其实建在乡村里，是由珠三角的农村集体依靠与中国香港、台湾地区和东南亚地区的乡情关系张罗起来的。事实上，农民是从缺少机会的地方奔向拥有机会的地方。

这些农民因此成为工人，这个新的身份，和原先政治味道浓厚的工人并不是一回事，后者有城市身份，而前者依然保持农村户口，被称为农民工。随着市场的发育，不同所有制经济主体在同一个舞台上竞争，追求效率成为企业生存法则，改革开放前的城市工人的优越地位快速瓦解。成为过去意义上的工人已经不是农民的追求，他们的目标从让自己和家人过上更好的生活，逐渐过渡到努力成为城市的一员，这是中国城市化的重要动力来源。

城乡分隔造成的职工和农民的硬性藩篱渐渐被拆除，中国社会的主流身份区别转向了弹性的老板和员工。一个进城务工者，也可能通过自身禀赋、努力和机遇，成为老板，从而名正言顺地做一个城市市民。

市场具有创造无限可能性的魔力，人们对彼此的身份识别不再依据固定的出身，而是转向了一种平等的、动态的观念。在珠三角地区，无论是谁人们都称呼"老板"，既反映着人们价值观念的变化，也反映着身份重组随时都可能发生，人们对此深怀期待。

2. 农民工：向城市出发

一开始，个体户、私营企业、乡镇集体企业和外商投资企业的发展，动力来自解决本地区的发展问题,因此其吸纳的劳动力,也主要来自四邻八村,后来搅动起来的全国打工潮,并不在预期当中。

东莞市委原书记李近维曾经讲过:"1980年代初,东莞有60万劳动力,我们从农业中拿出了30多万人搞工副业,以平均每人每月工资200多元计算,一年又可多收入六七亿元,两项加起来就是10多亿元。这些钱不断转化为新的投资,又得到更多的收益。"

当时的农村,劳动力是普遍剩余的,20世纪50年代中后期鼓励生育,人口规模迅速膨胀,一对父母有五六个子女的情况比比皆是,而到了80年代,这些孩子都已经长大成人,需要吃穿,需要就业。尽管此时农业生产率相较他们出生时已有大幅提升,而且体制变化刺激了生产积极性,粮食产量大幅提高,但有限的土地仍然不足以让农民过上温饱不愁的生活。

即便在珠三角这样土地丰腴的地区也不例外。李近维算的这笔账告诉我们,在当时的东莞,60万劳动力中事实上有一半以上是富余人员。按照当时东莞县的规划,是要把三分之二的劳动力转移到二、三产业,留下三分之一搞农业仍然绰绰有余,李近维说,后来看事实上还是偏保守了。所以,有条件的农村兴办的各种所有制企业,其初衷主要在于就地创造就业机会,实现农村工业化,让农民"离土不离乡"。

1984年至1988年,农村剩余劳动力主要流向当地的乡镇企业,从业人员达到9545万人,其中1984年、1985年两年每年新增就业近2000万人。

然而,此时全国的人民公社已经解体,这意味着原来把农民高度组织在一个固定区域内的行政障碍已经拆除,那么具有主动改变生活的欲望以及自由流动条件的青壮年农民,就不会再受"离土不离乡,进厂不进城"的限制。他们会自发从耕作条件恶劣的地区流向生存机会更丰富的地区,从工业资源稀缺的地区流向工业条件好的地区,毕竟向往和追寻更好的生活是人的本能。80年代初,农民的跨区域流动就已经出现。到1986年底,全国登记在册的进城农民已达480万人,加上未登记入册的估计有1500多万人。

农民流动的主要目的是打工赚钱,让家庭过上更好的生活,也有一部分青年农民,是为了改变身份地位到城市里寻找出路。最早进城的农民主要是当保姆,干脏活累活的临时工,受雇于个体工商户的雇工,制作家具、补鞋、补锅等手工匠人,也有往返于城乡之间进行短途或长途贩运的小商贩。总而言之,他们所从事的主要是城市原有的居民们不愿意做的工作,对他们而言这就是可以把握的机会。

到20世纪80年代后期,东部沿海地区经济快速发展,开始有大批农民涌向这些地区的制造业。于是,1989年出现了第一次"民工潮",全国"流动大军"达3000万人。决堤一般的农村剩余劳动力涌入城市,让城市基础设施告急,广东省承受的压力最大,从农历正月初五起,每天有数以万计甚至高达十几万的外省农民工涌向广东,车站、码头、路边人山人海。1992年邓小平南方谈话之后,外部资本对中国政策有了更充足的信心,投资意愿更强烈,更多的工厂在东部沿海地区建起来,也进一步撬动了劳动力的跨区域流动。1993年,全国农民工人数达到6200万人,1994年达到7000万人,1997年突破一亿大关。

第一次"民工潮"的时候城市舆论有声音称之为"盲流",但这一概括明显带着陈旧的社会控制思维的痕迹。事实上这是改革开放和经济发展的客观结果,流动的劳动力正是赋予先发地区的工业以活力、为其注入新鲜血液的有生力量。"民工潮"的发生,是对中国未来高流动性工业社会的基本面貌的演习与启蒙。尽管它的确给城市带来了一定程度的麻烦,但政府并未强力限制其流动,而更多的是从拓展城市基础设施承载能力的角度去考虑解决问题的方案。

从人口的流动中受益的,不仅仅是经济部门,文化艺术领域也获得了人才资源。改革开放前,由于大城市户口指标限制,人才无法流动,于是一些地方人才因为需求缺乏而大量过剩闲置,而另一些地方则人才紧缺却无法从外部获取。比如位于北京的中国杂技团,因为受到进京户口的严格限制,仅在 1953 年面向全国招收过一次学员，此后 30 多年只能在北京招人。200 多公里之外，就是杂技之乡——河北吴桥，技艺高超者比比皆是却无业可执。

20 世纪八九十年代的农民工，出外赚钱，目标单一，他们的外出务工只是家庭收入渠道多元化的一个方面，而不是全部的依赖，年轻人离乡工作寻求现金，老人仍然留在农村务农挣取口粮，年轻人随时可能退回乡村，不会给工业系统带来太大的负担。这一代农民工还原原本本继承了中国劳动人民质朴勤劳、服从权威的本色，而且身上还深深烙印着高度组织化时代的痕迹。因此，对于改革开放开启的这一轮工业化早期的产业而言，他们是最理想的工人。他们服从管理、任劳任怨，对生活条件和劳动待遇要求都很低，这就为中国面向外部竞争市场的新工业体系提供了比较优势。

今天回头看当时的劳动者境遇，不应忘记他们为中国的工业化付出的巨大的代价，铭记他们的牺牲和贡献，是中国社会保持集体人格健全的要求。

工业化是一声号角，解散了原来那个秩序井然的社会，原来的排列被彻底打乱。与获得积极主动地追寻自身幸福生活的全新环境相伴，人们也失去了集体的庇护，必须以个体之力去面对陌生的世界。农民、工人这两种身份，在一个物质欲望汹涌的时代，原本由政治赋予的社会地位都在逐步瓦解。尽管单纯就绝对的物质生活而言，每一个人的处境都在改善，但由于以经济地位为主要特征的新的价值评判标准的产生和巩固，这两者在相对的社会权利方面都步入了下行通道，社会转型带来的群体阵痛，在他们身上集中体现了出来。

客观地说，这一切都具有时代性，即在一个快速变动的扰攘时代里，从政府到社会，均缺乏面对变化的经验。许多建立秩序的方式，都和时代本身的发展逻辑相对应，这个逻辑就是成本最小化。

华中科技大学教授贺雪峰在其著作《新乡土中国》里认为，正是在城乡二元结构下面，中国形成的"以代际分工为基础的半工半耕的农村劳动力再生产方式"，为全球化背景下出口导向的中国经济提供了充足的高素质劳动力，从而可以让"中国制造"在全球化中具有强大竞争力，让中国成为世界工厂，支撑中国市场的快速扩张。不仅如此,"以代际分工为基础的半工半耕"还为进城农民工提供了进城失败后返回家乡的可能。发生经济的或金融的危机,城市就业机会就会减少,大量人口失业,失业农民工可以返回家乡,使城市发展更可持续。作为一个发展中国家,中国没有出现大规模的"城市贫民窟",这不能不归功于城乡二元结构下农民可以返乡的制度安排。今天中国农民的村庄生活质量,要好于任何一个发展中国家贫民窟居民的生活质量。①

贺雪峰的分析是客观的,不过,我们不能因此而把中国的工业化过程想象成一个悠然自得的"田园"图景,具体到卷入这一过程的个体成员,他们从经济到个人权利以及心理上,都承受了非常大的压力。

"打工诗人"郑小琼和她的朋友们的经历,可以为我们观照过去的中国农民工的快乐与苦痛、希望与挣扎提供一个有血有肉的样本。他们身上照见的,是从质朴单纯的乡土环境到冰冷坚硬的工业社会的第一代和第二代农民工的典型形象。

每一个走上了现代化道路的国家所经历的工业化路径,都有自身的特色,比如中国,正好在一个国际产业资本急于寻找新的成本洼地之时实行了改革开放,以外向型经济作为前导,一步步都向着全产业链漫溯。后发国家的工业化历程,又都无法超脱于早期西方工业化时代的一些共性,比如资源消耗、环境污染和产业工人的困境。不过,当先发国家按照统一路径实现了工业化,迈向了现代化之后,为了保持自身优势,它们就会占据道德高度并且以制定通行规则的方式,对后发国家的效仿行为提出严厉的意识形态指责。

比如有的人给中国的发展安了一个"低人权优势"的说法,这就是意识形态化,这样的观点在中国学术界和社会上都有相当多的拥趸。对此,清华大学历史系教授张国刚一针见血地指出:"我是穷人,打赤脚、一天干十个小时、小病不离岗,要追上你我必须这样。你干八个小时我也干八个小时,给

---

① 贺雪峰:《新乡土中国》,北京大学出版社2013年版。

我一堆人权，那我永远追不上你，你就永远先进下去。穷人要加倍辛苦和努力才能改变命运，这本是正面的行为，而用意识形态描述，它就变成了非常负面的东西。"

改革开放后的工业化进程带来的社会福祉，是惠及绝大部分中国人的，谁也不能否认。同时也有许多人在其中经历了巨大的困苦和伤痛，这也是应当看到的客观事实。更加重要的是，我们在发展过程中不能忘记初心：一切发展都是通过对生产关系的调整来解放社会主义生产力，而社会主义建设是为了建立一个更符合人的天性的美好世界。

中国的改革开放，从大脉络上看，一直是朝着这个方向砥砺前行，给人民以希望。

明显的转折发生在2008年，这一年1月1日，《中华人民共和国劳动合同法》实施，旨在完善劳动合同制度，明确劳动合同双方当事人的权利和义务，保护劳动者的合法权益，构建和发展和谐稳定的劳动关系。法律得到严格执行，企业用工中不签订合同以逃避义务、降低成本、侵犯劳动者权利的行为得到纠正，农民工和城市产业工人的处境显著改观。

从价值规律的角度观察，21世纪的头一个十年即将结束时，劳动力供需局面也发生了逆转。"民工荒"在工业繁荣地区接连出现，全社会都在争论"刘易斯拐点"是否已经到来。1971年开始实行计划生育国策，对人口结构的延迟影响已经出现，此时的工人大多已是"计生一代"，随着上一代的老去，劳动力的补给能力下降。因此，工资水平上涨，社会保障和其他福利政策的规范执行，本身也是市场力量起作用的结果。

清华大学社会学系教授郭于华认为："这一代农民工懂得现代信息技术，他们对于社会不公正的认知比他们的父辈要高。"在新一代工人身上，发生转变的不仅是权利意识，还有对未来的想象和需求。

如果说第一代甚至第二代农民工大部分只是为了赚钱养家、回乡建房子，那么到了21世纪以后，农民工对个人自由发展的诉求就变得强烈。一方面农业生产率的不断提高让农业所需的人口越来越少，农村不需要他们；另一方面，他们也丧失了依靠代代传承、实践的务农经验，城市生活变得比乡村生活更加熟悉，无论从技能还是文化上看，他们都已经没有退路。成为城市里真正意义上的市民，是新一代农民工明确的或潜在的目标。

与农民工的诉求、中国城市化的要求相适应，也与市场经济的规律相一致，城乡之间的"铁篱笆"不断地松动。

1984年，国务院发出的《关于农民进入集镇落户问题的通知》中规定，申请到集镇务工、经商、办服务业的农民和家属，在集镇有固定住所，有经营能力，或在乡镇企业事业单位长期务工的，公安部门准予落常住户口，发给《自理口粮户口簿》，统计为非农业人口。

1986年，安徽滁州市天长县秦栏镇试行"绿卡式户籍制"。

1992年温州开始推行"绿卡制"。

1993年12月，上海施行"蓝印户口制"。

1995年，深圳市实行"蓝印户口制"。

1995年6月，北京颁布了《北京市外地来京人员户籍管理规定》，也向农民松动了铁门。

1997年，海南省开始酝酿更深刻的户籍改革，逐步实行人口登记IC卡制代替户籍管理。

……

2009年12月，中央经济工作会议提出，要把解决符合条件的农业转移人口逐步在城镇就业和落户作为推进城镇化的重要任务，放宽中小城市和城镇户籍限制。

2012年2月23日，《国务院办公厅关于积极稳妥推进户籍管理制度改革的通知》提出，放开地级市户籍，清理造成暂住人口学习、工作、生活不便的有关政策措施；继续探索建立城乡统一的户口登记制度。

2013年11月15日,《中共中央关于全面深化改革若干重大问题的决定》提出,全面放开建制镇和小城市落户限制,有序放开中等城市落户限制,合理确定大城市落户条件。

在现实中,也许还有这样那样的具体难题,妨碍着他们成为新的城市居民,但数据说明了基本趋势,1978年中国的城镇化率大约是17.9%,到2017年末提高到了58.5%,城镇人口从1.7亿增加到超过8亿。

在城乡二元结构下,城市从来都在文化话语以及实际权力上占据优势,因为现代化本身是围绕着城市展开的。因此,城镇化率的提高,本身代表着中国有越来越大比例的人能够摆脱空间带来的天然弱势地位,加入现代化潮流中,分享其成果。一些具体的事例可能会不断提醒我们社会的公平公正尚未达到理想状态,但有历史视野的人们不会否认不断前进这一事实。

更多的人进入城市,在一个真正具有公共性的空间里生活,社会文化也必然会随之发生巨大的变化。

3. 恢复高考:知识和理性的回归

比农民进城更早发生的,是青年知识分子重新获得了进入大学的体制性通道。"知识就是力量"、"科学技术是第一生产力",这些令人振奋的理性论断,宣告着尊重知识和知识分子的时代归来。

1977年8月5日,在亲自主持召开的科学与教育工作座谈会上,第三次复出的邓小平当场表态:"恢复统一高考从今年开始。"

弹指一挥40余年。

就社会整体理性前行带来的福利扩散而言,每一个人都是这一决定的受益者。作为一种国家制度框架内的基础建制,统一的考试制度具有选拔人才、保持社会阶层流动以及彰显对知识的尊重等功能，让社会有活力，个体有希望，文明的发展有土壤。

对个人而言，最为重要的则是人的存在有了方向。高考作为个体支配人生的一个公共的参照系，已经成为一种社会设置，它让人们从幼年起就清楚自己对自己、他人对自己的期待，以及如何去确定自己的生活理想。有方向，努力才有价值，"成长"这个词也才有意义。

多元社会的持续发育，已经使高考对人才的选拔功能从国家包分配的"半科举"状态转化为一种市场自为状态，上大学与个人前途之间，只剩下间接而不确定的联系。然而因为社会竞争激烈，人生之路对获得更好的教育的依赖有增无减，"上大学"尤其是"上好大学"取代"农转非""吃商品粮"和直通体制内，其本身变成了人生早期的生活理想。

于是，40年来，尽管高考制度不断进行技术性的调整，却衍生了对其公平性的更广泛而频繁的讨论。

至少从十几年前开始，高考已经成为一个全民行动。一人高考，全家提供后勤支持，酒店和临时租房市场也都被一起动员起来。在考场周围的道路，往往也会被交警部门临时封闭，以保证考场的安静。好心的出租车司机遇到将要迟到的考生，还会进行一场免费的"玩命快递"。这样的场景随着时间推移不断升级，日益习以为常，成为中国夏天的一景。一方面，孩子们受到的社会上下的全力呵护既让人欣喜，也让人浮起一丝温室忧思；另一方面，它反映着中国社会对知识的尊重，对知识改变命运的深信，以及对高考这一最为重要的社会流动途径的信心，这是在世界上都难得一见的。

社会动荡结束之后的第一年高考，学子们从四面八方奔赴考场，其间历尽艰辛的俯拾皆是。那时的考生无法获得多少体制和亲情的帮助，但那种艰辛状况，也许比今天更能反映社会对高考的深切期许。

武汉市住房保障和房屋管理局的干部陈守谦，曾经写过一篇短文，回忆他1977年的赶考经历，艰难而温暖，代表着那个时代千千万万人细节不同但

精神内核一致的故事。

虽已年近花甲,但每每想起40年前的高考,仍记忆犹新。"文革"后恢复高考的第一年,是在冬季。当时,我是武汉的下放知青。

那一年的冬天很冷。考场离我们知青点约20公里。高考头一天的清晨,我穿着发黄的军棉袄,腰间扎着草绳,脚上蹬着露趾的解放鞋,斜背着破洞的军书包,顶着凛冽寒风,和另外两名知青一起,踏上了艰辛的高考之路。

我们摸着晨雾,踩着白霜,穿过山林,从深山里走到公路,守着一个上坡路等着扒拖拉机。好不容易来了一辆拖拉机,乘着它像老牛喘着粗气爬坡时,我们追出十几米艰难地爬进拖车厢。清晨的山乡好冷好冷,拖拉机迎着晨曦穿梭在蜿蜒曲折的山村公路上。柴油黑烟熏炙,拖车箱颠簸得东倒西歪……我们三人像筛糠似的,蜷缩在冰凉的车厢角落,冻得瑟瑟发抖。2个多小时后,我们终于到达镇中学考场。

两天的高考最大的问题,就是生活。吃饭时,在学校附近田埂上挖个坑,用搪瓷杯煮米,三人就着带来的咸菜狼吞虎咽,吃饱了再进考场。睡觉时,在教室里打地铺,找来稻草当床褥,和衣睡下,嗅着稻草的清香进入梦乡……青春的激情,火红的年代,让我们并不感觉苦,犹如一次赶集。

当年高考的语文作文题是《学雷锋的故事》。我拿着考卷,想起我高中时写过同样的作文,还成为全班的范本在课堂上被朗读的情景。这一下触动了我的灵感,不假思索地奋笔疾书……正是这篇作文,改变了一生的命运,我从泥腿子走进了象牙塔,考取了武汉师范学院(现湖北大学)中文系,成为当时被称为"天之骄子",后被称为"新三届"大学生。

据说,那一年全国570万人参加高考,最终27.3万人改变了人生命运，录取率不到 5%。①

他们为什么如此珍惜这一次机会？因为这是过去十年里的第一次全国统一高考，在十年动荡时代，许多年轻人即便才华横溢，也与大学无缘。

在 1977 年恢复统一高考前，工农兵学员按照"自愿报名、群众推荐、领导批准、学校复审"的"十六字方针"免试入学。

"十六字方针"及其价值意图，最大的缺陷是制度本身对一部分人的歧视和排斥。把这一点按下不表，其操作程序中作为监督者的"群众"并非实体存在，而作为决定者的"领导"则是完全人格化的，这就给了他们很大的弹性权力。

从管理学角度看，如果一项制度同时存在硬性指标和软性指标，那么在执行过程中硬性指标往往会被人为边缘化，致使制度初衷无法实现。在教育和科学工作座谈会上，当时的武汉大学教授查全性先生用生动的话语指出，工农兵学员生源质量无法保证，而且许多干部在动用手上的特权，将自己的子女送入大学。

人才选拔制度本身不具备对全社会的开放性，而且在结果上无效，因此，当时的大学教育，无论是人才选拔还是社会流动功能，都已大打折扣。

回顾一下中国漫长的人才选拔机制演进历史，对抗软性指标转化为部分人的垄断性权利，是个一以贯之的发展逻辑。

春秋以前全封闭的"世卿世禄制"，只是统治阶层内部的循环机制。秦国在商鞅的铁腕推进下，率先抛弃"世卿世禄制"，实行"军功爵制"，不计人才出身，按客观贡献授予职位、俸禄，迈出了革命性的一步。军功爵制具有开放性，但它是为满足武力征伐需要而实行的非常态政策，秦朝统一全国后军事重要性下降，人才选拔机制仍未改弦更张，致使社会流动渠道堵塞，"富

---

① 陈守谦：《高考：是学习考试，更是人生磨砺》，发表于"东湖讲堂"，2017 年 6 月。

贵"的机会接近于被垄断，便有了陈胜、吴广"王侯将相宁有种乎"的雷霆一呼。

汉朝吸取教训，虽然马上打天下，但政策立足于和平现实，尊重知识分子，在"任人唯贤"的原则和一系列理性主义标准下建立"察举征辟制"，兼顾常规人才与特殊人才的发现与培养。作为人才发掘责任人的地方官员的勤勉惜才、公正无私，是制度有效的核心保障环节，但这一环节本身缺乏保障。于是徇私舞弊日渐盛行，到后期就变成"说你是你就是"，以致东汉末年，"举秀才，不知书；举孝廉，父别居；寒素洁白浊如泥，高第良将怯如鸡"。

汉末社会乱离，"察举征辟制"失去了其所依赖的和平统一的国内环境，曹魏便创立了"九品中正制"。后者仍然将机会向民间社会开放，其适应性进化是设置了专门负责考察和推荐人才的"中正官"，他们按照九个品秩分别对应的标准，对人才进行发现和定性。几乎是顺理成章的，中正官职位随即被既有官僚阶层霸占，用来不断进行自身利益的加固和扩大，公器变成私器。于是六朝成为中国门阀士族最鼎盛的时期，社会上层完全是"王谢游戏"，"下品无士族，上品无寒门"。

直至隋唐，一个有效又开放的人才选拔机制才在千年探索的基础上确立，这就是科举考试制度。公元7世纪后，科举制成为延续1300余年的传统社会基础建制。

科举制既能方向明确地培养和选拔人才，又成功地找到了抑制人为因素过度做大的有效手段，防止了利益集团垄断属于全社会的基础性权利，保持了开放性，有利于社会以及政权结构的稳定。它让皇家、官僚贵族与其他卑贱阶层的大众，得以在同一个环境下相互制约、利益共生。马克斯·韦伯在评论中国科举制时指出，"此一考试制度乃是帝国统治者用来防止封闭等级形成的手段之一，以免封建藩臣与政府高级官员独占官职俸禄的权利"，"候补者互相竞争官职与俸禄，因而无法联合起来形成封建官吏贵族。获取官职的机会对任何人开放，只要他们能够证明自己有足够的学养，考试制度也因此达到了它的目的"。①

纵观历史，人才选拔制度作为社会、政权稳定的基石之一，其基本原则就是有效和开放。

清末，科举考试制度因其形式上的八股化、知识的长期僵死——真正重要的原因是，在一个衰落型国家里几乎任何制度都是看上去一无是处的——成为众矢之的，被在1898年戊戌变法中进行了激烈的改进，并在1905年最终被废止。废止后没有一个替代方案弥补基石的缺失，社会流动被关闭，把年轻人推向了政权的对立面，本意是改革，却事实上恶化了社会混乱和加速了政权崩溃。

在新文化运动的语境下科举制度面目狰狞，但事实上在当时西方国家的有识之士眼中，直到19世纪初，中国科举制度仍然是令人羡慕的文明建制。无论是新式学堂还是后来新中国以高考为枢纽环节的教育体制，制度的基本原则还是一以贯之的。

"恢复统一高考"中的"统一"二字其实饱含深意——尽力让考生能就近参加考试。

"解放前上大学靠钱。"这是民间对社会现实的笼统总结，这样的智慧不完备，但往往能直指主要矛盾。"解放前"便是指民国，当时只有少数几年实行国家统一招考，大部分年份里都是各校单独招生，这意味着想要上大学就要去大学所在地参加考试，其花费不是一般人所能承受的，即便主观上不拘一格，客观上也将穷人排除在外。那时要读大学，首先要自问的是有没有路费，这种事实不公平，即便外观上还相当公平。

这意味着，即便是一个具有开放性的人才选拔制度，在执行上仍然需要从人本、服务的态度出发，充分考虑其细节上的公平性，这其实是制度的一个现代性特征。同时我们还应该从历史经验中意识到，只有当高考制度存在

---

① 马克斯·韦伯：《儒教与道教》，洪天富译，江苏人民出版社2008年版。

时，人们才有机会讨论其公平性，这本身是一个幸运的事实。

绝对公平是无法做到的，所以永远无法找到一个被证实为"最好"的制度安排，而只能共同确认一种"次好"的情形的合理性。高考制度在人才选拔上是有效和开放的，而且这一点得到了社会的共同确认——这也是尽管上大学与个人前途的联系已经越来越间接而不明确，但全社会对高考的重视程度却越发升高的基本原因。

概括起来，影响高考公平性的因素主要有三个：先天基因、后天条件和政策设计。

对先天基因（智力）几乎无计可施，幸运的是它在社会上基本呈现正态分布，人们对自然分配的结果也坦然接受。

后天条件是人的生长环境，包括阶层归属和地域归属，这对资源占有、机会享有会形成与个人努力无关的额外优势或劣势。比如，现实里户籍在985、211高校集中的省市的考生，就会比在名校很少甚至没有的省市的考生更容易上名校。

而政策设计是否公平，第一要看它是否有歧视性倾向。1977年恢复统一高考作为一次"无声的革命"，彻底摒弃了历史上存在过的身份歧视。第二要看它能不能对后天条件差异的形成的额外优势和劣势进行有效平衡，从而减少社会排斥。政治理论家罗尔斯认为，一种正义的社会制度应该通过各种制度性安排来改善或优待那些处于社会底层的最不利的成员的处境，缩小他们与其他人之间的差距，从这一立场出发，第三就是要看政策设计能否对处于底层的考生进行补偿救济。

加分、保送、校长推荐、自主招生、高考模式、异地高考、分省命题还是统一命题……各种技术性的高考改革实践从未停止，其间有得有失。从公平性上说，凡有所得，都是因为回应了"有效和开放"的原则需求，而但凡有所失，一般是因为增加了软性指标从而给予了人为因素以新的活动空间。

高考制度遭受批评最多的，是"一张卷子评价所有人"的"唯分数论"。

不过，高考制度最大的公平性，恰恰也正在于"分数面前人人平等"，评价标准硬性、明确、唯一，操作上公开透明，最大限度地压缩了弹性空间，这是制度稳定性的根本支撑。

批评者引证，民国时朱自清、罗家伦、钱钟书、吴晗、臧克家、张允和参加大学自主招考，数学均得零分（一说钱钟书得15分），但都被破格录取。其实"破格"本身已经表明这是在常规评价之外的变通性措施，针对的是少数特殊情况。拥有特殊天分的学生被破格录取，在新中国高考中也不鲜见，如韩寒曾被复旦大学破格录为旁听生（他本人拒绝），此外因单方面的才具或品德而被名校破格录取的还有蒋方舟、潘立明、张亚超、金靖、白浪等。

事实上，随着社会对公平性的认识日渐全面，人们对依照自身长项而要求修改规则的行为已经日渐失去兴趣。前几年浙江桐乡的"少女作家"杨玲玲因为"写过小说"，经年累月地寻求大学"破格录取"自己，甚至试图起诉不愿"破格"的大学，发展为一种迷执，而社会上几无支持之声。

另一种批评角度是"高分低能说"，然而这一立论始终无法被普遍的经验所证实，就像"低分高能"同样不能被证实一样。

一个有趣的现象是，对以高考为核心环节的教育体制的质疑者，往往正是应试教育中出来的佼佼者。他们关于应试教育"毁掉下一代"的预言从未成为现实，人们反而看到了一代比一代更加令人惊讶的创造力，以及更加执着的对个体意识和自由意志的追寻。

在有效和开放这两个基本原则上，当代高考与过去的科举是相似的。外在表现上，它们都是采用公开考试、择优录取的公平竞争方式，以成绩作为取舍依据，科举制度实行的编号、密封、监考、回避、复查等办法至今也仍然被高考所继承。

不过，两者之间又有本质差异，科举直通官场，而高考则是为了取得继续学习的机会和更好的学习条件，考试本身与个人前途的关系是间接而不明确的。

这是高考制度的另一个现代性特征——受教育和进行自我完善的机会本身成了竞争的标的。数十年间曾经出现的"读书无用论",是中国的前现代社会印记在受教育观念上的残留与挣扎——"学成文武艺,货与帝王家",学习的唯一目的在于求取功名。在大学毕业国家包分配制度取消之前,高考与个人前途的关系还是直接而明确的,因而说其具有"半科举"性质。

尽管毕业生并不都能进入国家权力机关,但"体制"之下包罗万象,加上人才稀缺,国家仍有动力和能力去包办就业。而在经济二元结构之下,大部分生活在乡村的人们都以进入城市作为个人成功的象征,而进入的途径,除了当兵就是上大学,后者更具有荣耀感。通过读书实现"农转非"、"吃商品粮",其心理效应大致相当于王朝时代的"中举"。

随着城市化和市场化的日渐推进,国家包分配在1996年终止,意味着"天之骄子"的时代终结。而在1999年开始的大学扩招,以充足的供给进一步稀释了文凭的价值,大学毕业转变为一种进入就业市场的资格证,"一毕业就失业"也时有出现。

尽管"读书无用论"不时浮现,但事实证明中国人并不会对高考过去的"半科举"性质形成一种固恋,人们把学业的竞争以及上大学本身转变为一种意义,在多元社会背景下持续保有对高考的热情。在高考与未来之间,大学成为一个充满可能性的自我塑造空间,而不是直接的桥梁。高考所关乎的,不再是"官"与"禄",而是关于人的成长的多元想象。

当大学毕业生走下神坛的时候,高考就不再是为了争夺眼前有限的更高的社会阶梯位置而战,而是为了获得继续学习和自我完善的机会而努力。制度的开放性仍然表现为机会公平的社会流动,但高考早已不是社会流动的唯一途径,而其有效性则体现为一种强大的"劝学"功能。

宏观上,这培育了文明的接续与再生产的生态环境:一个读书人,即便没有从受教育中直接获得实利,但可以从公共权威的认可中获得一种意义感。

而意义感,是专属于人类中愿意不设附加条件的关怀精神世界的那一群人的必要的虚荣,它就像张载的"横渠四句"是对传统社会里一代代读书人的信念激励一样重要。

4. 个体感涌动和人生困惑

关于改革开放对中国社会带来的巨大变革,有两种观点可以整合在一起,用于概括这个波澜壮阔的过程。

一种认为,改革开放前的中国其实没有社会,因为每一个人都被组织在一个垂直的严格的管理体制内,每个个人都直接与国家以行政纽带紧密连接,作为国家与个人之间的缓冲地带的社会并不存在;另一种认为,改革开放以后,中国社会的整合方式从行政性整合转变为契约性整合,因而这是一种深刻的变化。

对于个人而言,这一深刻变化可以概括为一句话:许多曾经不需要思考、由集体去提供甚至包办的人生领域,现在成为一个问题,人们必须独自去解决。比如,对于农民工,是如何孤独地面对陌生的人际环境和工作形态;对于个体户和私营企业主,是怎样在竞争性越发显现的市场中生存下来。人们从集体中被解散,获得了更大程度的自由,但同时也变得孤立和忐忑,这种孤立和忐忑有时甚至会让人害怕。

削弱这种孤立和忐忑的办法之一,是赋予工作以意义,意义感可以让人们把孤立和忐忑本身视为一种达至意义必须付出的代价,即将其视为一个暂时的过程而不是既定的结果。20世纪八九十年代,南方城市里"打工杂志"非常受欢迎,这类杂志就是负责为打工者的工作提供意义。"生活得更好"这一平庸的理想变成常态,但工作本身却和理想背道而驰,此时,发表一首诗、一篇文章,甚至寄出一封"读者来信"、阅读相同身份者的精神分享,就会提供一种忍耐下去的支持,尽管这种意义已经和工作不太相关。不过,以给工作赋予想象中的意义来减缓心理焦虑,归根结底还是一种主动压抑,而不是彻底解决。

而对于知识分子以及社会中具备较好的人文知识基础的人们而言，这种精神上的困境就无法压抑，面对和解决它，才是生活安全感的很重要来源。其中最为重要的一个问题是，在新的社会环境下，我们应该如何确立新的人生观和价值观。

自由如空气，在拥有的时候便显得不重要。人们有了选择自己的人生观的自由，于是人生观便变成了一种隐形的基础资源，每个人都拥有它，并在它的基础上设置了自身的行为模式、行动方向，但从来没有觉察到它的存在。但心理学上的决定论不支持自由意志，认为人生观这种价值层面的东西并非一种自由选择的结果，而是被社会塑造的。

人生观可以简略归结为两个方面，一是人生的意义和目标是什么，二是怎样去实现。在近现代，无论东西方，两方面的答案，都曾经由政治家来作主导性的回答，他们是人生观的权威制定者。

在一个国家需要集结力量去巩固某种社会制度选择或者实现某种共同的民族愿景的时代，主导性人生观和主流人生观就会合流。政治家所强调的集体一致行动的重要性，会成为社会共同的人生观。

在那个时代的中国，"人生的意义和目标"可以用雷锋的一句话来概括："把有限的生命投入到无限的为人民服务中去"，而实现的途径则是甘当一颗螺丝钉。各行各业莫不如是，每一种社会身份都能从强烈的集体主义整合力中获得一种荣耀感和自豪感。

所以，那个时代的人生榜样是刘文学、雷锋。法学教授范忠信曾对笔者回忆成长期的心理状态："初中以前老是想，为什么我的身边就碰不到那些破坏分子，也让我能去举报或搏斗，从而成为英雄呢？"[1]

英雄主义是一种集体主义情怀，人们从小被一种"时刻准备建立功勋"

---

[1] 李淳风：《范忠信："直立"的爬行者》，载《南风窗》2014年第3期。

的激情所支配。

中外政治家对社会人生观的塑造，常常使用的是一种长远的愿景想象，他们告诉人们，为了那个非常美好的社会理想，每个人都有义务去添砖加瓦，值得为之而作出个人利益的牺牲。与此同时，随着社会的多元化发展，也开启了另一种可能。

在日本，第二次世界大战后重建过程中，集团主义和大势顺应主义提供了社会文化基础，到20世纪70年代已经实现了经济繁荣和物质富足，人们在新的社会生活条件下自然而然地转向了个人主义。在中国，同样在20世纪70年代后期，"四个现代化"提出，改革开放拉开序幕，由政治家主动选择的变革，也给社会提供了多元人生观的发生条件。

1984年，日本作家山崎正和这样描述70年代的日本社会："国家对于国民已经不是有趣的存在——给日常生活带来刺激而激励个人人生的存在。她不再是为大目的而行动的战斗集团，她已转化为抱持无数的小课题而谋求期间微调的日常性技术集团。换言之，国家已经不是祭典的场所，而已化为务实的世界。"[1]

中国自上而下推动的体制变革，逐渐解除了对个人欲望的约束。

农业改革中的家庭联产承包责任制，工商业领域里允许非公有制经济的存在并肯定它们的积极意义，人可以进行地域流动去打工、创业，通过区域间价格差异赚取利润不再是一种罪名，从事经济活动不再是为了完成计划、指标和指令，而是为了给自己赚更多的钱，劳动与个人生活改善的可能性直接对应了起来。

社会从固态转向了液态，后面还会转向游离态。社会获得了更多的话语权，正在发生的一切都预示，商人会成为新的人生观塑造者。但就实践经验而言，这个过程是缓慢的，不足以支持社会人生观的快速变化，作为一种强

---

[1] 山崎正和：《柔性个人主义》，黄恒正译，远流出版公司（台湾）1988年版。

力催化剂，思想家承担了这一过渡性功能。

20世纪80年代，现代西方哲学潮水一般涌入中国，萨特、尼采、弗洛伊德、叔本华，这些在今天已经让阅历不深的年轻人望而生畏的名字，在当时却成了一种日常的精神料理。有的人在动荡时代经历了人情冷暖的剧烈转换，萨特的"他人即地狱"必然唤起强烈共振；大部分人在对自己究竟是不是一块砖、一颗螺丝钉还心存疑虑与彷徨的时候，萨特又说"你不是别的什么东西，你就是你自己"；人们对剧变带来的莫测前路惶惑不安，尼采喊一声"上帝死了"就给他们灌注了信心和勇气。

在思想家们的影响下，整个社会都在严肃面对人生观选择的问题。"潘晓来信"引起的强烈心灵共鸣，足见新的思想养分带来的价值蜕变。

1980年5月，《中国青年》杂志发表了一封题为《人生的路啊，为什么越走越窄……》的来信，署名"潘晓"，实际上由潘祎、黄晓菊两名青年合写。信中说：

> 我不甘心浑浑噩噩，吃喝玩乐了此一生。我有我的事业。我从小喜欢文学，尤其在历尽人生艰辛之后，我更想用文学的笔把这一切都写出来。可以说，我活着，我现在所做得一切，都是为了它——文学。然而，似乎没有人能理解我。我在的那个厂的工人大部分是家庭妇女，年轻姑娘除了谈论烫发就是穿戴，我和她们很难有共同语言。她们说我清高，怪癖，问我是不是想独身。我不睬，我嫌她们俗气，与周围人的格格不入，常使我有一种悲凉、孤独的感觉。当我感到孤独得可怕时，我就想马上加入到人们的笑谈中去；可一接近那些粗俗的笑谈，又觉得还不如躲进自己的孤独中。
>
> 我不甘心社会把我看成一个无足轻重的人，我要用我的作品来表明我的存在。我拼命地抓住这唯一的精神支柱，就像在要把我吞没的大海里死死抓住一叶小舟。我体会到这样一个道理：任何人不管是生

存还是创造，都是主观为自我，客观为别人。就像太阳发光，首先是自己生存运动的必然现象，照耀万物，不过是它派生的一种客观意义而已。所以我想，只要每一个人都尽量去提高自我存在的价值，那么整个人类社会的向前发展也成为必然的了……①

潘晓在1980年5月的这封信里提出了"主观为自己、客观为别人"这一人生观公式，而其使用的太阳的比喻，对应着"发光发热"的集体话语，最大的特征是个体感在其中汹涌澎湃。

1984年，该杂志第一期发表陈志尚、金可溪的文章《主观为自己客观为别人错在哪里》。

"合理利己主义"在社会上有大面积的内心冲动，但大多数人仍然羞于启齿，科学家、工程师、人民教师还是一些人口头上的职业理想，但如果成为一名"老板"是可能的，人们会毫不犹豫地选择后者。

"主观为自己，客观为别人"，带着强烈的个人主义、自由主义色彩。在西方，其理论来源是亚当·斯密的"看不见的手"，后来哈耶克又把它发展成为"自发秩序原理"。个人的自我实现，自然捎带着自身社会价值的实现，这为个人欲望合理合法地释放提供了思想文化基础，财富不是可耻的，而是光荣的。

1980年代，成为"万元户"是流行的人生目标，率先实现者是可羡慕的。而在改革开放前沿的广东，对陌生人（哪怕一看就不是老板的人）一律称呼"老板"，以表达尊重和善意，这一称呼一直持续到今天。

1983年6月，厦门大学设立了中国第一个广告学专业，随后这一专业在国内迅速成为热门学科。"人头马一开，好事自然来"，"钻石恒

---

① 读者来信《人生的路啊，为什么越走越窄……》，载《中国青年》1980年第5期。

久远，一颗永流传"，通过一系列"经典"的广告语录，消费或拥有某种商品，被和个人的社会地位直接联系了起来。商人通过铺天盖地的广告，获取了社会主流人生观的制定权。

由于人生观制定权的转移，一些原本被尊崇的社会身份变得失落，国家干部、知识分子纷纷下海，去寻求新的成功。有些人放不下面子，表示自己下海不是为了钱，而是寻求生命的意义，即便这是他们内心里真实的声音，也说明"生命的意义"发生了变化，那就是商人主导下的新的人生观。

"成功学"应运而生，在1990年代席卷天下。2010年的一项调查显示，有81.3%的人读过成功学书籍，有86.5%的人了解过"成功人士"的奋斗经历。[①] 成功有了一个统一的模板，住豪宅开豪车穿名牌，经常出入高消费场所，被美女俊男包围，被众人所羡慕。

这种成功与传统的成功之间的区别在于，它是没有尽头的。过去所定义的成功是具体、实在的，比如科学家完成了某项科研突破，工程师完成了某种技术改进，企业家让产品获得了市场认可，甚至一个孩子完成了自己的手工作业。而成功学灌输的成功没有明确的边界，是一种对物质财富的持续获取，对物质享受的越来越高的追求，随着时间的推移，标准在不断地变化。

1996年，《中国青年》再次组织了一次人生观大讨论，这次的题目是："我不停地奋斗，为什么成功却离我越来越远？"人们回过神来，顺便探讨了"什么才是真正的成功"。"主观为自己，客观为别人"没有解决人生意义上的困惑，反而放大了这种困惑。

就像厂房里的机器不会停止生产一样，由商人所制定的人生观不会停止制造更高的目标，概括而言，这种人生观的公式是——这种东西你有没有？

---

① 王聪聪、王琳：《复制成功？81.3%的人读过成功学》，载《中国青年报》2010年7月20日。

没有,那你的人生是失败的。而"这种东西"是无穷的,人一旦被卷进去,就只能通过无止尽的购买来找寻心理上的存在感。

美国心理学家米哈里·契克森米哈赖说:"物作为有价值的关系之象征,为一个人在社会网络中的位置提供了具象的证据。""我们对物的依赖不仅在身体上,更重要的是在心理上。现在我们制造的大多数东西在任何一种物质意义上都不能改善我们的生活,相反它的作用是稳定我们的精神,使之有序。"

精神无序,就会发疯。

商人作为新的人生观制定者,他的行为特征和政治家、思想家不同。政治家、思想家们以直接的思考和宣告,来陈述什么样的人生观才是可取的;而商人往往藏身于"自发秩序"后面,让受众觉得这一切都是源自身的需要,自己的人生观并没有被谁所设计。

这种高明的机制,到了炉火纯青的阶段,就是把价值信条置入娱乐明星的身上,使之成为他们个人魅力的一部分。

明星穿着某款衣物出现在一个万众瞩目的场合,很快,在各种商业渠道上就会出现"明星同款"。无数青少年,还有部分大妈大叔会把自身代入某个明星的人格中去,把自己想象成对方,无上限地加以完美化,甚至在生活上进行细节的模仿。

崇拜与模仿带来的消费满足感,伴随着强烈的"个人自由选择"体验,虽然这种"自由意志"经不起冷静的逻辑推敲,但在普通人那里,它是润物无声的。

明星当然永远无法跳出商业的掌控,比如一个真人秀节目,商家会提出一定要有某某明星才投放赞助,于是这个明星就"参加"了这一节目,他们在各种真人秀节目中所露出的真诚的笑容都有一个商业的梨涡。

不过,社会展现给大众的印象却是,明星的独立性越来越强,他们本身成了金字塔顶部的一个独立的阶层。

的确,20世纪90年代,明星还主要是一个演员,他们崭露头角之后就会获得"走穴"的机会，直接为商业站台，获得一次性的劳动报酬，那时他们身上的工具性特点非常明显，社会地位也远不如今天那么高。美丽而知名的女明星，最终嫁给了其貌不扬的土豪的例子不胜枚举。

而今天的明星，自身已经有能力进行商业的组织和运营，他们凭借粉丝的想象而发酵起来的个人魅力，也把他们推上了社会地位的制高点。他们不但表现得不再是一种工具，而且财富创造能力也不输大部分土豪，大多数明星自身就成为富豪，此时嫁给土豪就成了一种降阶，于是这几年我们看到，明星与明星之间结合的情况变得普遍了。

这种独立性确实让商业对明星的操控变得比以前困难一些，但却是商人们乐观其成的，因为这暗示着原本通过广告语录来进行灌输的人生观内容，已经在社会心理上内化了，这个社会再也不会偏离他们几代人努力设定的轨道。

这个时候，富豪们就会纷纷变身为思想家，谈哲学，谈情怀，谈社会理想，唯独不谈商业。

5. 诗歌和武侠：向理想主义致敬

人生观的讨论，其实是人们在精神上"生产自己"的一个环节。马克思说，人的本质是人真正的社会联系，所以人在积极实现自己本质的过程中创造人的社会联系、社会本质。一个人之所以成为他自己，是由他的社会关系来定义的，他从事什么工作、有什么爱好和特质、和什么人在一起、有何种情感生活，他对当前的社会持有什么样的看法，他认为未来会怎么变化因而为之采取了怎样的行动……这些和社会发生联系的因素，构成了一个人的社会形象。如果我们刨除这些因素，那就无法描述一个人，他就只剩下一个躯体加上一个名字。

当人们被整合在一个统一的模式之下的时候，人的面目是非常雷同的，无论是衣着、言语、行为等外表因素还是思想、价值观等内在活动,都没有太明显的区别。因为每一个人都把尽量和他人一致作为自我调整的目标,在这样的环境下人的个体感非常薄弱,改革开放前中国人被外部世界称为"蓝蚂蚁",就是因为我们的社会表现像是一个个复制样本。而人生观讨论反映的是人们的个体意识的觉醒和汹涌,它必然会导向人们对个性化的追求。人们意识到,每个人的天赋不一样,性情不一样,因而他们的人生路径自然也应该千差万别。

还是用天才思想家马克思的话来描述这种丰富性最为形象而深刻,他说:"一滴露水,在太阳的照耀下闪烁着无穷无尽的色彩。"

按照唯物主义的观点,个体意识的觉醒和汹涌,是生产关系对新的生产力要求的主动适应,这样市场意义上的工商业发展才有源源不断的动力。

社会文化上的一些变化,提示着中国人开始很明确地理解自己和他人的不同。20世纪80年代在中国民间,连环画非常流行,固然,这是因为连环画符合了一般大众的阅读能力,但另一方面,在抽象一点的方向上,我们也可以从中看到个体意识的苏醒。

如果只看历史教科书常常引用的那套黑白线条画像,你会发现曹操、刘备、孙权、关羽除了胡子有区别外,他们简直就是孪生兄弟,丰润儒雅的脸庞,柳叶形状的眼睛,厚厚的眼袋,樱桃小嘴……不只是他们,从黄帝到宋代诸帝,大人物全都是这副长相,以至于学生们读历史,改朝换代了却发现皇帝"是你是你还是你"。唐代阎立本依照想象作《历代帝王图》,彼此的面貌辨识度也不高,往后的历代仕女画,基本上只是一种服饰和生活场景的展示,从人脸完全分不出个"元迎探惜"来。画家们画的是"人",而不是"谁"。

这种"脸盲"传统,显然已经无法应付连环画这种多角色同一场景、多场景同一角色的系统性绘画的要求。一部《三国演义》,有名有姓者超过1000人，连环画至少涉及几百人，但每个人的面貌特征都非常细腻，彼此有明确的区别，重复出现的人物不用看文字也能认出来。所以说，连环画至少还参与创造了一种效应——让中国人对历史人物的身份辨认，不必再借助五颜六色的、带着价值标签的戏曲脸谱，或者千人一面、只换胡子不换脸的历史画像，他们都转化成一个个有血有肉、有着正常的五官特征的人。对历史的认知折射到对现实的认知，有助于人们树立起自身的个体意识。①

认识上潜移默化的转变，增强了连环画这种文艺形式的社会功能。尽管它是经过简化的故事，但由于图画拉近了距离，受众对其"真实性"的认同甚至会高于纯文字的原著。如在20世纪80年代初期，卢新华的小说《伤痕》开启了"伤痕文学"时代，但这种共同心理体验得以向社会底层渗透，则很大程度上借力于在小说基础上改编的连环画《伤痕》。

另一种反映个体感汹涌、人们对自身独特性的追寻的文艺形式是诗歌。改革开放开启了一个中国现代诗的黄金时代，可以说，虽然中国有着深厚的诗歌传统，但在历史上诗歌从未像20世纪80年代那样受到全民追捧，更重要的是获得过那么多真心实意的共鸣。

诗歌是一种关于修辞的艺术，哲学家斯坦利·罗森认为"修辞的对象是人的灵魂"，这意味着诗歌本身是指向人类的一部分永恒价值的。然而诗歌和灵魂之间并非毫无障碍，灵魂始终等待诗歌，但诗歌必须有抵达力和穿透力，才能实现两者的结合。就像卵子和精子的关系，没有抵达力的精子在半途就死亡了，而抵达的精子还需有足够的穿透力才能进入。抵达力和穿透力，都依赖一种叫"顶体酶"的蛋白质，如果它缺席、不足或活力不佳，就产生了生殖的"困境"。诗歌的"顶体酶"，隐藏在当时的社会集体心理状态中，它

---

① 李少威：《百年启蒙：连环画里的记忆深巷》，载《南风窗》2017年第8期。

既作用于诗人，也作用于受众。

20世纪80年代的中国掀起了一阵诗歌狂潮，全国有数万个诗歌社团，几百万人在写诗，读诗者更不计其数，那是诗人的黄金时代，至今被诗家缅怀。然而这一狂潮不能完全归因于当时诗歌的艺术成就，"第三代诗人"的代表杨克将之概括为"幸运地碰上了一个好时代"，因为经历了数十年的个性压抑，在那个时代里有天赋的人一写出某件作品，就是一种创新。诗人、作家土家野夫也认为，那是"积压之后的爆发"，是不正常的，"一个国家不可能有这么多诗人"。

概而言之，在构建个体感和自我意识的文化营养依旧匮乏的年代，诗歌的原始功能被催化了，它在有限的时间里偶然抵达了灵魂。柏拉图认为诗歌具有"狂迷性"，20世纪80年代就是"狂迷性"的闪现，这个时候的诗歌几乎不依赖物质现实而自在人心。①

这种自在人心的力量，就是源于社会上每一个个体的独立性正处在一个确立期，而诗歌最适宜表达情感饱满而又不瞻前顾后的独立思考。著名的朦胧诗派的诗人舒婷在1977年创作的《致橡树》，正因为对女性独立性的主张和呼唤，在20世纪80年代整整影响了一代人。其实在当时，这首诗的影响面并不局限于女性，几乎每一个青年人都能从中获得人生的指引，以及情感上的互相确认。舒婷写道：

> 我如果爱你——绝不像攀援的凌霄花，借你的高枝炫耀自己；
> 我如果爱你——绝不学痴情的鸟儿，为绿荫重复单调的歌曲；
> 也不止像泉源，常年送来清凉的慰藉；
> 也不止像险峰，增加你的高度，衬托你的威仪。
> 甚至日光，甚至春雨。

---

① 李少威：《今天是谁在读诗？》，载《南风窗》2016年第25期。

不，这些都还不够！我必须是你近旁的一株木棉，作为树的形象和你站在一起。

根，紧握在地下；叶，相触在云里。

每一阵风过，我们都互相致意，但没有人，听懂我们的言语。

你有你的铜枝铁干，像刀，像剑，也像戟；

我有我红硕的花朵，像沉重的叹息，又像英勇的火炬。

我们分担寒潮、风雷、霹雳；我们共享雾霭、流岚、虹霓。

仿佛永远分离，却又终身相依。

这才是伟大的爱情，坚贞就在这里：

爱——不仅爱你伟岸的身躯，也爱你坚持的位置，足下的土地。

20世纪80年代是一个适合诗的年代——不仅因为社会对诗的需求，还因为社会的各个领域都还洋溢着未被物质主义所沾染的淳朴气息，每一个领域都对人才不拘一格。"第三代诗人"的代表性人物杨克对笔者回忆，他的第一本诗集《太阳鸟》1985年出版，1988年他就获得了广西官方的第一届"铜鼓奖"——广西的文学最高奖。

"我们那时候只是一个初出茅庐的小年轻，前面有很多老前辈，人家可能从50年代开始就写诗，出过很多书。第一次发奖就能发给年轻人，放在今天根本不可能"，杨克说，"那时候我们连评委是谁都不知道，也不需要知道。后来评奖才有了各种利益博弈，常常引得社会上意见纷纭。"①

创新是年轻人得到鼓励的理由，而创新在那个时代比现在容易得多。年轻人读了很多西方现代派作品，开始用现代主义的方式写作，一写出来，就是过去从未出现过的新文本，它们的个体性显著区别于过去数十年文学的"集体合唱"。

---

① 李少威：《杨克：在钢筋水泥中看到诗的闪耀》，载《南风窗》2016年第19期。

很多人20多岁就成名了，后来获得诺贝尔文学奖的莫言，当时写了一篇《透明的红萝卜》就声名大噪，杨克说，正因为它跟《烈火金刚》《林海雪原》不同，那是"一个人的时代"。而今天无论写诗、写小说，"大路子"上并没有本质的区别，很难再别开生面。"这就是我们那一代的运气。"

毫无疑问，20世纪80年代是一个属于诗的年代，但平心而论，真正有天分的诗人其实屈指可数。有那么多的人可以依靠写诗为生，甚至一些资质平平的人也会得到广泛拥趸，诗歌的创作群体一起调动了全社会蓬勃的诗性，要解释这个过去的现象，永远不能脱离时代背景。先锋派诗人代表陈晓明曾经在演讲中做过一次有意思的比较，把几首当代孩子写的诗和早期的先锋诗人写的诗放在一起，两者根本无法判定高下。相比诗才，那是一个更加强调"大胆"的时期，而"大胆"其实很简单，就是写出心中真实的所思所想。

所以，杨克所说的"运气"不只是属于诗歌，它们以相同的浓度，漫溢在经济、社会生活的方方面面。人们从一个未来非常清晰甚至基本固定的状态，突然切换到了一个一切都不定型的、存在无限可能性的状态。后者虽然会让人产生迷茫与忐忑，但同时赋予了未来以希望，给了人们去塑造和改变未来的憧憬和动力，这种憧憬和动力一旦超越个人的功利性计较，就会转化成一种主流的理想主义氛围。经历过那个年代的人们尤其是其中具有一定的知识基础的人们，回忆起来都无不对当时社会洋溢着的理想主义情怀表现出深深的怀念和依恋。

主动思考国家和民族前途，拷问自己可以怎样为国家和民族去做出应有的担当，在知识分子和青年学生群体中是一个普遍现象。而如果把这种理想主义氛围的渗透力进一步扩展到普罗大众，把那些从意识上不自觉的但事实上卷入这股潮流中的更大规模的人们考虑进来，则可以选取武侠小说这种雅俗共赏的文学作品，来作一番有意义的考察。

理想主义，其实是一种被集结起来的公共精神，想要以一己之身，去为国家、社会做点什么的自觉意识。

20世纪80年代，金庸、古龙，年轻人几乎人手一册，武侠小说的流行，正因为它契合了蓬勃的公共精神，激发了担当意识。刚刚进行改革开放，一个大变革时代来临，一切价值都在重构，而中国社会并不具备应付这个大变革的心智——因为长时间的阵营壁垒隔阻，人们见过的世面太少。年轻人充满希望，想要担当，但不知具体路径。武侠小说正因为符合这一气质，给知识青年的"为国寻路"热情提供了出口，也为普通人与时代如何建立联系提供了最通俗的解释。

金庸、古龙的作品，几乎都完成于在大陆流行之前。所以它们的流行和今天的新题材流行不一样，社会不是被动接受商业逻辑的娱乐喂食，而是主动选择身上缺乏的成分。某种程度上说，这有点"开眼看世界"的意思，只不过看到的，是中国自己的东西——传统文化里一种被克制的激情。这种激情就是侠义精神，这是在中国历史上有浓重的乌托邦味道的价值流派。"任侠"精神是一种遥远的绝响，但因为它是超越任何时代道德的正义诉求，它点燃的星火从未熄灭。乱世，它是一声内心号角，太平时代，它是一种美丽想象。

20世纪80年代其实是思想的乱世，故而内心的"任侠"号角被吹响。传统，这个长时间里被贬低但其实从未离开过中国人的精神生活的东西，突然在社会上觉醒了。深藏在中国人的精神遗传基因当中的天下情怀，在一个时代里集中喷涌而出，而且是以一种相当纯粹的集体行动的形式。

所以说改革开放带给中国社会的新变化，实在是非常有意思。

如果要细致地回味那些曾对改革开放后的中国社会产生过普遍而深入的影响的文艺形式，那我们将会有说不完的角度。比如谈到文学，也不能不提言情小说，如果说武侠小说主要是席卷了中国的男性青年，那么言情小说则可以说俘虏了大部分的女性青年，琼瑶、亦舒、岑凯伦在20世纪80年代的中国大陆洛阳纸贵，甚至在大学和中学课堂上，琼瑶的处女作《窗外》都会被教师作为文学样本加以分析，尽管武侠、言情小说从未被主流文学界承认为严肃文学作品。

80年代乃至蔓延到90年代流行的"老派"武侠、言情，都有一个共同的特点，即那些重要的作品都诞生于中国大陆改革开放之前的港台地区，因此它们并非为迎合中国的社会潮流而定向创作。改革开放之后的中国民间阅读之所以把它们捧到一个非常高的位置上去，除了人们对未来充满想象之外，另一个非常重要的原因是：以前没见过。正如诗人杨克所说，有一点天赋的人一旦下笔，对于中国社会而言都是一个创新。

这些东西都是新鲜的，这一点非常重要。今天试图通过文艺创新来在社会上制造一点震撼非常艰难，这和人们早已对一切司空见惯息息相关，而就这一点而言，这也正反映了中国改革开放在丰富人民群众精神文化生活方面取得的成就。

见怪不怪，在今天这个多元、丰富、精彩、人人都有主见而且诉求千差万别的时代里，任何一种文艺形式都会很快引起审美疲劳，这是一个不争的事实。不过我们也不应该忽视一个变化：对应着20世纪80年代的所谓"理想主义"，今天的人们尤其是年轻群体变得务实多了。不能说这是一种消极趋势，但观察文化变迁，就必须具有这种社会性眼光。比如八九十年代的武侠，在今天看来是一种"硬武侠"，因为其中还是浸透着浓浓的社会关怀，具有现实基础，而今天则已经转化为"软武侠"，以"玄幻、仙侠"的不断滋长、繁茂以及金庸、古龙的"过时"为标志，在纯娱乐的需求驱动下，人们已经不愿意让娱乐工具背负沉重的意义。"软武侠"的代表作《花千骨》《三生三世十里桃花》风靡一时，这些作品的一个共性是没有任何时代背景，纯粹是消费主义驱使下的一种想象力驰骋。抽离了时代背景，就抽离了现实感，因而无论故事怎样进展，都决不会带来思想负担。因为这是价值观建构了作品，而不是作品建构价值观——出于消费与娱乐目的而制造的故事，当然不会告诉受众应当警惕消费与娱乐，这和社会公共精神的缩窄趋势完全对应。

我们还可以从一些特别的舞种的变化上来观察这一趋势。

2018年初，由优酷、爱奇艺分别制作的两档关于街舞的节目——《这就是街舞》和《热血街舞团》，正在让中国青少年沉醉。这是继2017年的《中国有嘻哈》之后，美国的底层社会文化再一次在中国掀起热潮，甚至有人说，2018年是中国的"街舞元年"。街舞其实也是嘻哈文化的一部分。对于不熟悉这个领域的普通人而言，这些关于说唱和街舞的真人秀节目带来了一点惊喜，那就是中国原来有这么多的专业人士，而人们却一直不知不觉。

这似乎符合嘻哈文化在20世纪六七十年代诞生的背景，它本来就是纽约黑人和拉美裔贫民区的亚文化，具有一定的地下属性。不过在如今这个多元中国，连大爷大妈都早已习惯了在朗朗乾坤下翩翩起舞，街舞却变得越来越"地下"，几乎无法在街头见到，以至除非有个大红大紫的商业节目出现，人们几乎感觉不到它的存在。

追寻技艺和分享快乐，这两者一同构成了街舞在当下时代里的精神，前者提供动力，后者赋予意义。这种新的精神里不再包含任何与社会主流价值对抗、发泄情绪的味道，因为主流对它已经不排斥、更不压制。在这个时代，喜欢某种东西，不必再有什么悲壮感，喜欢就是了。这事实上也意味着，街舞已经不再特别，只是舞蹈中的一个类别，你愿意学就学，愿意跳就跳，没有人会再横加干涉。

20世纪80年代，街舞随电影《霹雳舞》传入中国，对于那时的中国人而言，那是一个"异教徒"一般的存在。尤其街舞的热衷者都是青少年，长辈们操心下一代的成长并且把它和国家民族的未来联系起来的本能因此受到刺激。在那样的背景下，那些被排斥和压制的艺术形式或者娱乐方式，成为社会变迁的冲突中心，就具有作为文化现象去观察的意义。而且，往往越是被排斥、被压制的活动，就越有在公共空间里进行自我展示的挑衅冲动。摇滚、交谊舞、霹雳舞和"奇装异服"，饱受指责之时，也正是它们最频繁地出现在街头巷尾的时候。而今天它们既然已经"泯然众技"，就不再是什么值得留意的文化现象。

街舞在中国真正蔓延开来，是90年代受港台娱乐和"韩流"影响的结果，这时的参与者，已经不是 80 年代那些需要在精神上寻找出路的青年人，而是更新的一代，他们只是希望让自己显得"酷"一点，看上去时尚一点。正如他们上了大学，大学也告别了理想。正如 Rap 的"中国教父"是尹相杰一样，他一边 Rap，一边唱《纤夫的爱》，看不到有什么需要对抗的。

如果把"街舞"理解为"街角社会的舞蹈"，倒还算是一个说得过去的统称。一方面它和纽约布朗克斯区的非白人底层贫民直接有关，另一方面是后来出现的"Battle"（斗舞），直接展现的就是一种贫民区的黑帮生态，就像一种非暴力的斗殴。这让人联想到爱斯基摩人以"斗歌"来解决争端的习俗，双方把控诉和辩护编成歌词，在众人围观下高声演唱，最后获得一个结果，然后双方重归于好。这个比照想要说明的是，在"原产地"，街舞确实是一种具有文化人类学意义的生活内容。

不过在今天它只是一种爱好，是多元生活的一个侧面，更实际地说，它只是一个产业。有数据称，中国有 5000 多家街舞工作室，每年有 500 多万人接受街舞培训。对于专业人士，它是一种谋生方式，而对于接受培训的人们，则是寻求"多一种技能"的途径，尤其对于其中的儿童，这是"素质教育"的一种。在《这就是街舞》《热血街舞团》里，你会看到业内公认的各路"大神"纷纷现身，似乎存在一个街舞江湖，但那是一个幻觉。工作室的大镜子和专业竞技的舞台，才是它的活动空间，它不出现在街头，对现实也没有任何不同意见，因此和庙堂、江湖都没有任何关系。

20 世纪 80 年代那一代真正用行为艺术一般的新文化挑战过主流价值观的人已经老了，他们现在在跳广场舞。同样地，在广场舞出现的头几年里，舞者们再一次和那些不参与的人们发生激烈的冲突，而现在，一切关系都已经处理好了。

如果说这代人在 80 年代的另类舞姿反映的是现实的不如意，今天的舞蹈则是截然相反，表达的是对生活的满足和感恩。即便如此，广场舞在社会文化层面（相对于商业层面）还是比街舞更有价值，因为它反映时代，这才是真正的"街舞"。

6. 听到另一个世界

改革开放以前中国人的视听娱乐是相当匮乏的。回忆起来，占据其中大部分空间的就是"八个样板戏"，讲述革命历史和英雄事迹。因为选项实在太少，所以京剧作为一种地方戏（最多是"北方戏"）竟然能借着现代戏这个新的形式席卷整个中国，这在数千年中华文化扩散和共享的历史上都是一个特例时代。

此外，改革开放前的人们还津津乐道的是一些今天所谓的主旋律电影（那个时代也没有什么其他旋律），比如《上甘岭》《地道战》《地雷战》《闪闪的红星》，几乎每个人都看过十遍八遍，每一个细节、每一句台词都烂熟于心。脍炙人口的歌曲，也都与电影紧密相关，如《我的祖国》《红星照我去战斗》。

电影毕竟不能常看，但学会了的歌曲就可以常常吟唱，因为唱歌这种精神生活不依赖于任何设备条件。因而歌曲在各种文艺形式当中，可以说是最广泛地渗入社会生活的一种，它的任何细微变化，都反映着社会文化和精神面貌的改变。

前面说"运气不只属于诗歌"，音乐也是这样，只要做一点谨慎的创新，就会让人耳目一新。

1983年的中央电视台春节晚会，"中国大陆第一首流行歌曲"——李谷一的《乡恋》引发轰动效应，因为她在演唱时运用了"气声唱法"。"歌还可以这样唱"，一时之间风靡全国。在此之前，一部分时髦青年早已听过邓丽君的歌，运用的正是同一种唱法，只不过一直被视为"靡靡之音"。

这首歌在一段时间的争议之后获得了社会的广泛接受，它预示着文化娱乐生活领域进入了一个宽松自由的阶段，进而开启了在传统民族声乐之外，流行音乐崛起的新维度，在城市的公共空间里，随处可见留着长头发、戴着蛤蟆镜、穿着喇叭裤而且还听着录音机的摩登青年。港台歌曲汹涌而来，尤其是在1991年香港"四大天王"横空出世之后，港台流行歌曲以强烈的侵略性"扫荡"中国大陆。

受到外部启蒙，本土流行音乐也在20世纪80年代上半期开始孕育，一批后来影响巨大的音乐人正在成长。1986年5月9日，崔健在北京工人体育馆举行的百名歌星演唱会上演唱了《一无所有》，宣告了中国摇滚乐的诞生。在各种音乐类别中，摇滚乐是最为激情澎湃也最能传递思想的，因此它和时代的理想主义和英雄主义氛围十分契合，让精力充沛的年轻人听得热血沸腾，一时间，《一无所有》响彻大街小巷。

中国最早"玩摇滚"的音乐人之一、黑豹乐队前主唱秦勇向笔者回忆了那个时代里摇滚崛起的环境和社会心理氛围。

> 1986年被认作中国摇滚乐的起步之年，也就在这一年，秦勇组建了自己的乐队。
>
> 秦勇接触摇滚，大约是在1983年或1984年。那时，在深圳一个文工团工作的哥哥回北京，在火车上"捡"了一个叫比尔的美国大汉，身高1米96，是秦勇家那栋楼里进来过的最高的人。"而且是金发碧眼，就跟野人似的。"
>
> 比尔是个背包客，他准备到最具中国象征意味的天安门广场去露营过夜，秦勇对他说，你去了会被抓起来，不如在我们家住。留宿家中的比尔打开了他的背包，里面有上百盘摇滚乐磁带。他掏出来一部"Walkman"，把耳机塞进了秦勇的耳朵里。
>
> "你无法想象人在当时第一次听'Walkman'的感觉，简直一下子来到了音乐的天堂，突然塞到你耳朵里，能让你一下子拥有一个宇宙。"秦勇说，"那时候我们听音乐，都是用一个大喇叭，或者板砖一样的录音机，从来没有听到过一个人享受耳机的那种音效。"

摇滚乐的激情和想象力在那一个晚上让秦勇着迷，比尔看他喜欢，就提出办一个"Party"。

"什么是 Party？"

"就是一堆年轻人，在一起喝着酒，弹着吉他，唱着歌。"

"噢，那可以办一个 Party。"

秦勇的哥哥认识崔健，把他的整个乐队请了过来，在食堂里搭了一个舞台，电吉他、贝斯、鼓都有，大家轮流着唱歌。崔健上去，唱的是还没有公开演出过的《一无所有》。比尔没有想到在中国还有这样的音乐，也异常兴奋，拿出从美国带来的牛仔布鲁斯口琴，一起伴奏。①

那天就是秦勇的摇滚人生的开端，他认定找到了最适合自己的音乐。同时代的一批玩摇滚的北京孩子，后来大红大紫，但在起点上，纯然是因为个人兴趣。这群年轻人从没想到过，它可能转换为一种商业，可以拿到市场上去供人消费。秦勇说，后来这种兴趣就升华到爱了，没有任何其他形式的音乐可以替代它在我们心中的位置。

一批充满激情的年轻人疯狂地爱上摇滚，是中国摇滚精神发轫的一个必要条件，但还不充分。摇滚创作要有精神苦闷为动力，不是一种纯玩乐的行为。从与秦勇的交谈中发现，人们在后来的总结中认为它来自一种社会性的普遍精神困境，这可能夸大了其动机，这种苦闷其实仅仅发端于一个小群体很特殊的挣扎，而不是主动的社会关怀。

"就是苦于喜欢摇滚但不被人理解。"外界对这群年轻人很不待见，秦勇说，"我们是一个很另类的群体，除了自己家人，几乎所有人都恨不得你早点完蛋。正因为不被接纳，我们就更要标新立异，要显得和别人不一样，留长发，穿破裤子，好好的裤子要在上面搞几个大口子，还在上面写满了字，就是发

---

① 李少威：《久违了，秦勇和他的摇滚》，载《南风窗》2016 年第 22 期。

出一种信号。"

这些典型的意象，后来都被代入社会大环境去描述它的功能，秦勇说，在当时动机上很简单，就是要和你不一样而已。

随着摇滚乐的影响增大，与政治、经济、文化及社会集体心理诉求等复杂的因素交织在一起，摇滚天然具有的反叛性才被主动发现。

早期的摇滚音乐人，在后来的流行音乐史中几乎被——封神，20世纪80年代的崔健，90年代的"魔岩三杰"，莫不如此。然而从秦勇冷静的回忆中我们会发现，他们的天赋固然是成功的关键因素之一，但时势对他们的塑造更不可忽视，总的来说，正是因为改革开放创造的条件，让10亿多人里潜藏的那些有艺术才具和个性的人获得了一个可以去思考和表达的环境，这和同一时代里诗歌的全面繁荣是同样的道理。

后来，中国大陆流行音乐的继续发展印证了这一逻辑。一直到90年代初，除了摇滚之外，其他的流行音乐领域基本上还是被港台作品占据，本土的创作始终未能获得重要地位。因为这个时期还是一个"开眼看世界"的阶段，创作者缺乏主体意识，以模仿为主，而其根本原因，则是那个时代里中国社会还没有找到一种普遍性的、可以在现实社会里对象化的共同情结。而到了90年代，这一共同情结终于被发现，那就是背井离乡的集体感受。因为中国的经济基础发生了深刻变化，外资大举进入，与国际市场一起脉动的工业机器不断被发动，从早几年的零星点状分布，到东部沿海变为"蛙声一片"。尤其是在得天时地利人和之便的珠三角地区，外资企业更是迅速繁殖——这正是中国大陆真正意义上的流行音乐发端于广东的主要原因。

为适应工业对劳动力的需要，原本被固定在故乡的人口，必须流动起来，一大批劳动者涌向古已有之的平地而起的城市。和过去考大学、参军不一样，劳动者向城市的进军走的不再是体制的独木桥，他们的户籍、权利和归属感都缺乏体制的靠山，"解散"也不意味着自由，而是被整合进更加强大和秩序化的工业组织里，因而他们必将体验更加强烈的内心孤独、环境疏离和人文陌路。随着工业蔓延,举国都成他乡。越来越迫切地,整个社会的心理张力呼唤一种文化上的回应,而音乐,就是最具备大众化条件的回应方式。

1990年初开始从事歌词创作和音乐策划的著名音乐人李广平以及早期流行歌手李春波一起对笔者回忆了这一过程。

> 上世纪八九十年代的广州,是中国流行文化的中心,国内的文艺青年,都向这座城市流动,去追寻梦想。1992年,东北青年李春波就住在广州火车站旁边的一个大院子里。这是一家宾馆,里面有一个"友谊沙龙"歌舞厅,李春波每天在里面弹2个小时的琴。财富的激情在院子外涌动,一边是火车站,一边是广交会,热闹、熙攘、嘈杂、混乱。
>
> 李春波基本不会走出这个院子,吃、住、工作都在里面完成,工作以外的时间,要么一个人在宿舍里弹琴,要么在健身房里锻炼。需要出去的时候,一般是和一个发小到中国唱片广州公司附近的大排档去吃宵夜。
>
> 那时他清晰地感觉到"这个地方不属于我",自己无法与城市融合。这其实也是那个流动的时代里,大部分来到一座陌生城市的人们的共同体验,主流的社会心理,等待着某种可以被共享的温暖情感去抚慰。
>
> 六七月份,李春波把自己写好的歌曲选出来一部分,灌录了一张唱片,《小芳》就在其中。写这首歌的时候,李春波一直想着一双熟悉的、明眸善睐的大眼睛,于是在一个虚构的故事场景、虚构的角色关系里,注入了自己最动人的情感。
>
> 朋友们帮他推荐给唱片公司,"推荐了好多",但都是"等消息"。这种独树一帜的民谣风格,在当时的中国还非常新鲜,而新鲜也意味着市场风险。唱片公司都按兵不动,直到李春波最后打了一个电话给中国唱片广州公司企划部的李广平。
>
> 1992年,陈小奇在中唱广州公司组建企划部,李广平被从星海音

乐学院的行政部门调了过去。就在这一年的某天，一个电话打进了他的办公室，对方操东北口音，自称创作歌手，名叫李春波。

在他狭窄的宿舍里，他和他的乐队成员们一首一首地把歌唱给李广平听。"这是我第一次听到如此质朴无华、真切自然的吟唱，我从中听到了一种'不想再给这座城市输送噪音'的真诚"，李广平说，"后来领导层对这些歌曲也没有太大兴趣，还是企划部主任陈小奇立下军令状，如果有退货，一律由企划部承担，才得以发行。"

《小芳》"火得一塌糊涂"，1993年，也因此被称为流行音乐的"李春波年"或"小芳年"。①

《小芳》以知青返城为背景，写城市知识青年和乡村少女被一种不可抗拒的力量安排相遇，又在另一种力量左右下被拆散，爱情真挚，但却深深嵌入在一个令人无奈的社会大背景下。那时的中国，如果说城乡之间有什么情感上的联系，那就是无奈的分离、无尽的思念。某种意义上讲，那时所有在他乡漂泊的人们，都是另一种形式的"知青"。

李春波的走红，给大陆流行乐坛注入了一股新的势力，这股以寻求与本土社会心理实现共振为特点的势力，开始脱离席卷中国大陆的港台流行音乐理念的控制，并与之分庭抗礼，因此李春波被视为一个里程碑式的人物。1994年，在李广平的帮助下，李春波再次凭借《一封家书》占据中国人的耳朵，李广平把这种口语化、叙事化的音乐，命名为"城市民谣"。

乡愁，作为一条能把看似散乱的他乡之客们串连起来的感情线，正等待着被认知。有个朋友要去澳洲留学，此去经年，相会无期，李广平深感惆怅，想要为他写一首歌词。他从B段写起，一提笔就写下"你在他乡还好吗"这一句，把浓烈的感情润色圆满之后，再回头写A段，构建一个完整的故事。

---

① 李少威：《李春波：真正喜欢音乐的人是善良的》，载《南风窗》2017年第6期。

这一创作无关乎对社会集体心理需求的探索，而是一种完全个人化的感情透露。李广平说，当时觉得离开家乡出外闯荡其实是一种很无奈、很惆怅的行为，只是我们必须这样做。

然而正是这样一首个人化的歌曲，无意间引爆了社会的乡愁情愫。1994年，光头李进演唱的《你在他乡还好吗》席卷中国，几年之间没有退潮的迹象。作家丁燕甚至认为，不知道李广平没关系，不知道《你在他乡还好吗》就算是白活了。"这个时候的中国人，刚从农业文明的摇篮中醒来，开始有了出外打工的可能和机会，痛苦和离别。这首歌流行于那个时候，也是敏锐地察觉到了这最初的疼痛。"此后，陈少华的《九月九的酒》，陈星的《流浪歌》，满文军的《望乡》，作为对乡愁线索的延续，同样引来举国回响。

同在1994年，甘萍演唱的《潮湿的心》也迅速走红。李广平在歌词里抒写的是关于城市女性心中的爱情悸动，但其中传递的人与城市之间的隔离感，同样敲击着和城市还没有建立心灵连接的青年人的柔弱内心。

乡愁作为一种细腻的情感活动，却进入了社会变迁的宏大叙事之中，这是中国一景，体现在现实生活里，是一年比一年挤迫的春运。

摇滚代表的是一种思想的躁动和想象、人们和改革开放前的历史挥别的情绪，而城市民谣、本土流行歌曲所反映的，则是整个中国人口流动、人与乡土逐渐脱离的现实。如果把改革开放前的中国社会比喻为一桌码得整整齐齐的麻将，改革开放尤其是20世纪90年代以后，这桌麻将则已经开打，每个牌的位置都已经散乱。人们在生存与欲求的驱使下，纷纷和生养之地分离。

作为本土流行音乐确立主体性的离别、乡愁和陌生感的题材，今天已经很难唤起人们的共鸣。其实，我们如果从专业的角度考量当时的词曲水平和歌手的技术指标，相当一部分风行一时的歌曲也平平无奇，甚至带着一些幼稚的气质。在当时它们为何具有唤起集体共鸣的力量？这仍然要从时代本身去寻找答案。

在那个时代里迈出背井离乡这一步，对大部分人而言都很不容易。中国人素有安土重迁的传统，轻易不会离开自己的故土；而且在改革开放前，绝大部分人都没有出门经验，面对外界，人们是陌生、忐忑甚至带着某种程度的恐惧的。然而，在生存需要和欲求驱使下，他们必须压制住这种惶惑的心理状态，把它包裹起来，强作若无其事。在一个尚未融入的陌生人社会里，人们也很难找到倾诉的对象。所以，歌曲其实是在代表他们倾诉，简单重复的旋律和质朴无修饰的歌词，反而比后来的"难度歌曲"更能钻进他们的内心，具有安抚的力量。

不同的阶层、地域文化、教育程度、个性特质、禀赋和追求的人们杂处在城市这个公共空间里，新的文化在生长，对社会文化多元性的接触和接纳，成为一个趋势，中国人在现代化进程中迈出了自然但又艰难的一步。20世纪90年代，当红歌星也越来越多，毛宁、杨钰莹、解晓东、甘萍、蔡国庆等纷纷出道，人们选择喜欢哪一个歌星这一行为本身，就是在多元世界里确定自身位置的一个过程。

歌手、演员、诗人、作家等文艺界人士，在参与建构一个多元社会的进程里获得物质回报和价值认可，但同时作为一个个体，他们其实也一直在不知不觉中做着反对自己的工作。因为多元化一旦更深入地推进，那么个人影响力就会衰弱，而随着人们文化口味更新换代的加速，他们甚至很快就会被公众所抛弃，社会本身变成了一条产品快速迭代的流水线。崔健、魔岩三杰、李春波、秦勇、毛宁、蔡国庆……都在没几年的时间里很快成为记忆，这和改革开放前郭兰英等老一辈"当红到老"的情形已迥然相异。

7. 人的城市化和现代化

打破"安土重迁"思想，勇敢地流动起来；抛弃制式一般的人格设定，拥抱一个多元的、色彩斑斓的个性世界；离开依靠人情作为互动模式中的润滑剂的熟人乡村，走向一个陌生人组成的依靠清晰的规则运转的城市。

这三者，是对中国人的现代化过程的概括，和人的现代化同步发展的，是中国的城市化，现代文明就是城市文明。

设想一个20世纪80年代的典型情境：中国西部农村某个村子里，30多岁的男人"张三"面临一个选择——要不要到珠三角的工厂里去打工。当他的思想倾向于去的时候，一个声音总在耳边喊：父母在，不远游。当他准备放弃的时候，另一个声音又在引诱：你可以挣到比务农多好几倍的钱。

"张三"所面对的，就是传统与现代化之间的冲突在细部上的表现。社会的发展要求，不可能给"张三"们太长的时间去犹豫。那些正在搭建起来的工厂、安装完毕的机器，迫切需要一大批自由劳动力去提供动力。而中国的劳动力都被以农民身份束缚在土地上，大致上仍然重复着一代又一代没有太大变动的生活，残存的家庭传统，还在维系着一个个乡村共同体的稳定。

"贫而乐道"，自从2000多年前在孔子和学生的谈话中提出来之后，就被继承了下来，发展成为一个"宿命论"传统。尽管它原意并不与求取富贵相冲突——孔子还说过，"富贵如可求，虽执鞭之士，吾亦为之"，但它毕竟还是给了物质贫乏的状况以心理上的退路。

现代化的内核是理性化，就像工厂组织一样，各个领域都试图以一种标准化的、逻辑上一以贯之的系统设计，来高效率地直抵目标。这样的社会，必须以欲望为动力。它必须阻止"张三"们做出一个与现代化需要相抵触的决定："此去收入多了一点，但要背井离乡，骨肉分离，家不成家，无法堂前尽孝，不能膝下承欢，还是算了吧。"它还要解除社会对财富的歧视，让那些具有企业家潜能的人，能够理直气壮地站到社会前台，去组织涌流的生产要素，去勇敢地赚钱。

于是，社会的价值风向开始转变，"致富光荣"被迅速接受，从根本上改变了人们的生活理想。工业化让家庭在时间和空间上的不完整成为一种普遍事实，农业社会以家庭为单位组织起来的宗族以及乡村共同体，至此被彻底瓦解。在这个共同体内部延续了千百年的传统文化范式，也自然消退，以宗族为单位开展的活动开始大幅减少。在南方地区，宗族性活动的场所——祠堂，从闲置、荒废到破败、倒塌。

与这个传统生活形态的式微进程相伴的，是"春运"成为独特的社会景观。人们无法挽留传统，但依恋之情仍在，只能以集中的点状爆发的形式加以自偿。

当早期的打工者和闯荡者们从家乡向着他乡出发的时候，大多数人并没有成为目的地的永久居民的主动憧憬，他们只是为了谋求更好的生活，寻找更开阔的未来。然而，随着压抑的乡愁被流行文化解放出来，随着人们对身处他乡已经习以为常，随着时间拉得越来越长以至于对他乡比对故乡更为熟悉，这个时候，"城市化"就成为一个主动的愿望。然而，除了顺理成章地成为公务员、城市白领的大学毕业生，或者一部分在市场化潮流中赚到了钱的企业主之外，大部分人要在他乡的城市中立足，并不容易。许多人一直为此挣扎着，挣扎到跨世纪，仍然未必能实现愿望。

这个过程有多难，可以举出许多非常极端的事例，但那些经历上非常普通、平凡的人们的挣扎过程，比极端例子更有说服力，下面我们就来看看两个农村出身的普通人对笔者讲述的自己向城市出发的故事。

2008年，火辣辣的夏天。

小李精瘦，手却粗大。穿一件短袖衬衫，绿色，很远望到他，就知道那是一件"厂服"。走前来坐到一起，汗味像是老窖池里蒸腾的酒气，至少是"三天陈"的。他从塑料袋里掏出一沓厚厚的信纸，好多都已经卷了边。上面一行行的"1234567"，那是他写的歌，简谱对这个工厂小伙子而言是一种可以驾驭的符号系统，但对我而言就是天书。

我说，你选一首你认为最好的，唱给我听。

他翻找着，非常认真，手有些颤抖。这是他第一次见到记者，那时记者有点神圣，他的认真源于，他以为对面这个戴着眼镜的记者可以给他的命运带来神奇的转折。

权衡再三，犹豫着抽出一张，他就轻声地唱了起来。

我发誓，那是一首非常难听的歌，但我没有打断他。唱完之后，我去买了一杯饮料递给他，说："喝口水，再唱两首吧。"

他仍然很认真地翻出来两张，继续唱，仍然很难听，我已经感觉到他的声音越来越不自信了。

尽管那时我写的报道并不那么重要，但我还是尊重事实，更多地说这个文化水平不高的小伙子有梦，想要拥抱这座城市——不，是想要让这座城市拥抱他，给他开一扇门。

我继续做我的记者，他继续在流水线上往电路板上焊接元器件，继续写他的歌，后来我不知道有没有写得好听一点。

几年后的一天，他突然来了个短信，说："我看到城市里的罗汉松很贵，几万块钱一棵，我们家乡的山顶上有很多，一分钱也不值，我想去挖来送到城里卖。"

我知道，他还没有被城市所拥抱。我说，你要确定那些树是罗汉松，更重要的是确定你挖了不侵占、不违法。这两点都没问题的话，也不能挖出来就叫个拖拉机往城市里拉，你要先找到一个在城市里做园艺生意有经验、有资源的人来帮忙。

那是最后一次联系，此后便相忘于世途。

我见过很多像小李这样的人，他们被城市征服，却未被城市所感知。

小李看到，城市里远不是有一身力气就可以好好地生活的地方，相比农村，你必须用更多的方法和更多的努力去证明自己的存在，然后才可能被城市里运行的另一套价值体系所捕捉。

这个小伙子看到了一点，就是城市生活会给一些在农村里习以为常的东西，贴附上不可思议的价值。比如罗汉松，远在山巅，生长缓慢，枝干扭曲不成器，砍了当柴烧都嫌费劲，但如果它生长在城市，种在某个别墅的后花园里，它的身价就闪电般地增长。不止于此。那些叶子上有虫孔的蔬菜、河溪里野生的鱼、白天放出去晚上自己会回来的鸡鸭……都在城市里备获荣宠。然而生产这些好东西的农民，一旦进入城市，却感觉自己一文不值。

大概是同一个夏天，在差不多的地方，我见到了30多岁的企业老板阿梅。阿梅也来自农村，但十几年的城市生活让她基本褪去了农村的肤色，脖子上的细项链泛着的不再是廉价的电镀色。

她回忆着自己曾经暗无天日的工厂生活，以及后来做小生意被揩油、被羞辱、被欺骗的经历。她的目光里露出一丝凶狠："那时我指天发誓，3年内要在XX花园买一套房子。"她觉得，一切的艰难都是因为自己先天上不属于这座城市，她是在后天为尊严而战。

见到我的时候，她早已是那个当时该城最高级的楼盘的业主了，她从和小李一样的人变成了让小李仰视的人。她的尊严找到了，但并没有变得轻松，她从追着城市跑，变成了被城市赶着跑。她担心一松懈下来，她手上挽着的名牌包包，又会变成小李他们手里的红色塑料桶，桶里还插着竹席、衣架和拖鞋。

我不知道小李最后有没有扔掉他的红色塑料桶，但我知道他一定回不去了。乡村里的虫孔蔬菜、野生鱼、走地鸡，只有在城市里吃，才叫"健康"；乡村里的传统木结构民居，只有当你在城市里像阿梅那样拥有了一套房子再回去住，才叫"情怀"。①

小李和阿梅的故事一直被千万人重复着，在这个急剧城市化的时代里，人没有退路，或者说，只有当你与城市的故事有了一个"难忘今宵"式的阶段性结局，你才有退路。

---

① 李少威：《心安即家？它却给了我温柔的一鞭……》，载《南风窗》官方微信2017年4月12日。

进入城市的过程是很艰难的，但在改革开放之后，至少这一扇门已经向所有阶层打开了，尽管它开得并不大，因此人们需要按照不同时期的不同标准，先后、有序地进入。

改革开放40年，对于大部分中国人而言就是一个城市化或者重新城市化的过程，农村人口努力谋求转变为城市人口，原来的城市人口也需要适应被陌生人冲击的城市环境，可以说在现代转型社会背景下，城市里根本没有"原住民"。每一个人都要重新去调整，去适应，跟上城市面目变化、观念变化、文化变化、人员构成变化，进而是人的存在方式、人与城市环境互动的方式的变化，这条鞭子从不"选择性执法"，人人有份。

人只要进入一座城市并且在一个相对稳定的空间里长期逗留，就会对重塑城市文化发挥他的点状作用。你可能在城市里拥有了一块产权空间，也可能一无所有，但只要你身在其中，就不妨碍你客观上的主人角色。因为城市是有生命的，它会在一种多元参与的基础上，不断进行新的建构，每一个人的欣悦与苦痛，最终都会转化为城市血肉的一部分，哪怕是用高倍显微镜才能看得见的一部分。

多元参与之下的城市文化重新构建，其实就是中国城乡从熟人社会向陌生人社会转型的过程。这个过程对于现代化而言似乎是不可避免的，现代化本身是舶来品，西方从中世纪那种人的身份固定、社会结构简单的状态下挣脱出来，让社会角色多元化，让流动成为可能，由此释放社会动力。从根本上说，这是为了适应生产力发展所提出的效率要求。这个过程后来被成功现代化的国家和地区一再重复，中国也没有例外。

很多人都体验过这样一种情境：亲朋好友或街坊邻里，在谁家的客厅或哪一条巷子，一起议论着谁谁谁"发了"的故事。那个"发了"的人，曾经和议论者们有相同的处境，甚至彼此十分熟悉，而一旦成为谈论对象，他们就很少再出现在议论者们的视线里了。最后，他彻底成为一个只存在于谈论之中的"准陌生人"。这些"发了"的人的传奇故事，成为激励故事所能抵达的范围内的人们奋斗的动力来源之一。

这是一种远去了的情境，它大量出现在财富分野启动和扩大的年代里。这些人"千里挑一"，从各个社会角落里走出去，消失在茫茫人海。这些从身边离开了的人，有的不再回来，有的偶尔出现，彼此已无话可说。这个过程，就像儿童的跳棋游戏。原本有一袋五颜六色的玻璃球，全部混杂在一起，后来伸过一只手来，把它们按颜色归类，整整齐齐地码在棋盘上。

这只手是市场之手，它对人群的打乱和重组，所依据的不再是过去的血缘、地域联系，而是市场赋予每一个角色的身份联系。研究者们把这种按人的某些共同属性进行归类、同类的人被安排在同一地理空间、不同类的人群之间缺少交集的状态，称为"居住隔离"。归类的标准有很多，如种族、宗教、职业、生活习惯、文化水准等，但最常见的一个标准，是财富差异。一般情况下，人们总是居住在和自己的经济能力相匹配的地方，于是，富人与富人为邻、中产与中产为邻、底层与底层为邻。

以财富和地位对人进行社会结构上的重新分层以及生活空间上的再组合，事实上是现代化的需要。现代化的社会是规则明晰，而明晰的规则得到全社会的确认和遵守，这是效率产生的必要条件，是社会资本的重要组成部分。人们的工作和生活空间里的人员构成不依赖血缘、地域联系，可以最大限度地削弱模糊规则的力量，让每一个人对彼此形成明确的期待，这是工业制度组织生产的必然要求。现代社会规则的内化，对于个人而言就是人的城市化和现代化过程。

随着现代规则的日益建立和完善，城市变成了一条温柔的鞭子。它不像过去那样鞭子上带刺，用力地挥舞，把一些人抽得体无完肤，因为文明在进展，来到了一个离"现代"更近的地方。但它依然严厉，它只是用把时间拉长的方式来缓解这种严厉，让每一个已经进入城市或正在进入城市的人慢慢感受那"有情的鞭策"，温和的疼痛。

8. 科技时代：社会生活的互联网化

20世纪90年代以后，考察中国社会的变化，出现了一个亘古未有的新的关键因素——互联网。

从90年代中期开始，与工业化和城市化发展同步，一个虚拟的社会空间在电子维度里不断成长，从一开始不为人所察觉，到渐渐地成为一片公共园地，再到社会生活再也无法与之分离。

21世纪，人们如果回望中国互联网呼啸而过的20多年，大概都会生出和狄更斯一样的感慨：这是最好的时代，这是最坏的时代。

从1995年到2018年，中国互联网走过了24个春秋，经历了3次大的浪潮。每一次浪潮袭来，中国商业社会的形态都被重新整合：巨头崛起，巨星陨落，偶然中有必然，激荡中有平凡。在一个疯狂、热血的年代里，一代中国人伴随着互联网的发展轨迹而成长，并赢得了与赛博世界对话的能力。

第一阶段可以称之为1.0时代，特点是"春秋争霸"。

1995年，北京、上海开通了由中国电信提供的接入Internet的节点。那是拨号上网的时代，普通用户常常要在上网时拔下电话线，插入网线。1997年香港回归和席卷东南亚的金融危机，彻底加快了中国政府"与外界互联"的决心。

中国互联网进入了野蛮生长的大门。用户们在单向的搜索、接受信息的过程中，发现了"外面的世界很精彩"。随之而来的是1998年门户网站的爆发期。1999年，搜狐推出新闻和内容频道，具有了综合门户网站的雏形，开启了中国互联网门户时代。2000年，新浪、网易、搜狐均在纳斯达克挂牌上市。

门户网站对"启蒙"中国第一代网民功不可没。因为第一代网民最初遭遇互联网，除了在聊天室交友聊天，或者目的性极强地去"金庸茶馆"、球迷BBS转一圈，并不知道还有何种乐趣可以挖掘。是门户网站最先推出了"内容"的集合，让越来越多的人了解"冲浪"成瘾的感觉。互联网1.0时代也由此积累了第一批流量用户,"三大门户"的地位正式树立。

2000年科技股泡沫的破灭成了第一代互联网浪潮的分水岭。多数创业公司在此灰飞烟灭。今天的BAT在当时拥有难得的好运,在危机到来之前,百度刚刚成立,还没开始大规模烧钱。阿里在一年前获得了孙正义的投资。马化腾则在3个月前拿到了IDG和李泽楷的股份。

搭上运气和机遇的风口,剩下的时间无非就是等待"送我上青云"的窗口。

当时的互联网掌门人一半以上是"海归"派,这样的现象并不是偶然。美国的互联网发展与普及至少早于中国20年,正是海归派见证了硅谷崛起的传奇,并将"美国模式"复刻到中国,成为创造新世界的弄潮儿。随着中国向赛博空间敞开大门,这些弄潮儿也因此最先享受到了时代的红利。

第二阶段则是2.0时代,特点是"群雄逐鹿"。

21世纪初的中国网友都经历过一段内容匮乏的日子,大家发现除了几个门户网站,和少数几个卧虎藏龙的BBS外,其他乏善可陈。从内容匮乏到内容过剩,中间是搜索引擎的崛起——解决了用户获取有效信息的痛点。百度、雅虎、谷歌这样的搜索大鳄,成为这一时期的流量王牌。

同时,通信、电商的需求也在慢慢积聚。

那是中国互联网的高光时刻。2003年,中国开始建立多套网络审查系统,防火墙阻挡了国外的互联网巨头,国内互联网企业抓住了千载难逢的机会。

当时中国互联网正从搜索向社交化网络逐渐过渡,堪称"百花时代":百度上市,网游市场风起云涌,淘宝网上线,阿里巴巴推出支付宝,中国进入博客元年……中国互联网开始在即时通信、电子商务、搜索引擎等底层技术服务上,连接起整个世界互联网的发展脉络。

BAT从配角步入台前,它们先后布局了自身领域的商业闭环,为巨头之路埋下伏笔。像百度,抓住了中国人中文输入习惯,在搜索市场上和谷歌平分秋色;阿里做出了适合中国国情的产品支付宝,把一直没解决的信任问题一举化解成"买家支付后卖家发货,货到不满意阿里退款"的完美方案;腾讯通过 QQ 秀、QQ 游戏、QQ 空间等的运作,拿下了中国互联网最忠实的用户。

资本市场的布局也在紧锣密鼓地进行:百度于 2005 年在纳斯达克上市,阿里 2007 年在香港 H 股上市,腾讯是 2004 年第一家在香港上市的内地互联网企业。

但是,中国网民数量的发展并没有让互联网公司感到满足。通过复制国外巨头的路子,变得越来越不好走。所谓"中国特色"有时并不容易摸得准。人人网就是一个例子,陈一舟虽然使得校内网迅速铺开并在全国高校风靡,成为中国版的"Facebook",然而,人人网形似而神不似,没有在大学生们的 SNS 关系上建立核心壁垒,变成了昙花一现的社交产品。

第三阶段是 3.0 时代,载体发生了变化,从 PC 遽然转向"移动为王"。

智能手机开始成为生活必需品,从 2G 进化到 3G 网络的发展,移动端将 PC 端无法囊括的用户迅速收归麾下,中国互联网用户呈井喷之势迅速增长。BAT 在上一个阶段,占据了最有利的地形,在互联网的规模效应之下,更成为移动互联网流量红利的大赢家。

互联网的入口从搜索进一步被各种各样 App 分流,微博迅猛发展,微信朋友圈上线,手机网民规模首次超过 PC 端,当年的"百团大战"可以说是惊心动魄。阿里和腾讯通过"支付宝"和"微信"两个跨时代的产品,建立起强大生态,在互联网各个方面深耕。两者还"联手"把支付环节打通,再一次颠覆了传统行业。

移动互联网进一步将规模效应放大,大者恒大。BAT 占据的搜索、电商、社交,这三块本身是极具流量虹吸效应的,在移动互联网时代,BAT 通过对自身的改造,又将这种规模优势发挥到极致。腾讯通过 QQ、微信两款产品,垄断了中国社交界的所有年龄层。阿里靠着淘宝+天猫成为中国电商界霸主。

建立生态圈、扶植代理人成为几家巨头的主要手段。像 2010 年的"3Q"大战,之后的交通出行、新零售、外卖 O2O 等战役下,巨头的玩法从此固定了下来——既可以扩大公司的生态边界，又可以避免舆论风险。

借助巨头地位和资本优势，BAT 的触角遍布中国和全球的社交、电商、娱乐、出行、文化、医疗、AR/VR、企业服务、线下零售等多个行业，它们在中国投资了几乎所有的科技新兴企业，保有特定领域内的准垄断优势，而这种优势，借由资本操作，还在不断放大。

而移动网络技术和手机的普及，使互联网和中国绝大部分人产生了紧密的联系。人们的生活开始被移动互联网改写、定义。

而目前我们所处的第四阶段，是一个巨头博弈的 4.0 时代。

从 2015 年至今，中国互联网正面临着经济增速的放缓和人口红利的消失。这是一个存量博弈的时代。新的独角兽不得不采取边缘创新的方式，一边模仿巨头，通过资本扶植代理人、圈下新的地盘；一边采取差异化竞争的方式，做一些巨头不乐意做、但市场需要的服务。

科技巨头的巩固得益于互联网经济的新模式。随着互联网企业向头部聚集，"平台模式"开始大行其道。谷歌、百度这样的大型搜索引擎成为搜索平台，前者不得不包容广告商的算法进化和算力竞争，使搜索结果受到广告影响；后者通过竞价排名将"搜索"做成了生意，"莆田系"的恶果很难说能够得到真正的遏制。亚马逊、京东、淘宝作为电商平台，默许优先提供自身服务商的服务。Uber、滴滴作为打通陌生人需求的共享平台，无论是"幽灵车"、伤人事件还是破坏他人房屋，恶性事件均层出不穷。Facebook、微博、微信打造的庞大社交平台，在用户眼里有着"监守自盗"的名声。

互联网"平台模式"为今天的消费者提供了一个更加公正、自由、健康的市场吗？答案是"未必"。有些在平台模式下变身巨人的企业，有意制造了一个虚假的市场。这个虚假市场有一些共同的特点：

平台无法向消费者提供完全值得信任的信息。

单一的、不透明的算法决定了买家与卖家的"匹配"。

卖家无力对自己提供的服务进行定价。

监管者注意到了短期的消费者利益，但没有意识到虚假市场所带来的长期危害。同时，这一市场对资本补贴的重度依赖，证明了平台模式的底层逻辑实际是金融逻辑，而不是科技创新。就像 Uber 目前的运营基本上靠投资方的补贴生存，补贴每年高达 20 亿美元。当 Uber 成功取代了传统出租车，这种成本立刻就会转嫁到消费者头上。在滴滴"顺风车事件"曝光后，已经有不少中国消费者指出，使用滴滴快车或顺风车服务，并不一定比出租车便宜。

《权力的游戏》有句经典名言：混乱不是深渊，混乱是阶梯。

中国互联网从无到有，从弱到强，一路走来，每次风起云涌之时，都不乏英雄传奇、泣血悲歌。虽然平台模式的弊端正在逐步暴露，但我们也不得不承认，互联网已经将消费端的商业形态改造得非常彻底。

而新的"智能时代"的面目也在渐渐清晰。这一时代刚刚开始两年有余，人机对战、角色扮演、虚拟现实、沉浸式体验，以及人工生命、人工社会、复杂网络等学科的蓬勃景象，几乎都展现出某种征兆：原子世界与比特世界的彼此缠绕、镶嵌，使得人们传统的认知方法、想象方式，已经不太够用了。

互联网技术会更快、更好地解决的通信问题，但这不是物理世界的人类生活规则。而区块链技术，虽然诞生于虚拟空间，但解决的是主体之间的信任问题，同时它也是去中心化的。

美国的未来学家雷蒙德·库茨维尔出版过一本《奇点临近》，他预测在 2045 年"奇点"将到来，人工智能会全面超越人类，人类和智能机械也将无法完全区分。[①] 之所以称为"奇点"，他想表达的意思是人工智能掌控世界，大概就跟宇宙大爆炸从一个"奇点"出发那样具有"开天辟地"的意义。

人们对阿尔法狗的胜利的感情，无疑是带有"奇点临近"的色彩的。但也没有必要因此被它吓垮，未来学曾经鼎盛一时，号称是综合性研究人类重大领域的未来趋势、可能途径、采取对策的新学科，但实际上近年来也完全

---

① 雷·库茨维尔：《奇点临近》，李庆诚等译，机械工业出版社 2011 年版。

失去了话语权。显然，20世纪80年代的时候绝大多数人都不知道什么叫计算机，现在已经人手一台。

著名科幻作家阿瑟·克拉克曾说"任何充分发展的科技，都与魔法无异"。比如脑机接口，就是研究如何用神经信号与外部机械直接交互的技术，目前的研究方向是用于恢复损伤的听觉、视觉和肢体运动能力，但也许一觉醒来，开高达再也不是童年的白日梦。

未来学虽然研究"未来"，但根基毕竟还是在工业时代。就像美国科幻小说家汤姆·戈德温（Tom Godwin）的小说《冷酷的方程式》（1954），讲的是在宇宙的边缘，一丝一毫的资源都经过精密的计算，不可以被丝毫浪费，不然就是无数人的死亡。男主角驾驶着飞船去为一个星球送补给药品，发现飞船里混进一个可爱的女孩，如果带上她，燃料不够，死的就是飞船的人和整个星球的人，经过多次的挣扎和计算，女孩最终被牺牲了，因为只有她是方程式里的变数，变数必须被抛弃。

随着以互联网为代表的科技变革把越来越多的人们带进了五彩斑斓、酷炫迭出的科技生活，中国科幻文学也从早期的儿童读物泥潭里挣脱出来，渐渐进入主流文艺市场，高水平作品的出现，更是把科幻文学推进到作为一种思考社会和人类未来的载体的层面。

科幻文学是一种对未来最有力的描述方式。用《三体：死神永生》拿到雨果奖的中国科幻作家刘慈欣，在这个技术发展得眼花缭乱的时代，令我们重新思考科学、文学、理想的意义。

> 刘慈欣本人的生活也很传奇。他是一个发电厂的工程师，生活在一个围绕着大型企业建设起来的相对封闭的小区，这里有学校、有医院、有购物中心、有休闲场所，但它离最近的市区也有一个多小时的车程。
>
> 在这个"偏僻"的地区，刘慈欣最重要的职责是坚守岗位，这样出现问题时才能及时解决。这个工作一年当中真正繁忙的时间只有三四

个月，剩下的时间，"你只要待在办公室里，看书、写作、不影响日常工作就行"。

刘慈欣过着看似刻板的生活，他每天保持着至少四个小时的阅读时间，白天看英文，晚上看中文。他还坚持每天跑 8—10 公里的运动量，因为他相信自己有生之年是一定可以去太空旅游的，他要等到费用降到他能承受的一天。

平时的生活中，他像大部分中国家庭中的丈夫一样，做饭，做家务，送孩子上学，照顾家庭。他也抽烟喝酒，但并不是那种应酬式的。"烟抽得不多，三四天才一盒"，而喝酒是因为写作思考的关系，会焦虑，"不喝睡不着"。

谈到写作，刘慈欣认为这是自己逃避沉闷生活的一条道路，所以当记者问他 10 几年写科幻是如何坚持的时候，他说写科幻不需要坚持，不写才需要坚持，因为生活沉闷，但科幻中却有无限精彩。

曾经的科幻小说受到比较特殊的乐观主义情绪影响。比如比《三体》还畅销的《小灵通漫游未来》，里面畅想的未来世界，没有任何社会问题，技术能够包办一切，那里的未来是乌托邦式的。

而《三体》里的未来是反乌托邦式的。刘慈欣笔下的未来残酷，黑暗，惊心动魄。这种对未来的复杂性和不确定性的再三肯定，不是通过传统的哲学人文科学的话语，而是通过科学话语来阐释的。这样的科学话语，也不是牛顿力学等经典科学，而是量子论、弦理论、超级人工智能、多维宇宙的"新科学"。

这种新科学确实会颠覆我们的三观，刺激我们的思维，让我们对世界和未来建立新的模型，尽最大的努力去理解未来的思维方式和命运路径。

同时，刘慈欣也让我们重新思考文学的意义。

跟直接阅读霍金、彭罗斯、加来道雄等科学家的著作不同，科幻文学能够诉诸阅读者的感受和体验。这是文学的强项,但也是文学在今天遭遇危机的地方,因为传统文学的感受和体验已经被开掘得差不多了,电影和游戏在感觉和形象方面也更加活色生香。

刘慈欣在唤起阅读者的崇高情感方面,做得相当出色。有人认为,如果在刘慈欣全部的作品中寻找核心词汇的话,"宏"必是其中之一。这不仅是字面的,比如他创造了一些独有的名词:宏电子、宏原子、宏聚变、宏纪元,"宏"更代表了一种大尺度、大视野的宏大视阈。

刘慈欣偏爱巨大的物体、复杂的结构、全息的层次、大跨度的时间。在《欢乐颂》中,大刘描写高级智慧生物,以恒星为乐器,以宇宙空间为乐堂,演奏贝多芬的《欢乐颂》。《三体》从秦始皇到"文革",从太阳系的毁灭,一直写到宇宙的终点和时间的尽头,无论是时空的跨度,还是想象的恢宏,都是中国文学中壮阔的篇章。

刘慈欣非常推崇阿瑟·克拉克。他曾经这样描述自己在读完克拉克小说后的感受:

突然感觉周围的一切都消失了,脚下的大地变成了无限伸延的雪白光滑的纯几何平面,在这无限广阔的二维平面上,在壮丽的星空下,就站着我一个人,孤独地面对着这人类头脑无法把握的巨大的神秘……从此以后,星空在我的眼中是另一个样子了,那感觉像离开了池塘看到了大海。这使我深深领略了科幻小说的力量。

通过刘慈欣,新生代们也由此感受到了技术的魅力和技术时代的残忍——这可以说是互联网时代的最好注解。

9. 文化自信的回归

21世纪的中国在科技领域的弯道超车,是一个令世界瞩目的变化。科技的进步既是经济持续发展、知识和思想不断积累的结果,同时也表明,随着中国改革开放、现代化建设的往前推进，国家治理能力不断提高，在组织、引导社会各种力量之间的合作方面已经收放自如，形成了相对稳定的、可以进行系统性总结的发展新模式。中国经验被广泛认知，成为一些国家效法的对象，以及在西方模式的周期性恶果持续出现之后，成了提供未来解决方案的一个重要期待，这让中国社会变得空前自信。

这种自信是一种文化自信，必须建立在深厚的社会基础之上，这样才能够深入人心，也才能发挥应有的价值引领作用。它反映人们的心理需求，并能够经得起时间的检验。而文化塑造的自信，也将在更大程度上走进人心，内化成人们的价值选择和行为方式。

从道路自信、理论自信、制度自信到文化自信的深化拓展，是对中国特色社会主义新时代所面临形势的总体回应，凸显了新时代中国特色社会主义建设的文化建构，正如习近平总书记所指出的："文化自信，是更基础、更广泛、更深厚的自信。"

文化自信首先建立在中国整体的发展和进步之上。据《华尔街日报》撰文称，随着西方国家纷纷退出全球化浪潮——英国脱欧就是民粹主义发展趋势的最令人吃惊的表现，有分析师预期，一股新的力量将填补空隙。这很有可能是中国的"大国崛起"时刻。

多年来，中国一直在等待这一时刻。在一个缺乏增长和投资的全球经济中，中国一直在平稳有序地推进改革和发展。

自由流动的资本、商品和技术被证明的确具有超凡的变革能力。数亿中国人摆脱了贫困，许多人加入了全球化的劳动力队伍，组装玩具、运动鞋以及诸如手机、笔记本等更高价值的产品。

对中国经济而言，欧美出现的全球化逆流意味着一个严峻的挑战，但结果并不是致命的。中国再次精准地把握时机：自2008年金融危机全球贸易崩溃以来，中国一直在慢慢摆脱对出口的依赖。国内消费现在是其经济发展的主要驱动器。

有着几乎无限信贷优势的中国企业正将手臂伸向海外。经济研究公司荣鼎咨询的调研数据表明2000年至2014年中国企业向欧洲投资了超过500亿美元。该咨询公司还预期2020年中国的全球资产价值将达到20万亿美元，仅仅在五年时间内就增至最初的三倍。

西方国家的保护主义可能给全球经济带来新的冲击，这也是一个风险因素。唐纳德·特朗普将美国经济问题归结为"领导层崇拜全球主义胜过美国主义"。中美之间的贸易争端变成了一种难以预料的博弈。

彭博社发表过一篇文章，标题为《中国消费者如今已经统治了世界》。文章认为，中国的经济增长模式已经从过去的"世界工厂"变成"全球超市"，现在中国人是以自己的购买力，继续撑起全球经济，成为全球经济的顶梁柱。数据显示，中国的消费者终端消费占GDP的比重达63.4%。家庭消费出现迅猛增长，增至4.5万亿美元。零售销售以年均10%的增长率稳步上升。2017年"双11"购物节的销售额达到250亿美元，几乎是美国"黑色星期五"网络购物狂欢节销售额的两倍，令人印象深刻。①

这些令人吃惊的数据也体现在国家统计局对2017年中国GDP的统计分析上。

国家统计局发布的2017年中国GDP的构成，罗列了十大产业，制造业毫无悬念是第一大产业，占了GDP的29.32%。

仅次于制造业的第二大产业是批发和零售业，77744亿元，占GDP总量的9.4%，同比增长为7.1%，和制造业总量增长是同步的。由于批发和零售业是以销售产品为主，这个可以看成是制造业和农业的衍生产业，本质上也是受制造业影响。

实际上，观察中国经济有一个至关重要的关键指标，就是PPI，工业品出厂价格指数，这个指标反映了工业品的供求程度，在需求增大的时候，由于

---

① 《中国消费者如今已经统治了世界》，载彭博社2017年12月28日。

产品会走向供不应求，出厂价格就会上升，而在需求降低的时候，产品走向供大于求，所以出厂价格就会下降。

2018年1月10日，国家统计局公布了全国工业品出厂价格指数（PPI）：2017年全年PPI同比上涨6.3%，结束了自2012年以来连续5年的下降态势。

PPI的上涨，一方面说明了我国去落后产能取得了巨大的成效，2017年刮起的环保风暴，本质上就是大力去除低端落后产能；另一方面也说明全球经济在回暖，国内国外的需求都在回升。

2017年，中国GDP首次突破80万亿元大关，达827122亿元，同比增长6.9%。

总体来看，作为"世界第二大经济体"的中国在调整期依然保持着强劲的增长。

这些看似枯燥的经济数据，正是中国人日益自信的最基础来源。社会的进步、经济形势的稳定，为文化、科学获得国际性承认提供了丰厚的土壤。

2012年10月11日，瑞典诺贝尔委员会宣布将本年度诺贝尔文学奖授予中国当代作家莫言，以表彰他"将魔幻现实主义与民间故事、历史与当代社会融合在一起"。

莫言，自20世纪80年代中期以一系列乡土作品崛起，充满着"怀乡"以及"怨乡"的复杂情感，被归类为"寻根文学"作家。莫言真正为中国和世界读者关注，还是因为其长篇小说《红高粱》《丰乳肥臀》《生死疲劳》和《蛙》等。在这些小说中，独特的主观感觉世界，天马行空般的叙述，陌生化的处理，塑造神秘超验的对象世界，带有明显的"先锋"色彩，其叙事风格也与50年代后在拉美、加勒比海、印度和加拿大等地兴起的魔幻现实主义有接近之处，可以说是一个借鉴了西方文学创作方法的中国当代作家。

说起他早期的作品，还有一则趣事。

1984年初冬的一个早晨,莫言在宿舍里做了一个梦,身穿红衣的丰满姑娘手持一柄鱼叉,从地里叉起一个红萝卜,高举着,迎着太阳……从起床号响起,他就沉浸在这个辉煌的梦境里,上课时,他一边听课,一边把整个梦境用笔头"勾"出来,两周后,稿子出来。他拿不定主意,甚至连算不算小说都说不上来。他把稿子拿给系里一位干事看,干事看完后很兴奋:"这不仅是一篇小说,还是一首长诗。"徐怀中看完后还拿给自己的夫人看,结果得到女性角度的评价:"小说里那个黑孩子让我很感动。"系里更是召集几个同学座谈了这篇小说。

1985年3月,刚创刊不久的《中国作家》第二期发表了这篇小说和座谈纪要,主编冯牧先生在华侨大厦主持召开了小说研讨会,汪曾祺、史铁生、李陀、雷达、曾镇南等名家参加了会议……自此,《透明的红萝卜》成了莫言的"成名作"。

从《透明的红萝卜》,再到诺贝尔文学奖,这条路可不是一条轻松的坦途。自1901年以来,共有104人荣获诺贝尔文学奖,2011年的获奖者是瑞典诗人托马斯·特兰斯特勒默(Tomas Transtromer)。过去十年,诺贝尔文学奖被欧洲作家垄断。

莫言的"理想倾向"是以魔幻的书写方式显现的,经由他的特异文字,读者可以进入一个五彩缤纷的世界,他的小说像热闹的农村喜筵,夹杂着中国悠久的叙事传统和技艺。他的小说里,汉语言所负载的巨量信息和情感交流,显现了当代白话文惊人的包容能力、吸收能力、夸张变形能力。

这种震撼力会让读者感觉到20世纪中国的创造性,莫言的作品再现或者折射了整个中国社会内在的活力、动力和创造力。他以地方性的中国式叙事,对当代中国经验做了有力的表达。莫言的汉语白话文写作,见证了当代中国社会的巨大变化,也传达了古老中国的内在精神和声音。

莫言作品会让读者对中国历史进程的复杂性和矛盾性有更深的理解。理解当代中国的意义，不能从纯粹的僵化的"中国性"出发，而是从现实的中国出发，要展示本土的文化力量，更真切地书写中国的文学内容。就是说，要从独特的"中国性"中显现出通适的价值追求。

另一位让中国人感到振奋的是中国药学家屠呦呦，她成为2015年诺贝尔生理学或医学奖得主。她多年从事中药和中西药结合研究，突出贡献是创制新型抗疟药——青蒿素和双氢青蒿素。这是中国籍科学家获得的第一个科学类诺贝尔奖项。

屠呦呦获奖的意义是巨大的。

首先，屠呦呦的获奖无疑是中国现代科技进程中的亮点。青蒿素的发现以及在治疗疟疾思路上的创新，其重要价值不只是在国际上获得公认，在国内科技界也是有广泛共识的。这样一个改变成千上万人命运的科技成果，获得诺贝尔奖名至实归。

屠呦呦作为团队的代表性人物之一，获得诺贝尔奖，是合乎惯例，也是合乎情理的。正如屠呦呦本人所言，这也是对中国科技工作者的奖励。屠呦呦获得诺贝尔奖，对于实现科技中国梦，无疑具有振奋人心的重大促进作用。

其次，屠呦呦的获奖，为中国科技发展回归本真、增强自信心提供了榜样。屠呦呦的获奖说明，一个重大的科技成果，其本身的价值是第一位的，即是否引领了人类的认知，是否造福于人类的健康和发展。而其他外在的、手段性的东西是相对次要的。这一点具有重要的现实意义。

我们当然不能期望复制屠呦呦成功的模式，但我们可以得到启发：科学价值的判断和取舍是决定性的，找到了正确的努力方向，科学研究没有玄妙法门，只需坚持、只需创新。

屠呦呦的获奖，是科学共同体坚守与反思的重要契机。面对屠呦呦在科学共同体中相对被忽视的处境，我们的科学共同体一方面要坚守，但更加需要完善和宽容。需要坚守的是，始终立足世界科技前沿，遵循现代科学研究的范式，不断提高我国科技在国际上的影响力；需要完善的是，我们的研究应该更加着眼于重大的现实需求和制约我国经济社会发展的根本性问题，更加关注原创性选题的培育与发展，更加增强创新的自信心，更加善于接纳不同的研究思想。

而且，屠呦呦也并不是大家想象中那个十分严肃的科学家，她在生活中有不少可爱之处。屠呦呦的老同学、清华大学教授陈效中说，屠呦呦是高二时从效实中学转到宁波中学的，在班上不声不响，经常上完课就回家，成绩也在中上游，并不拔尖。但屠呦呦有个特点，只要是她喜欢的事情，就会努力去做。别看屠呦呦现在是个慈祥的老太太，当年很清秀，戴眼镜，梳着麻花辫。

因为陈效中和屠呦呦家住得近，两家还有关系，陈效中经常到屠呦呦家串门，也经常在上学、放学的路上和屠呦呦相遇。后来又同在北京上大学。

屠呦呦是家里的独女，父母很宝贝她。上大学时，陈效中寒暑假回家乡，屠妈妈还经常让陈效中带好吃的东西给宝贝女儿。屠呦呦特别喜欢吃香螺，屠妈妈就做成腌香螺给她捎去。

屠呦呦的科学态度、科学成就，和她的生活小事、家庭关系一起，构成了中国文化的温暖面向。

没有一个民族能完全抛弃自己的文化传统，因为文化融于血脉之中，成为民族的灵魂。我们的生活方式，我们的绘画，我们的文学艺术——总之，凡是中国人在灵魂深处都会有中国文化的胎记，中国人的创作不可能完全脱离中国传统的影响，都会在不同程度上保有我们文化的民族特色。当然，我们并不排斥西方文化，相反我们应该吸取西方优秀文化，但它不能改变中国文化的民族特色。毛泽东在与音乐工作者的谈话中用织帽子来比喻，说学外国织帽子的方法，要织中国的帽子。

如果说，斯宾格勒的《西方的没落》，反映的是对西方资本主义社会发展前途的失望，而亨廷顿的《文明冲突论》则是西方为了把由于向外扩张引发的矛盾转变为文明冲突的政治需要；西方马克思主义和西方"新左派"对文化问题的研究，是由于无力为解决资本主义问题找到出路，聚焦于对西方资本主义发达工业社会的文化批判。

在当代，文化成为一个世界热点问题是与资本主义工业化、城市化所引发的精神失衡相联系，与道德失范、审美价值失落、信仰缺失相关的。总之，人们的精神处于一种饥渴状态，对人文精神的追求大大促进了文化的研究。在世界范围内，文化问题研究属于文化学范围，是文化学者们的任务。

西方不存在特别突出的文化自信问题。几百年来，西方一些发达资本主义国家处于强势地位，向外输出所谓西方文明。西方文明优越论和以救世主的姿态向外输出西方文明与文化殖民，是西方资本主义世界几百年中处于主导地位的文化观。虽然近些年也有学者写过关于西方文化衰落的著作，如美国学者阿瑟·赫尔曼的《文明衰落论——西方文化悲观主义的形成》，但只是对历史上几位哲学家关于西方文化衰落的叙述，跟文化自信问题没有特别直接的关联。

文化自信问题在当代中国之所以成为一个问题，既是基于近代先进的中国人在民族苦难和奋斗中民族自强和文化自觉的展示，又是当代中国面临的民族伟大复兴对文化自信和文化自觉的迫切需要；既是对全体中国人树立文化自强自信心的鼓舞，又是对当代一切否定中华民族文化的回击，包括百多年由于受侵略受压迫造成的某些人中残存的民族自卑情结。

当代中国的文化自信，同时是中国人民的文化自信。或许有人说，这是空话。你看近百年来中国人是一盘散沙，是用革命烈士鲜血蘸馒头治病的愚民，是围观看杀头的看客。不错，鲁迅先生曾经深刻批评这种国民劣根性，但他不是把批评矛头指向人民，而是批判旧的社会和旧的制度。

鲁迅没有失去对中国人和中华民族的自信。他说过："我们自古以来，就有埋头苦干的人，有拼命硬干的人，有为民请命的人，有舍身求法的人……

这就是中国的脊梁。"①强调，中国并没失掉民族自信力。近代中国人的一盘散沙是统治者的"治绩"。中国近代表现的国民劣根性并非中国人本质特性，而是朝廷腐败和社会腐败的"治绩"。

习近平总书记强调："坚定文化自信，是事关国运兴衰、事关文化安全、事关民族精神独立的大问题"。"大问题"这个提法是对文化自信问题在中国特色社会主义建设中所处重要地位的重大判断。

"四个自信"是习近平新时代中国特色社会主义思想的重要组成部分，是绘制蓝图，为中国实现社会主义现代化强国，实现中华民族伟大复兴而奋斗的理论和精神支柱。尤其是其中的文化自信，由于文化的特殊本质和功能，发挥着基础的和更广泛、更深厚的作用。正如习近平总书记指出的："增强文化自觉和文化自信，是坚定道路自信、理论自信、制度自信的题中应有之义。"

坚定文化自信，就是坚定民族的自尊、自强。中国现在已经不再像旧中国那样在世界政治舞台缺位，或扮演敬陪末座没有发言权的角色，而是带着中国特色社会主义建设的伟大成就，带着构建人类命运共同体的主张，带着解决世界面临的问题的中国方案、建议和话语，自信地走向世界政治舞台的中心。

10. 不忘初心，牢记使命

一个新华社老记者曾写下这样一段话，对于我们理解改革开放40年中国社会发生的巨变，有一定的参考意义。

他说："1978年，中国进行一次深刻的制度变迁，从计划经济转向市场经济体制。其中产业结构的变化，由优先发展重工业到三次产业协调发展，使得社会成员的职业结构随之变化。社会整合的总的趋势是从行政性整合向契约型整合过渡，在市场经济条件下，契约型整合是社会整合的基本特征。"②

---

① 鲁迅：《中国人失掉自信力了吗》，出自《且介亭杂文》，人民文学出版社1973年版。
② 杨继绳：《中国当代社会阶层分析》，江西高校出版社，2011年6月。

不过黑格尔在19世纪其实就已经看到，市民社会中的人是短视的，只能看到短期利益。马克思在对黑格尔法哲学进行批判的时候，用更辩证的态度指出了"市民社会"的内在缺陷。

北京大学中文系教授韩毓海对笔者分析说，马克思对市民社会的态度并不是简单否定，而是积极的扬弃，他认为市民社会解放了人的欲望，就是人的"Wants"，但市民社会混淆了社会需求与欲望——即"Needs"和"Wants"的区别，而马克思把它们区分出来了。举个例子来说，你想要间房子，就是"Needs"，这是社会需求，而想要一所联排别墅，这叫"Wants"，这是无穷无尽的社会欲望。所以黑格尔说，英国人所谓的"舒服"是没有尽头的，很多欲望是工业本身制造出来的，是它为了追求利润而给人灌输的。

"市民社会"的弊端早已在国际发展经验中得到了充分的暴露。一方面，贫富分化事实上已发生并且不断加剧；另一方面，人的无限欲望的释放和无法控制，西方消费主义文化已经渗透进大众观念，导致了社会对自然资源的过度索取。

贫富分化是社会不公平的主要表现。市场对效率的强调本身就会影响公平，因为每个人的禀赋、技能不一样，发展的进度与前景都大不相同。更重要的是，稀缺资源被少数人所掌握、权力进入市场寻租、潜规则挤出显规则等问题，让不公平体现在机会源头上。此外，随着市场经济发展，不同的要素获得的分配份额越来越畸形，劳动无法与资本讨价还价，而金融资本对生产环节的破坏性和其支持作用同时出现。消费主义的盛行和对自然的无度索取，则透支着资源承受能力，让子孙后代的生存问题成为提前的忧虑。

这些问题，在中国的改革开放过程中也不同程度地体现，人们对社会公平和转变发展方式的呼唤从未停止，在今天更是获得空前重视。

不过我们同时又要看到，不同的时代有不同的使命，使命体现为把握主要矛盾，正确安排发展中各个领域的优先顺序。这样一个阶段对于社会财富积累、产业基础奠定、科技能力提升、综合国力增强和人的现代化、国家治理现代化而言，是无法绕过去的。

在1981年的十一届六中全会上就已经明确，在当时，"我国社会的主要矛盾是人民日益增长的物质文化需要同落后的社会生产之间的矛盾"。1987年党的十三大，全面系统地阐述了社会主义初级阶段理论，明确指出这个阶段是无法跳过去的。

中国一直强调发挥市场的长处，抑制市场的短处，既注重效率保持社会发展的动力，又兼顾公平确保全体中国人民从发展中受益，成绩是有目共睹的。

40年改革开放，中国在中国特色的社会主义市场经济道路上不断前行。中国共产党的领导没有变，社会主义的基本制度没有变，这两点不变，就可以确保中国的发展不会被外部所同化，经济和政治不会最终走向为少数阶级和群体服务的方向。

相反，随着经济实力的增强、国家治理能力提升，中国就更有能力和主动性，把社会往"共同富裕"的方向牵引，让全体中国人民获得同等的有尊严的生活。

中国，进入了新时代。党的十九大报告指出，我国社会主要矛盾已经转化为人民日益增长的美好生活需要和不平衡不充分的发展之间的矛盾。人民美好生活需要日益广泛，不仅对物质文化生活提出了更高要求，而且在民主、法治、公平、正义、安全、环境等方面的要求日益增长。

我们看到，党的十八大以来，空前的扶贫力度让平均每年超过1300万中国人脱贫，就是一个非常有力的例证。这样的转移支付力度，以及从中央到基层同心协力为社会上最弱势的那一群人的福利而排除万难的景象，在世界上大多数地方都是无法想象的。中国用轰轰烈烈的行动证明，它不会在发展中忽视任何一个中国人，中国的政权代表着全中国人民的根本利益。

中国共产党是当今世界上为数不多的仍然有着强大的理想主义激励的政党，鲜明区别于政党轮替机制中那些只代表和服务一部分人、仅以取得权力作为政治目标的政党。正是因为中国共产党从未忘记自己的理想，因此它也一直在继续完成中国近代以来千千万万英雄志士谋求民族复兴和国家强盛的伟大使命。

"不忘初心，牢记使命。"十九大报告中，习近平总书记开宗明义，强调了共产党人的初心和使命——"为中国人民谋幸福，为中华民族谋复兴"。这个初心和使命是激励中国共产党人不断前进的根本动力。

民族复兴和人民幸福是相辅相成的，没有民族复兴，人民幸福就缺乏保障，没有人民幸福，民族复兴则是一纸空言。中国共产党第十九次全国代表大会，宣告了一个新时代的到来，这个新时代的重要特点是，民族复兴的成绩可以保障人民幸福，而人民幸福又不断证明着民族复兴。

中华民族的伟大复兴，不但意味着一个古老、灿烂且连续的文明体系在全球化进程中再次自信地挺立，而且预示着来自东方的智慧和力量，将第一次以一个引领者的角色对现代性的秩序与伦理进行积极的重构。

不可否认，国家治理的落后与文化科技的僵化、停滞，是近代中国失败的主观原因，西方民族国家诞生、资产阶级革命完成、工业革命兴起、资本主义生产方式的扩张带来的丛林性质的国际关系法则，是当时的中国从未面对、无法适应也难以与之抗衡的。在西方语境下，这是文明对野蛮的胜利，而在中国时人与后人的理解中却恰恰相反，某种程度上是善良对强权的失败。只是，技不如人，一切就都由不得你分说。

如果国家无法摆脱挨打困境，那么民族复兴、人民幸福终归是空谈。一代又一代的民族精英为此奋起，从洋务运动到孙中山先生领导的资产阶级民主革命，从理论到实践都取得了一定的阶段性成果，但由于它们自身的局限性，始终无法掌握足以彻底重建中国的真正伟大的力量。马克思主义与中国实际相结合的伟大成果之一，就是让中国共产党人认识到了人民的力量，继而通过社会革命缝合了上层政治与基层大众之间的断裂，让人民的力量爆发出来，让民族解放与民族复兴真正成为"众人之事"，最终建立了一个独立自主的新中国。一切为了人民，一切依靠人民，也就在革命实践过程中成为中国共产党最根本的信念。

"复兴"一词的背后，是中国人在久经磨难之后发愤图强的民族心理，而它的前方，则是近百年来尽管历经波折但从未熄灭的社会主义理想。所以民族复兴的过程，是一个找寻民族人格完整性的过程，也是一个向往美好生活的过程，是中国人在这个全球化时代自信而快乐地生活的心理前提。在此之前，我们最熟悉的复兴是西方文艺复兴，它是对古典时代灿烂文化和智慧的回归，是对人性、人本的拥抱。而今天中国的民族复兴，同样包含对失落了的文化自信的寻回，对由于长期在世界强权斗争中处于被动地位而被一再贬低的东方文化价值的再认识。

在实践层面，复兴过程同时是一个努力建立文化话语权的过程。中国人在由西方定义的现代化潮流下，被动地去适应现实主义政治、经济规则，通过一定程度的借鉴与效仿，将外部经验纳入中国自身的独特道路，不断提升国家综合实力。当国家实力发展到可以对国际关系发挥一定的引领作用后，向世界各国相处的秩序与伦理中加入中国价值观，就成为民族复兴的必然要求。被载入联合国安全决议的"人类命运共同体"理念，就结合了中国传统文化里的性善论、"大同"思想以及当代中国人的社会主义信念。

民族复兴不是具体指向历史上的某个令人骄傲的朝代和时期，而是在继承中华祖先开创和积累的优秀文化的基础上，建设我们的美好生活，提升中华儿女的普遍福祉，同时对世界文明做出新时代里的大国贡献，将中国的经验和创造在人类社会范围内分享。一方面，"己欲达则达人"，繁荣、和平、幸福是人之共欲，以"一带一路"为代表的中外合作形态，就是中国的责任展现；另一方面，"己所不欲勿施于人"，中国对以拳头说话的世界秩序病之久矣，所以国力愈盛，则对"国家不分大小、强弱、贫富一律平等"持之愈坚。

所有的现实与想象，最终都立足于一句大白话：把自己的事情办好，让老百姓过上好日子。

"周虽旧邦，其命维新。"改革不停，是为天命。从长线上观察中国的变化可以发现一个规律，那就是通过持续的改革，中国共产党对人民的承诺总会在它的时限内兑现，这是它和世界上许多政党的"承诺"在根本上的区别。正因如此，中国共产党的理想与人民的梦想一直相互融合，国家的纲领、方略中对中国未来的描绘是实在的、可信的，哪怕它是长远的，也总是与每一个个体息息相关。

这便是人们拥抱新时代，对美好生活充满向往与自信的理由。

第二章

大国经济崛起

改革开放 40 年，中国经济改革走过不少暗礁浅滩，最终崛起为全球第二大经济体。回顾这段波澜壮阔的历程，它的主要脉络可以归纳为十二个字：放权收权、财金分离和资源配置。

第一是放权收权。以 20 世纪 90 年代的财政金融大改革为节点，经济改革可分为前后两段，前一段是放权的改革，发挥地方的主观能动性，放松中央的审批权，搞活地方经济。目前，除了互联网企业之外，中国大多数知名的民营企业都诞生于这一时期。

在财政金融大改革之后，中国进入了收权的改革，特别是通过分税制、垂直向上的金融系统的构建，中央权力得到加强，这让统一的国内市场更加平滑，减轻了内部损耗，奠定了中国经济近 20 年高速增长的底层架构。

但不容否认，这次改革以及随后的路径依赖，也加重了央地财金资源的失衡。当今经济诸多问题，可以追溯到这次改革，因此下一步的改革也迫在眉睫。

第二是财金分离。财政和金融的分离是现代国家经济治理的最低要求，但改革开放之初的中国，时常出现财政和金融的混同，财政向金融透支现象极为严重。一方面，它直接引发货币的超发，造成了严重的通货膨胀，影响社会稳定。另一方面，财金不分离，削弱政府在金融市场的信用，影响中国的货币稳定，而以上两个是改革开放全面深化，中国顺利融入全球经济体系的基础条件。因此，财金分家——央行地位强化、国有银行上市等，它们最终奠定了中国的"国家信用"，让我们顺利加入 WTO，分享了全球化红利。

第三是资源配置。经济的运作，本质上是在有限的资源约束之下，最大化提高配置的效率，实现经济发展和人民福利的增长。国企改革，银行改革，资本市场崛起，都是出于这一目的。

资源配置的唯一方向，首先是发挥市场的决定性作用，资本市场注册制改革、债券市场崛起、保险业发展都是这个大方向之下的金融自我生长。其次考虑到现实国情，以及我们的发展阶段问题，资源的配置也必须更好地发挥政府的作用，尤其在当下防控金融风险方面，更是如此。

回顾40年历程，经济改革要走向深化，它从来都无法单兵突进，它需要其他改革的配合，也需要一种平衡之术。

1. 金融顶层架构之变

在中国经济转型的关键节点，经济中的许多问题和矛盾集中指向了金融领域，维护金融安全成为了治国理政的一件大事。近年来，如股市巨幅波动、资管行业乱象丛生以及互联网金融风险频发等持续性的恶性金融风险事件，暴露出了我国金融监管体制存在的不足。

随之而来的是严厉的金融大整顿，2016年底，证监会主席刘士余抛出了"妖精论"。2017年3月开始，银监会主席郭树清掀起了银行整顿风暴。整个2017年被金融业称为"史上最严"监管年，这一年里监管令密集发布，大额罚单不断开出，不论是银监会、证监会还是保监会，都持续保持高压监管态势，体现了监管部门"铁腕"治理的决心和魄力。

从长远来看，在治理乱象的过程中，仅仅依靠各个监管部门的本位认知是远远不够的。随着各种新型金融业态在体制内外迅速发展，分业监管体制必然会导致监管真空、监管套利，对于分业监管的弊端以及金融机构改革的迫切性，业界的认识越发统一。经过较长时间酝酿之后，新一届政府有关国务院机构改革方案于2018年3月13日在全国两会亮相。中国金融监管体制延续多年的"一行三会"结构成为历史，"一委一行两会"形成新的监管格局。

金融改革的逐步深入

1992年开始，我国的金融监管体制逐步从大一统的混业监管向分业监管转变，证券市场的监管转移到了国务院证券委和中国证监会，直到1995年，全权移交中国证监会监管。20世纪90年代末，因为亚洲金融危机的影响，中国加快了分业监管的改革步伐。1998年，保监监管职能从中国人民银行划分出来，保监会应运而生。2003年，银监会从央行中分离，央行把对银行业金融机构的业务监管移交银监会，而自己保留货币政策制定、信用建设等监管职能。银监会的成立，使得中国"一行三会"框架初步形成。

在这个过程中，人民银行的金融监管职能在细分领域不断被剥离，其功能也逐渐转变为制定和执行货币政策，防范和化解金融风险以及维护金融稳定。而三个监管委员会在各自领域各司其职，使中国金融业取得了长足进步。但是随着市场的不断扩大，金融创新和竞争力的不断增强，分业监管体制逐渐显现出一些负面效应。近年来金融风险频发，2015年"股灾"、宝万之争、侨兴债等重要历史事件使得现有的监管格局面临严峻挑战。

2015年的"股灾"还令人记忆犹新，4天4次熔断、19次千股跌停。这次危机是各方面因素综合影响所致，估值泡沫化、杠杆暴利化突出，场外各种形态的配资、场内两融杠杆、股权质押的杠杆全都叠加在了一起。投资者无限制的追求暴利化的背后，折射出金融监管的漠然和不力。

这其中值得注意的一点就是，场外配资的资金主要来自银行，银行通过发展表外业务，规避信贷监管，为影子银行体系提供了有力的资金支持。当2014年牛市迹象出现时，影子银行开始向股市放贷，各类金融产品和创新工具在供需推动下迅速成长起来，共同汇入股市资金池而掀起了波澜。当证监会停掉券商接入的银信结构化产品时，银监会管辖的信托业却不买账。信托、场外配资等都是银监会的管辖范围，在监管真空下，证监会难以有效监管到银行理财资金，可最后还要由它来收拾残局。

保险资金的运用向来也面临多重风险。2015年底,宝能系奇袭万科的惊人壮举相当典型。彼时,保监会对房地产投资的比例有规定,投资不动产的账面余额不能高于总资产的30%。为此,保险资金花样百出,除了明股实债的模式进行长期股权投资以外,还通过信托、基金等通道投资于各类资产管理计划。早前,保险资金的运用一直在不断松绑,使得民营资本对保险牌照的热情一度持续高涨。从最初我国的金融法规根本不允许保险资金投资股市,到后来允许保险资金通过证券基金"间接"入市,再后来,监管部门索性修法允许保险资金直接投资股票。此外,保险公司投资房地产也在2010年开闸。

民营资本趋利的本性以及分业监管的缺陷决定了中国民营保险公司的宿命。保险企业激进筹资,市面上出现了大量高收益的保险产品,比如万能险。迅速做大资产规模后,保险企业开始进行高风险或者过于期限错配的投资,大手笔地四处"买买买"。2014年开始,中小保险公司接二连三地举牌上市公司,其中,房地产和银行被举牌频率是最高的。

举牌资金哪里来?从宝能系的案例我们可以看到,一部分来自前海人寿的保险资金,共斥资104.22亿元,其中包括万能险账户保费资金79.6亿元和传统保费资金24.62亿元。另一部分则来自银行理财资金,宝能系通过资产管理计划来继续增持万科。其中,"宝能系"钜盛华是关键的资金平台。作为投融资平台,钜盛华处于银行、证券、保险"三不管"的地带,关联交易众多,这无异于让监管部门暴露于监管无序的尴尬中。可见,宝能系的资金早已不局限于一种金融机构,三大机构都牵涉其中。这样的资金操作中,每一环都存在风险,而且各个环节之间也紧密联系、相互影响。三家监管机构的信息共享、高效协调就显得极为重要。

据了解,此前,银监会对理财资金投向资管计划是有规定的,但是比较宽松,2018年来开始收窄,对于一些投资方向做出了极为明确的限制,比如地产。此外,监管政策对于理财资金是不是能投资股票也存在口子。这个"口子"是指银监发2009(65)号的第二十条:"对于具有相关投资经验,风险承受能力较强的高资产净值客户，商业银行可以通过私人银行服务满足其投资需求，不受本通知第十八条和第十九条限制。"银行理财产品很多都是跨行业的，资金跨金融板块流动逐利是常态，分立的监管机构难以了解整个投融资业务的链条。

混业发展到极致，百万亿元资管市场乱象丛生，"影子银行"与互联网金融野蛮生长，衍生品名目繁多、层层嵌套，难以穿透到底层。为了治理乱象，终于在2018年4月27日，央行同银监会、证监会、保监会、外汇局等部门共同起草的《关于规范金融机构资产管理业务的指导意见》正式出台，俗称"资管新规"。这份资管新规是央行主导了规则的起草，经金融稳定发展委员会讨论，并由中央会议审议通过。作为一个部委规章制度，规格之高历史罕见，也传达出了一个非常明确的信号：最大限度消除监管套利，毫无讨价还价的空间。这次，资管业务定义得到明确：是金融机构对受托财产进行投资和管理的金融服务。而其基本监管原则是，机构监管与功能监管相结合，实行穿透式监管，强化宏观审慎管理，实现实时监管。

最新一轮党和国家机构改革，被认为是一场注重整体性、协同性的机构变革。保监会和银监会在走过十余年的风风雨雨后，终于合为一家——中国银行保险监督管理委员会。相似的经济功能，决定了银行与保险之间复杂的相互作用关系，保险业务对商业银行的业务补充作用日益显现，与此同时也对监管机构提出了更高的要求。银监会、保监会的合并不代表金融监管改革的尘埃落定，因为机构之间的"物理合并"可以迅速达成，但不同领域监管内部的"化学反应"、理念重塑，则需要更长的时间。

机构改革背后，更多的关键在于"人"。2018年3月21日，61岁的郭树清出任了银保监会主席和党委书记。这是自2011年10月履新原证监会主席后，郭树清担任的第4个正部级岗位。6年多来，他历任原证监会主席、山东省长、原银监会主席。任职期间，他敢于开刀的均是多年顽疾，"郭旋风"一度是他最鲜明的标签。2017年2月，郭树清北上履新银监会主席一职3天后，亮相国新办新闻发布会。在谈及坚决治理各种金融乱象时，他打了一个生动的比喻："牛栏里关猫。"他说，当前，大家都知道，部分交叉性金融产品跨市场，层层嵌套，底层资产看不见底，最终流向无人知晓，这种现象的产生，很大程度上是源于监管制度缺失，就是所谓"牛栏里关猫"。于是在接下来的近一年间，郭树清沿袭了担任证监会主席时的"7 天一新政"的改革者风格，以"防风险、治乱象"为主线，掀起了银行业整顿风暴，公开发布的各项规章和制度便已超过 30 项。某种程度上来讲，这是中国金融监管部门近年来启动的最严厉的金融大整顿，指向则是扶持实体经济。

如今"银保监会主席"这个位置，面临的挑战不仅仅是解决银行业的问题，还要挑起原保监会主席项俊波"陨落"之后，保险业的监管重担，在银保之间的交叉金融中整治乱象。随后在 3 月 26 日的会议上，中组部有关领导又宣布郭树清出任央行的党委书记、副行长。可见，在"一行两会"当中，郭树清都扮演了极其重要的角色，这一任命被外界解读为解决央行和银保监会之间协调问题的良方，也让原有的金融监管架构多了新的意味。

在新的金融监管体制下，央行肩负了多重职能。2017 年 11 月，国务院金融稳定发展委员会正式成立，其职责是"作为国务院统筹协调金融稳定和改革发展重大问题的议事协调机构"，简单说是为了解决一行三会之间的"踢皮球"的问题。金稳委主任由国务院副总理担任，是一个"副国级"机构，办公室就设在央行，由此可见央行在金融监管中将扮演更为重要的角色。在机构调整中，此前银监会和保监会拟订银行业、保险业重要法律法规草案和审慎监管基本制度的职责也划入了央行。"海归"背景的易纲担任央行行长，无疑给世界释放出了中国将继续支持全球化的信号。易纲在 2018 年 3 月 9 日的记者会上介绍，资本可兑换在稳步推进。"我们国内市场现在也在变大，不管是股市还是债市还是其他的市场，将来也都要做双向的开放。"但易纲也强调，在做开放的同时，非常重要的一条就是要把控好风险，使我们的监管水平和开放的程度相适应。

"央行老人"易纲被视为业务骨干人选,而"改革派"郭树清拥有多方管理经验,两人搭档能把此前央行和银监会互相争执造成的监管空白和灰色地带填补起来。某种意义上,这是中国式"超级央行"和"双峰监管"之间的良性互补。从郭树清就任银保监会主席以来的多次讲话中可以看到,在银监会和保监会合并后,严监管的基调不会变。2018年3月29日,郭树清主持召开了银行保险改革领导小组第一次会议,强调深化银行保险体系改革开放,要积极探索有中国特色的现代金融企业制度,全力推动银行保险业向高质量发展转变。不过,何为高质量发展?正如在保险业身上,资本运作工具的角色演变并非一开始就如此。很多时候,逐渐替代了产业的良性发展的原因都来自外部环境。在中国金融市场下,保险资金很难找到稳健并且回报可观的投资标的,由此逐渐演变成激进的投资工具。可见,从本质来看,中国特色的现代金融企业制度的探索之路还长得很。

资产泡沫与金融稳定

稳定,将是未来中国金融的关键词之一。在党的十九大报告中,特别提出要"健全货币政策和宏观审慎政策双支柱调控框架"。对此,易纲曾表示,建立双支柱调控框架可以起到两方面作用,一方面是保持币值稳定,另一方面是维护金融系统的稳定。值得注意的是,"宏观审慎"是一个非常高明,且切合央行功能的说法。它与"微观审慎"相对,"微观审慎"是机构视角,即对金融机构进行具体监管。"宏观审慎"是一种具有全局观的市场视角,但本质上,尤其在资产泡沫膨胀的经济体,宏观审慎更是一种资产视角。即必须防止整个市场资产价格的大起大落,否则将侵蚀金融机构的资产负债表,并对金融体系造成严重损害。

股市救市已成历史,中国当前最大的存量资产是房地产。当年的救市关乎信心,而如今,房地产的保资产则关系到更根本的层面。2016年9月,即楼市暴涨大约一年后,方正证券任泽平、杨为敩等人的一份报告估算,中国房地产总市值已经占GDP的比例411%，远高于全球260%的平均水平。有人曾比喻，"如果把整个社会看成一个资产负债表，那么负债端是杠杆，资产端就是房地产。"而房地产本身不创造财富，反而需要投资者动用杠杆，因此投资房产在本质上是一种负债行为。并且，房价通常具有自我强化的特征，越是上涨，人们就越是会增加杠杆去购买房产，于是便会有更多的资金流向房产市场，从而导致社会可用于生产性投资的资金变得越来越少。

根据央行的数据，2004年中国的M2为30万亿左右，可是到了2015年底迅速增加到了140万亿以上，并且还在持续增长中。2016年末，中国M2达到GDP的2.0831倍。如此巨大规模的货币供应量，在无法进入实体生产和出口部门的情况下，就只能流向房产市场，或是另一种结果，资本外流。所以在某种意义上讲，人民币的底层资产很大程度就是房地产，房地产资产的大跌将引发严重的资本外流、银行体系资产恶化等问题。因此，力保房地产市场的"平稳"将成为金融体系的一桩大事。和股市一样，央行不可能直接入市，但在这场保资产的大战中，央行为金融体系提供充足的流动性显然很必要。

比如，开发商的开发贷、中产阶层的按揭贷款放到银行的资产负债表上是资产，如果楼市大跌，那么银行资产负债表将被严重破坏，最终侵蚀银行资本金。结果是，银行更加惜贷，甚至可能放弃对实体经济的融资功能。此外，中国还存在蔚为壮观的影子银行，它们创造海量的债权资产，如果遇到流动性短缺，这些资产大跌，如果发生大面积的债务危机，将可能影响社会稳定。资产价格在下行通道中，最大的风险是传导性。即金融机构可能出现对某项资产的抛售，从而进入越跌越抛，越抛越跌的恶性循环。要解决这个问题，就必须有所谓的"宏观审慎"的视角，将金融体系的流动性维持在某个合理的水平，以防止资产价格的传导式暴跌。资产泡沫或许让少数人受益，但泡沫破裂，遭殃的是所有人。在这个意义上讲，金融监管某些逻辑的变化，或许有其合理性。

防范金融风险重要性上升，房地产"去杠杆"也随之深入，资产端的调控重压下，银行信贷也开始同步收缩。可以说，排在前十位的房地产公司，在过去几年已经几乎到达了他们业绩的顶点。A股市场上的资金，总的来说就是存量博弈，当房地产之类的企业出现了收缩以后，有限的资金就开始涌向有限的核心资产。比如去年以来，从"白马股"到"独角兽"均出现过度溢价的情况。

值得注意的是，央行发布的《2018年一季度中国货币政策执行报告》当中，货币政策的思路生变，其中核心表述为"稳增长、调结构、防风险"。①而在上一期货币政策执行报告当中其为"稳增长、去杠杆、防风险"。随着去杠杆深入推进，"去杠杆"重心逐步过渡为"调结构"，即稳定金融机构负债端，防止资产端调整带来的金融市场波动。央行在报告中指出，要保持政策的连续性和稳定性，实施好稳健中性的货币政策，注重引导预期，保持流动性合理稳定，为供给侧结构性改革和高质量发展营造中性适度的货币金融环境。

而在另一方面，只有通过切实的统筹协调来加强货币政策、监管政策与财政政策、产业政策的紧密配合，才能从源头上控制系统性金融风险滋生蔓延。国务院金融稳定发展委员会的职责与央行宏观审慎管理和系统性风险防范的职责是不同的，央行负责宏观调控，而金稳委主要对金融监管协调作出机制化的安排，进一步提高金融监管协调的有效性。

实际上，中国金融体系当前正面临着一个深刻的矛盾。既要遏制金融业的过度扩张，扭转金融脱实向虚趋势，以此提振实体经济。同时，又要依靠金融业特别是银行的贷款扩张拉动经济。过度去金融行业杠杆，会使得银行流动性吃紧，既可能引发局部金融风险，也有损经济增长动力。今天的金融整顿难以单兵突进，需要各个领域的改革一并推进。因此，金融改革最终也类似于走"平衡木"，需要多方兼顾，步步谨慎。在这一轮的金融机构改革中，

---

① 《中国货币政策执行报告（二〇一八年第一季度）》，中国人民银行货币政策分析小组，2018年5月11日。

其触及的领域和利益关系的调整，尤其是改革背后的治理逻辑，需要在后续的实践中继续观察。

2. 第一融资系统的重任

1978年到2003年，是我国现代银行体系建立与发展的初步阶段，2003年到2013年则被称为中国银行业的"黄金十年"。十年间，银行业金融机构的资产规模从27.7万亿元提升至151.4万亿元，十年增长了4.5倍，利润从322.8亿元增长至1.74万亿元，飙升为十年前的54倍。

如今，在中国金融变迁的缩影中，银行业"黄金十年"宣告结束，传统模式难以为继必然终结，但银行业的地位依然举足轻重，十年繁荣带来了更多理性思考，也使这个行业真正迎来了智慧变革的时机，以告别过去同质化的竞争。

正如约瑟夫·熊彼特在其金融理论中所指出的："运营良好的银行，可以通过发现最有可能成功实施产品创新和工艺创新的企业，为其提供资金，激励其技术创新；银行具有信用创造的能力，正是这种创造能力，推动了经济的快速稳定发展。"①

银行的"双重角色"

在中国，银行是一个特殊的存在。银行在中国长期扮演着"双重角色"，一重是经济，另一重是政治。

从经济意义上来说，银行业是中国最大的资产管理行业，掌控着全国最多的金融资产，影响着亿万国民的身家。数据显示，2017年末，中国银行业的资产总规模为252万亿元，其他三大资产管理行业保险、信托和公募基金

---

① 约瑟夫·熊彼特：《经济发展理论：对于利润、资本、信贷、利息和经济周期的考察》（英译本），美国哈佛大学出版社1934年版。

分别为 16.8 万亿元、26.3 万亿元和 11.6 万亿元。换言之，银行超过后面三者总和的 4 倍，几乎分别等于 15 个保险业、10 个信托业和 22 个公募基金业，其中五大行资产总规模占银行业总资产 38% 左右。

除此之外，号称四大金融支柱之一的信托业，其主要监管机构也是银监会。在这个意义上可以说，相比于证监会、保监会，银监会更加具有"系统重要性"，因为它监管着中国人最多的货币资产。

也就是说，中国人的主要货币资产都集中在银行，而另一部分房地产资产，同样与银行密切关联。在付清房贷之前，房子都抵押给了银行。经济下行期，安全又有高收益的资产越来越少，个人住房贷款则变成了银行信贷中的"香饽饽"。

大规模的货币资产决定了银行在经济层面承担着为实体经济融资的功能。无论哪个行业发展，最大的需求就是资本。中国大多数民营企业都是以股权融资为辅，债权融资为主。正是因为这个原因，银行业会继续在中国金融体系中占据主导地位。

在中国，银行也可以被看作带有"中国色彩"的国家宏观调控工具之一，是有效进行国家治理、处理好央地关系的重要枢纽。它在政治层面角色的重要性，丝毫不亚于经济层面。

在西方经济学的教科书中，一个国家推动经济发展有两种主要的手段，一种是货币政策，另一种是财政政策。货币政策的执行者是中央银行，而财政政策则是财政部来付诸实施。至于商业银行，并不直接参与这两个任务，只会间接地受到政策影响。在西方，商业银行都是私有的，或者说上市成为了公众公司，但股权分散，主要是被机构投资者持有，所以它们不是国家治理的工具。

但在中国，商业银行参与国家经济刺激政策的程度要高得多，因为主要银行目前都是国有控股。财政部与中央汇金公司两者，以绝对的优势控制了工农中建四大国有银行和国家开发银行，以第一大股东控制了交行、光大。

这意味着，财政部和汇金公司联合控制了全国金融业总资产的半壁江山。汇金公司类似于"金融国资委"这样的角色，原先由央行监管，现在转移为中国投资有限责任公司的全资子公司，从管理层的构成来看，董事长均出自政府系统。

中国银监会每年都会公布一份年报，这份年报会公布银行业机构到底有多么"庞大"。在银监会网站最新的 2017 年报数据中，可以看到，除了 3 家政策性银行、5 家大型商业银行和 12 家股份制商业银行之外，我国还有 134 家城市商业银行、1261 家农村商业银行、32 家农村合作银行、964 家农村信用社、1561 家村镇银行。[①] 机构众多，从业者庞大。

可见，银行系统是中国金融体系的"毛细血管"，它深入了中国社会治理的最基层单位。所以在中国经济的增长过程中，长期存在着一种"中央政府—银行—地方政府"的三角关系。在这个关系中，主要由中央政府控制的银行系统，积聚天下的财货，地方的竞争，则是创造足够优质的抵押品如土地、企业股权，然后再从银行系统获取资金，建设地方经济，银行系统深入了中国社会治理的最基层单位。因此，监管银行一直是中国金融领域的头等大事——没有之一。

近年来，金融机构高管或金融监管部门官员频被调任地方政府，一定程度上有利于中央金融改革与发展政策的最终落地执行。在担任山东省长之前，郭树清已是证监会主席，2017 年 2 月他又被调回金融系统，担任和证监会主席平级的银监会主席。在外界看来，这并不符合中国金融官员旧有的升迁路径，即从金融系统出任地方大员，再回到中央政府时，职务往往有所提高。不过，换个角度看看问题，就再明白不过了。银行对于中国的国家治理而言，太重要了，银监会主席肩上的担子并不是"正部级金融大员"这个职位所能囊括的。

---

① 参考《中国银行业监督管理委员会 2017 年报》。

影子银行去"影子"

银行的盈利方式决定了风险的产生路径，这个路径很简单。银行从业者多半采取"提点"模式赚钱，不论是内部信贷经理，还是外部资金掮客，都是从资金借贷，包括拉存款、放贷款中"提成"，这意味着资金借贷的数量越大，频次越多，那么收入越高。

这种普通人的欲望，最终也汇聚为银行资产膨胀的动能，无论是基层还是大城市，信贷泡沫都开始膨胀。中国 400 万银行从业者无疑是世界上最蔚为壮观的金融大军，在经济上行之时，他们是经济建设的生力军。但经济下行，每个人都可能成为风险爆发点。

显然是银行资产规模的经过近十年的高速扩张之后，各种风险的日益堆积，越来越引发了管理者的重视。国内银行业当前正面临资管新规下的理财转型、"三三四十"下的同业去杠杆、影子银行和通道业务的严查等多项并行监管举措。金融稳定理事会给出"影子银行"的官方定义为，受到较少监管或者不受监管的信用中介活动和机构。金融业的核心就是资金和信用，而影子银行的主要风险来源也正是期限不匹配和杠杆，可以沿着这两条主线来寻找国内影子银行发展的轨迹。

2010 年到 2013 年的影子体系，实际上是"银行的影子"。彼时，影子银行体系发育尚处于初级阶段，以银行为资金和信用的中心。2009 年，银行贷款迅猛增长，而存款增长相对不足，于是接下来的两年，存款竞争异常激烈。为了留住存款，银行竞相开展理财业务，大量资金从存款转化至理财业务，资金通过理财产品汇集起来，则构成了银行影子业务的主要资金来源。

央行货币投放是预判货币市场流动性的重要手段，当央行货币投放速度减慢后，为保证实体经济所需流动性的平稳增长，就只能更多地依赖以银行为主的金融体系来融资，需要银行体系或者具有银行信用的隐性担保。在资产端的监管压力下，为了套利，影子银行业务的需求急剧上升。这就引发了商业银行的一系列绕道信托、券商、基金子公司等创新性的放贷业务,另一部分资金则投向了地方融资平台、房地产、过剩产能行业,或者进入股市、债市等市场推波助澜。其中,到底有多少银行资金进入房地产领域?郭树清曾在2017年银监会一季度经济金融形势分析会上指出,房地产相关贷款(含以房地产作为抵押、担保)的占比已超过了(总贷款)的三分之一,个别银行的房地产相关贷款占比甚至超过了50%,潜在风险较大。

互联网、金融,这是中国两个最为炙手可热的行业。当两者组合到一起,可能会催生财富进一步的单向积聚,走向公平正义的反面。在互联网金融的助推下,"影子银行"更加野蛮生长。

保险机构通过发行变异的万能险、投连险等高现金价值产品,堪比银行揽储,例如"举牌式投资"的代表企业之一宝能,在宝万之争事件中,宝能的巨额资金来源一直是市场关注的焦点。还有小贷、P2P等机构,与新金融企业合作,通过债权转让的形式,把之前放出去的贷款进行打包,放到互联网金融平台上进行交易,同时加上一定担保,可以将资金立马释放出来,而现金贷企业则通过ABS(资产证券化)迅速放大杠杆,均隐患重重。除此之外,私募基金借互联网平台,将高风险的股权投资向散户进行销售,以至于当时面向个人投资者的乐视股权投资项目搞得风生水起。

同时,领域之间也多有交叉,风险传染性大大增强。比如,广发银行"侨兴债"一案,2016年12月20日,广东惠州侨兴集团下属的2家公司在"招财宝"平台发行的10亿元私募债到期无法兑付,该私募债由浙商财险公司提供保证保险,但该公司称广发银行惠州分行为其出具了兜底保函。之后10多家金融机构拿着兜底保函等协议,先后向广发银行询问并主张债权,进一步增加银行业之间的信用风险。由此暴露出广发银行将不良资产借互联网金融平台陆金所、招财宝虚假出表,与侨兴集团人员内外勾结、私刻公章,主要用于掩盖该行的巨额不良资产和经营损失。

银行风险的另一表现形式是,储户的资金根本就是"表外循环"。它们根本就没有进入银行系统，而是把银行作为通道进入"影子银行"，在高风险的投资领域搏杀和冒险。最后，因为老百姓对银行"刚性兑付"的预期，风险又再次回到了银行。4月，民生银行北京航天桥支行爆发的"30亿假理财案"就是这个逻辑。

可以看出，中国银行业的乱象就集中表现为影子银行的乱象，而金融行业已经远远超出实体经济所需要的程度，在金融内部开始"体内循环"、"自我交易"，借着创新名义游离于监管体制之外。

此时的银行业，急需一场自上而下的大整顿，迫切需要一位"金融强人"重树行业的监管，以对虚拟挤泡沫，对实体输资金。随着郭树清重回金融监管部门，担任银监会主席，整顿的方向开始明确，即阻断银行资金的空转套利，层层拆解债务链条，避免风险发生。

2017年银监会行政处罚金额及责任人均创下历史纪录：一年来，银监系统做出行政处罚决定3452件，罚没29.32亿元，处罚责任人员1547名，270名相关责任人取消一定期限直至终身银行从业和高管任职资格。[①]2017年10月，郭树清在党的十九大中央金融系统代表团开放日剑指同业、理财、表外三个重点领域。他指出，之所以确定同业、理财、表外这三个重点领域作为整治对象，是因为这三个领域覆盖了比较突出的风险点，同时还有与其相关的操作性风险。

2017年这次大整顿取得了初步收效，银监会数据显示，截至2017年11月末，商业银行同业资产、同业负债自2010年来首次收缩，余额分别比年初减少2.8万亿元和8306亿元，挤压出了银行业虚增的泡沫。银行多项打"擦边球"的业务均已暂停。银监会数据显示，截至2017年11月，影子银行核心业务之一的委托贷款，其"金融机构委托贷款"同比少增889亿元，银监会未披露其口径下的表外业务总规模，但指出表外业务增速由过去的逾50%

---

① 参考《中国银行业监督管理委员会2017年报》。

降到 19%。

这种整顿更重要的是，还有一种"公平正义"的价值。它会一定程度收紧对银行信用货币创造的"紧箍咒"，这会暂缓通胀，本质上是对国民财富和对实体企业的捍卫。

整顿金融利益集团

2018 年一开年，安邦集团被保监会接管，预示着一场针对金融大鳄的暴风骤雨马上就要到来了。早在半年前，时任前海人寿董事长姚振华被处以撤销任职资格并禁入保险业 10 年，这些都不过是监管部门对金融领域更深入的清算。

无论技术如何发展，金融业的核心就是资金和信用。但背后的东西，则一直都在变化之中。金融的第一核心是资金。在中国，看一个企业、企业家的能耐有多大，最重要的标准只有一个：他能从国有银行借到多少钱。而企业家被看衰的标准也只有一个：他是不是被国有金融系统抛弃了。

金融的第二核心是信用。信用的风险来源于信息不对称，这个问题在行政层级越多的经济体中，情况越严重，在庞大的行政体系内部，必然有很多人可以依靠资本市场的"内幕信息"赚钱。靠近权力的人往往容易成为银行贷款的掮客，在中国某些多数群众并不富裕的地方，却豪车遍地，其背后隐藏着两大地方土豪阶层：一是煤老板之类的资源型土豪；二是大兴土木背后的资金掮客。

以上两个特征都决定了权力和金融有着天生的"亲近感"。在这种亲近感之下，很容易诞生一些不断自我强化的金融利益集团。在这些金融利益集团的操作下，本该进入银行体系的钱，或者已经进入银行体系的钱，流出银行，然后通过一些灰色地带的"金融创新"，层层加价。最后，再进入高收益的领域，比如楼市、股市。

这个资金脱离银行的过程，产生了两个严重的负面效应。一是增加了企业的融资成本。一方面，中国银行业的贷款利息本身就不低，如果再经过影子银行的不断转手和"层层加价"，那么，通过"影子银行"之后，融资成本必然更高，这意味着实体经济根本负担不起。自然而然，高成本的资金也不会去实体经济，只能去高风险领域。在这种情况下，完全可以说中国银行体系正在逐渐失去为实体经济融资的功能。实际上，近年以来，管理者已经多次强调金融要支持实体经济。但另一方面，金融系统内由于利益关系的盘根错节，资金"脱实向虚"的趋势并未根本扭转。二是资金脱离银行，进入"影子银行"体系，最终很可能会引发群体性事件。因为，"影子银行"多数的金融产品都是需要刚性兑付，只要有刚性兑付，就意味着有债务风险爆发的可能性。2017年，在中国的政治和经济生活中，都是极为关键的一年，避免因债务危机引发的群体性事件的发生，这是任何金融监管部门都不能等闲视之的要务。

金融利益集团，它们既会挑战现有金融市场秩序，也会挑战监管。当然，有的更以损害普通的投资者为存在的前提。从近期金融领域监管官员的不寻常表态来看，未来，中国将那些"不法分子式"的金融利益集团作为整治目标，必然是大概率事件。

银监会主席郭树清在接受《人民日报》专访时，谈到了两个颇有深意的提法："不法分子"和"金融集团"。他说，"少数不法分子通过复杂架构，虚假出资，循环注资，违规构建庞大的金融集团，已经成为深化金融改革和维护银行体系安全的严重障碍，必须依法予以严肃处理"。[1] 显然，这一表述不同于常规的监管部门的官方文件，口气的严厉程度，让人想到了证监会主席刘士余曾经的"野蛮人"表述。可以看出，近年来，两位正部级的金融官员将矛头指向了金融领域的某些利益集团，这并不是一件简单的事情。

无论如何，整治银行业市场乱象已有了一个良好开端。"可以说，银行业

---

[1] 欧阳洁：《打好防范化解重大金融风险攻坚战（权威访谈）——专访银监会主席郭树清》，载《人民日报》2018年1月17日第02版。

资金脱实向虚势头得到了初步遏制。但是我们也不能掉以轻心,还需继续加大整治力度。"在十九大中央金融系统代表团开放日上,银监会主席郭树清表示,过去5年来,中国银行业已经成长为全世界最大的银行体系,要坚决抵御和化解新形势下的金融风险,要进一步深化银行业的改革开放。

3. 证监会剑指利益集团

回溯中国股市的发展,人们往往把1990年沪深两大交易所的设立作为资本市场的发端,而中国资本市场成立之初,股市承担着为国企融资的功能。随着经济发展,中国资本市场已逐渐走向成熟,由最初的政策主导,逐步向市场主导过渡,股市也不再只承担国有企业上市融资的任务,而将逐渐担负起为全社会实体经济融资的历史重任。

股市"重任在肩"

在现阶段,中国经济发展最大的任务在于保资本和去杠杆。中国经济的大敌不是其他,而是资本外逃。2017年,社科院发布《解读中国的资本外逃》显示,2015—2016年,短短两年时间,中国国际收支平衡表上记录的资本外流达到1.28万亿美元(非储备性质金融账户余额+误差与遗漏账户),年均资本净流出相当于GDP总量的6%。大规模的资本外流引发了人们对中国是否存在资本外逃的担忧和讨论。

资本外逃是隐蔽的,对国民经济的危害性是长久的,甚至是不可逆转的。甚至在危机期间,资本外逃很可能成为压倒一个国家金融体系的最后一根稻草。堵住资本外逃,是当今中国金融保卫战的第一要务,所以地下钱庄非治不可。从小看,这有利于股市在大跌后的企稳,从大看,这是人民币币值乃至中国国内资产价值——主要是房价保持稳定的基础。

在这个过程中,健康的股市尤为重要,尤其是在海外投资者对楼市看空的时点，健康的股市可以"锁住"资本外流。这是重构股市的直接好处，而更长远的好处则是推动人民币国际化。人民币国际化有赖于一个人民币"回流机制"的建立，所谓"回流"即海外人民币在国内能够寻找到优质的投资标的。良好的股市，以及这个市场中的蓝筹是海外资金配置的主要目标。在这个意义上讲，股市是人民币"回流机制"建立的"基础设施"。

要保资本，除了限制资本外流外，必须要让国内资产有吸附资本的能力。十年来，中国经济增长的红利仍只是红了楼市，绿了股市。要知道，2016年中国GDP总量达74.4万亿元，较2007年增长1.75倍。2016年底广义货币M2总量达155万亿元，较2007年底增长2.85倍。但楼市的过度"飞涨"会进一步摧毁实体经济，所以中国必须在楼市之外寻找新的资本吸附工具。因此，增强股市的资本吸附能力就成了当务之急。在这样的市场环境下，只有具备竞争力的企业和行业才能够有效生存。

除此之外，去杠杆最终也还是要回归到股市中。在世界所有国家，解决债务问题的途径不外乎是三个，一是坏账注销，但考虑中国如此大的债务规模，光靠坏账注销解决债务，几乎是痴人说梦。二是不断让企业尤其是国企从银行"借新还旧"，但这必然引发恶性通胀，危及社会稳定。三是用股权融资来去杠杆。伴随着整个金融去杠杆的有效推进，资金将会从庞大的影子银行、金融市场逐步流向股市当中有竞争优势、具备强大增长前景的企业中去。

因此可以说，无论是严防资本外流，还是去杠杆，从这两项"国之大计"来说，股市都必须要重振。在这一宏大背景之下，中国资本市场的监管方向是很明确的，即用强力来提振投资者信心，让市场履行其对中国经济重振应有的重任。2016年12月，中国证监会主席刘士余使用了"妖精""害人精"这样的新词汇，来形容资本市场的部分机构投资者，在资本市场引发了轩然大波。

股市的痼疾由来已久，症结便在于IPO的核准制，核准制破坏了中国股市正常的市场机制。世界上凡是对间接融资依赖度较大的国家，货币化程度都比较高。相反，直接融资体系较强大的国家，其货币化程度（M2/GDP）要低得多，比如美国，其货币化程度不过 67%。中国在 20 世纪 90 年代就早已超过 100%。

当货币存量不断增加，新增的货币却无法进入真正需要资金的实体部门，那么资金就会不断在虚拟经济之中循环。央行货币政策的效果也会因此不断被削弱，在这种情况下，很难有效地促进实体经济的复苏。

股市更严重的问题是，能上市的企业往往不是真正的"好企业"，这是"核准制"的弊端之一。上海高级金融学院（SAIF）金融学教授钱军近期的一项研究结果显示：在按资产回报率分析，从 1998 年到 2013 年的 16 年里（除 2010 年数据不全外），A 股上市公司的资产回报率仅有两年超过行业与资产规模相匹配的非上市公司。如果简单理解，这个数据的意思就是，对股民而言，他们手中股票的回报水平在多数时候低于行业水准。这些上市公司甚至还不如非上市公司。①

用《人民的名义》作者周梅森这位第一代老股民的话来说，"资本市场之怪象，已经到了疯狂地步，圈钱者前赴后继年年丰收，中介机构年年高薪，二级市场投资者年年亏损。仔细想一想，这个市场多么可怕，恐怕不能用某些人常用的一句投资责任自担来解释吧。"显然，将股民的大面积亏损全部归结于"买者自负"，明显有失公道。至少，其中有制度性亏损和监管缺位甚至错配等因素。

不过，长期以来，IPO 核准制另外一个容易被忽视的危害是，它不断透支着中央政府的信用以及投资者对经济的信心。一直以来，中国股市被外界质疑为过度强调"融资功能"，而忽视"投资功能"。在名为"核准制"，但更像是"审批制"的上市模式之下，那些旨在圈钱的上市公司大股东，其在资本市场圈钱行为堪称明火执仗。就像刘士余所说，"对散户扒皮吸血"。但最终，他们却因某些制度缺陷或者权力的"庇护"而逃脱惩罚。

---

① 参考朱蕾、陕晨煜、钱军及美国宾夕法尼亚大学沃顿商学院 Franklin Allen 教授所合作撰写的论文《为什么中国股市与经济发展脱节？》，该论文获 2015 CICF 中国金融国际年会最佳论文奖。

在 A 股，有资本市场的违法大佬徐翔这种"操纵证券市场"的坐庄模式，还有另一种大佬套利的模式是大股东控股和关联交易。这一问题的根源在于国企改制之时，多半都不是"整体上市"，而是"部分上市"。中央国企、大银行在香港上市之时，往往是将"优质资产"上市，比如大国企将最赚钱或市场前景较好的业务板块上市。国有银行则将坏账剥离，成立被称为"坏账银行"的资产管理公司，之后再将卸掉了坏账的"好银行"上市。

但国企在 A 股上市则是另一番景象，上市的很多都是一个并不包含国企核心板块的次要业务，上市公司并不是优质资产，而只是作为国企母公司融资平台或者说圈钱平台的一个控股子公司。因为，国企和大银行登陆港股，必须面对外国的大型机构投资者，中国为了吸引优质外资和稳定人民币的币值，必须展示强大的中央政府信用，所以必须以优质资产上市。但在 A 股，一些国企、地方政府则是在利用股权融资的"非刚兑性"圈钱和套利，这才是主要的目的。

实际上，A 股的某些制度一直都在纵容这种"母控子""子控孙"的平台融资模式。

而这种损害中小投资者的行为，本质上是在透支中央政府的信用。因为，它们上市的资格其实是得到了中央政府直属的证券监管部门的"核准"。所谓"发审"，某种程度上可以被看成后者的信用背书。所以在这种情况下，大佬们将股市作为圈钱机的故事恐怕有点"不合时宜"了，资本玩家们也必须顺应中国的政经大势。

2017 年，刘士余在 2 月 10 日召开的全国证券期货工作监管会议上说，中国资本市场今后将不允许大鳄呼风唤雨，"对散户扒皮吸血"，要有计划地把一大批"大鳄"逮回来。

注册制，迟来但一定会到达

2015 年 12 月 27 日，全国人大常委会通过《关于授权国务院在实施股票发行注册制改革中调整适用〈中华人民共和国证券法〉有关规定的决定》，该授权决定将于 2018 年 2 月 28 日到期。

但在 2018 年 2 月 24 日，股票发行注册制改革获准延长 2 年，至 2020 年 2 月 29 日。刘士余对此表示，为了使继续稳步推进和适时实施注册制改革于法有据，保持工作的连续性，避免市场产生疑虑和误读，并为修订证券法进一步积累实践经验。换言之，注册制改革实施的条件还不成熟。

好制度显然难以一蹴而就。如果说过去两年，资本市场迎来了新气象，如今延期的这两年注册制的变革将会有更实质的不同。注册制的本质是以信息披露为核心，中国股市还有太多的"基础设施"没有搭建好，监管机构的自我革命，"弱势买方"现状的改变，这些都是未来必须面对的改革难题。并且，在资本市场这个权力纵横的利益场中，维护股民利益光靠行政手段必然显得势单力薄，如果没有司法制度的保障，贸然推行注册制，可能给不法企业提供了公开合法行骗的机会。

事实上，尽管证监会权力巨大，掌握着数十亿甚至上百亿"不用还"的融资的审批权，以及强大的资本市场行政执法权，但长期以来，舆论场对这个国务院下属正部级事业单位部分措施的质疑，似乎一直都缺少足够的禁忌。

在某种意义上讲，证监会主席一职甚至可以说是中国的正部级干部序列中，外界最有勇气去评论其施政得与失的一位。2017 年 5 月和 6 月，中国资本市场发生了一次前所未有的舆论风暴。经济学家、市场人士公开质疑在职证监会主席的施政措施，比如 IPO 加速、股东减持限制。

显然，这种尖锐的质疑不可能发生在中国的其他经济管理领域，因为没有"经济学家"和"市场人士"有这个胆量。这种证券监管领域特有的反常现象，背后是这个市场内部独特的权力和利益分配结构。

所谓真改革，它最核心的判断标准只有一个，即改革者敢不敢动既得利益。注册制的推行，存量的股市投资者和大股东的利益很难不被影响，这其中必然会充满未知的博弈。而在过去两年，刘士余最饱受"争议"的两个改革措施，一是对股东减持的严格限制，二是 IPO 加速。这两项改革措施，都是真正的"动人奶酪"的改革。其中，尤以第一项为代表。

2015 年 6 月，中国股市爆发了股灾，下跌持续近一年。有数据显示，截至次年即 2016 年的 6 月初，A 股市值蒸发超过 25 万亿，900 余股跌幅在 50% 以上，股民人均亏损额约 50 万元人民币。有好事者说，中国中产阶层遭受了一次"洗劫"。

股灾之前，即 2015 年 6 月之前，股市一直在悄悄发生减持大潮。

证券研究专家刘纪鹏曾透露了一个数据，2015 年，A 股的大股东减持在 4700 亿到 4800 亿，而 IPO 融资却不足 2000 亿。他认为，大股东减持的钱和通过 IPO 进入企业的增量资金如此悬殊，已经说明这个市场已沦为大股东套现，而不是资源配置的场所。①

在任何市场，持股者在股价被高估时，减持所持股票，这是一种个人理性的财务行为。不过，遗憾的是，它发生在 A 股。A 股的减持中，最有意思的现象是"清仓式减持"。比如，上市公司吉林永大在上市之后，大股东家族及一致行动人数次减持，最终竟全部清仓，套现 67.6 亿。有人评论说，股东上市的目的可能就是卖公司套现，而且"吃相难看"。

股灾之后，整治减持成为监管重点，然而此前的《减持规定》存在不少的"漏洞"，大股东和董监高仍有太多"空子"可钻。于是，在刘士余任上，即 2017 年 5 月 27 日，证监会又出台了《上市公司股东、董监高减持股份的若干规定》，旨在针对性地堵住这些漏洞。

2017 年 3 月 30 日，证监会对资本大鳄鲜言下发行政处罚决定书。对鲜言操纵"多伦股份"的违法行为，没收违法所得、罚款的总额超过 34 亿，这是当时中国证监会成立以来开出的"最大罚单"。可以说，中国证券监管部门第一次在大股东面前露出了牙齿，这是可以写入中国证券市场发展历史，并具

---

① 出自 2016 年 12 月 10 日刘纪鹏在"三亚·财经国际论坛"上的讲话。

有里程碑意义的事件。

2017年，证监会公布的数据显示，罚没金额超过亿元的行政处罚书共计11张，合计金额超63亿元。刘士余要求，稽查系统要以查办大案要案为重点，精准打击肆意妄为、逃避监管、影响恶劣的个人和机构。

这意味着，2018年证监会稽查执法将揪出更多"大鳄"。通过严管减持、重罚违规等措施，直接对大股东的利益动刀，本质上是证券监管部门开始重新维护中央政府在投资者心中的信用。在中国改革的关键节点，维护这种信用，怎么强调其重要性也不为过。

IPO加速则是另一项改革措施。表面上看，股市状况不好，却要加快IPO发行，似乎不合中国股市的逻辑。因为，中国股市本质是个资金市，股市走低是因为资金进入股市较少，这是"需求"疲弱。要解决这个问题，恢复股市信心，最直接的办法是减少"供应"，比如暂停或者放缓IPO，那么股市就容易企稳或者反弹。

此前，刘士余的"前任们"多半都曾采取过这一类暂缓"供应"，即暂缓IPO或再融资的办法来稳住或拉抬股市。这样做的好处还有一个，即不触犯股市存量投资者的利益，某种意义上讲，甚至是在"讨好"存量投资者。因为，他们手中的股票会因为新资金的进入变得更值钱。

在A股，上市公司作为壳资源是极其值钱的，对大股东来说，壳资源可以变现万亿巨款。对股民来说，壳资源如果被新的资本大鳄借道上市，这意味着股价上升，以前亏的本可以捞回来。但是，新股的不断发行，显然会让存量的"壳"价值越来越低，这必然会触犯存量投资者的利益。对此，一些"经济学家"对IPO加速政策的质疑就很明确，即认为加速IPO，只会导致股市越来越差。但换个角度看，这其实是站在股市存量投资者的利益角度来看问题。

如果"强监管+大扩容"的监管主基调长期维持，则A股壳资源和类金融企业属性将淡化，以时间换空间的方式让A股估值自然回归。简单说，如果 A 股个股如港股和新三板一样，最低市值降至数千万元级别，主动退市者将大增。这或是市场阻力最小的监管路径。2017 年 2 月 26 日，在国新办的一次发布会上，刘士余对自己的这一策略给予了肯定。[①] 他说，实践证明，来自市场共识的这个做法是受市场欢迎的，是有生命力的。其透露，2016 年有 280 家企业通过 IPO 核准，248 家完成了 IPO 发行。

刘士余是清华大学经管学院的博士，曾师从我国金融工程学的权威宋逢明教授。在 2015 年股灾后不久，宋逢明曾尖锐地批评，中国股市是一个"零和游戏"。他表示，中国股市的大多数投资者的获利并不是通过分红来实现的，而仅仅通过股票买卖差价，赚取了资本利得。在成熟市场，分红是投资者获取回报的主要方式。分红和赚取差价最大的不同在于，前者需要上市公司为股东提供真金白银的回报，而后者仅仅是投资者的"零和游戏"来分配存量财富。你赚了，必然别人亏了，最后亏钱的人必然是大多数。

宋逢明当时还建议，A 股即便推行注册制，也必须建立行之有效的分红机制。他认为，长期以来，A 股涨跌和实体经济联系很小，这主要在于两者缺乏一条纽带——只有红利现金流才是连接实体经济和资本市场的最有效纽带。[②]

换个角度看，IPO 的加速发行不妨看作在为注册制做铺垫。或者说，当 IPO 速度和数量达到一定程度时，那么，它本身就是"注册制"了。只不过，注册制这辆"马车"恐怕还需要两个"轮子"：一是强大的，并且必须"独立"的机构投资者；二是严刑峻法，以及背后高效的证券诉讼环境。

"注册制"，断然不能忽略中国股市的现实条件。推行"注册制"的前期准备，不应是在已有制度框架之下修修补补，而是应把重点放在重建 A 股执法体系上，既"捉老鼠"，也要"打老虎"。改革，再也不能"顾左右而言他"，市场的执法体系必须有革命性变革。正式启动注册制，这是中国金融改革和

---

① 参考自刘士余在国务院新闻办公室 2017 年 2 月 26 日新闻发布会上的发言。
② 谭保罗：《对话宋逢明："大牛市"只是投资者的零和游戏》，载《南风窗》2015 年第 12 期。

金融开放，乃至整个经济体转型的必然选择。在这个意义上讲，注册制改革一定会到来。

4. 债券市场强势崛起

债券市场是金融市场的重要组成部分。回溯过去，2002年债券市场还不到3万亿的存量，再到2017年，债券规模逾40万亿元。从零起步，到目前世界第三、亚洲第二，尤其是公司信用类债券位于世界第二。这十几年间，中国债券市场经历了一场巨变，成长为资本市场直接融资的中流砥柱。

债市崛起，改写了中国金融版图，象征着我国资本市场日益多元化的投资者结构形成，也使得银行业不再独自面对市场的信用风险。近10年来，由于主管部委在做大债券市场上的"创新意识"，中国债市的很多主要债种都接近了"注册制"。现阶段，我国的债券市场结构"分割式竞争"仍带来了诸多问题，信用评级公信力也仍需提高。

公司债试水注册制

冷清多年的交易所债券市场，在2015年打开了新篇章。债市是个大概念，有很多细分品种，事实上，公司债原本是信用债大家庭中最弱的一员。数据显示，2015年之前，银行间市场的短融和中票早已突破2万亿元的年发行量，发改委审批的企业债也已经稳定在年发行量5000亿元，但是公司债即使在高峰期也只有2000多亿元的年度发行规模。然而，股灾之后，股票资金回流债市，公司债成为资产配置的主力，2015年，上海证券交易所发行的公司债规模几乎占据信用债市场的半壁江山。

公司债井喷，重要原因是监管的放宽。2015年1月，证监会修订发布了《公司债券发行与交易管理办法》(以下简称"管理办法")，"管理办法"最大的变化之一是发行人主体扩大。之前，公司债的发行人主要是上市公司和证券公司，而"管理办法"将发行人的范围拓展到了全部公司制企业，即所有在工商局登记的"公司"都有成为发行人的资格。

同时，"管理办法"还将债券期限从1年以上拓展至任意期限，并降低了净资产方面的要求。按照之前2007年的《公司债券发行试点办法》，发行公司债券，必须符合"本次发行后累计公司债券余额不超过最近一期期末净资产额的40%"的要求，这个"40%"将很多公司拦在了公司债发行的门外。"管理办法"则去掉了这一固定要求，取而代之的是，将公司债发行细化为面向公众投资者公开发行、面向合格投资者公开发行、非公开发行三类方式，每种方式的发行条件有所区别。其中，面向公众投资者公开发行的要求最高，比如其评级要求必须是AAA级，否则只能面向合格投资者公开发行或非公开发行。

证监会做大公司债市场的政策目的是明确的。除了在发行上的松绑之外，证监会还扩大了公司债的交易场所。比如，将公开发行公司债券的交易场所由上海、深圳证券交易所拓展至全国中小企业股份转让系统。

另一方面，加快审核，让公司债发行条件高度市场化。尽管公司债发行仍需核准，但证监会对核准进行了"自我限制"，大幅提高了核准的效率和透明程度。证监会发言人邓舸表示，自2015年7月20日起，新受理的公司债券公开发行申请，将在证监会正式受理后的当周周五在其官网对外公开。同时，反馈意见则于证监会受理处向发行人出具反馈意见的当周周五在其官网对外公开。

"公布意见"看似小事，但事关改革关键。一直以来，股票IPO的发审制度饱受诟病，很重要的原因便是不够公开。在股票市场的发审环节，监管部门近年一直强调要提高IPO及再融资审核工作透明度，但很多时候仍然只是公布结果，不公布过程。

可见，尽管公司债的发行目前尚需审核，但从发行人门槛、程序简便和透明程度上看，这一后起债种的发行已经逐渐趋近于"注册制"了。公司债的发行条件比股票发行简单很多，最重要的是信息披露。交易所在审核中主要关注信息披露是否到位，包括盈利模式、实际控制人、相关财务数据分析等是否披露清楚。

此前，公司债被很多人认为是核准制度下的"融资特权"。一般而言，公司债的利息低于银行贷款，以地产行业为例，即便是一家中型地产公司，公司债的票面利率可能低于8%；如果是大公司，票面利率可能低于5%。但如果采取银行贷款，年利率一般超过8%，一些中小公司超过10%也是正常现象。一定程度上可以说，公司债算得上一项"融资特权"。

因此，对公司债核准的改革等于是让更多的主体拥有了享受这项"融资特权"的资格。同时，也将所有人获得这种资格的过程放在了阳光之下，这是中国资本市场非常难得的进步。

公司债只是一个缩影。近10年来，由于主管部委在做大债券市场上的"创新意识"，中国债市的主要债种很多都实现了"备案制"或者"注册制"。有人认为，这种先于股市的创新，其背后是债券市场发展的客观要求所致。但也有观点认为，在中国金融分业监管、债市"九龙治水"的管理模式下，"部委竞争"对债市发展的推动作用更大，这和"地方竞争"推动GDP增长如出一辙。

监管的多头竞争

长期以来，国内的债券市场一直是三分天下、多头监管的局面，市场割裂，发展很不平衡。沪深交易所和银行间市场为两大债券交易市场，监管者分别为中国证监会和中国人民银行。另外国家发改委负责审批企业债。此外，银监会也会管理一部分金融债券的发行，比如商业银行要发行次级债券和混合资本债券来补充资本金。

一定程度上讲，证监会对公司债发行门槛的降低和程序大改革，也是中国债券市场监管领域"部委竞争"的结果。2015年5月底，央行的另一项债市监管改革更显"大手笔",央行取消了银行间债券市场债券交易流通审批。根据原来的《全国银行间债券市场债券交易流通审核规则》,在银行间市场债券的发行条件应符合诸多高门槛,比如实际发行额不少于人民币5亿元、单个投资人持有量不超过该期债券发行量的30%等条件。这些条件在改革后都被取消,发行门槛大幅降低。此外,发行程序也得到了大幅简化。

为何央行的改革更加堪称"大手笔",很大程度上在于央行所管理的银行间债券市场是中国债券市场的主干,而其规模远比证监会监管的交易所市场要大得多。

股市和债市是直接融资的两大板块,在发达市场,两者时常被称为"跷跷板",即股市低迷之时,企业融资会找债市;而债市低迷,企业就会选择股市融资。中国的债市尽管体量不小,但其活跃程度仍和发达市场有着不小差距,其中很重要的原因在于"多头管理"导致的市场分割。

在交易环节,如果债券在交易所市场交易,那么就归证监会管,如果在银行间市场交易则归人民银行管。人民银行主要是通过其下属的交易商协会来管理,协会和人民银行的金融市场司有着深厚渊源。近年来,业界对这种分割的债市体系多半持一种批评的态度,认为这割裂了一个统一市场的有效性。但换个角度看,也正是这种分割才助长了"部委竞争",推动了中国债券市场的创新和发展。

在改革开放之初,从银行、证券、信托到保险,中国几乎所有的金融业态都归央行管。随着"三会"的陆续成立,央行的很多重要职能和权力都被切割。特别是2003年银监会成立,央行对银行系统的很多监管职能丧失,只留下了货币政策、支付管理、反洗钱和统计等职能。在这种情况下,央行对做大银行间市场有着越来越高的积极性。

2005年,央行发布实施了《短期融资券管理办法》,允许符合条件的企业在银行间债市发行短期融资券(期限不超过1年)。最重要的是,此举动放开了发行主体限制,取消了额度审批,而利率由企业和承销机构协商确定。

央行此举显得极为市场化，其中最值得大书特书的是短期融资券属于信用债，即不需要担保，同时利率大幅低于银行贷款，因而受到了企业的欢迎，开启了银行间市场的大发展。

2007 年，证监会发布了《公司债券发行试点办法》，一些大国企开始通过发行公司债来融资。在短期融资券发展迅猛和公司债日益兴起的背景下，发改委也加大了对企业债发行的支持。之后，发改委将企业债先核定规模、后核准发行两个环节简化为一个环节，而票面利率也由市场确定，取消了不超过存款利率 40% 的规定。

正是这种"部委竞争"的格局，推动了中国债券市场的长足发展。统计数据显示，截至 2017 年底，中国股票市场总市值为 56.62 万亿元，而全国债券市场托总管量为 64.57 万亿元，已经超过股市市值。

除了做大体量之外，这种竞争还推动了中国债券市场的市场化运作进程。在中国债市，很多品种都已基本实现了注册制或备案制。比如，由证监会主管的中小企业私募债如果面向合格投资者发行，则只需备案，无须审批。而在银行间市场，短期融资券、中期票据等各个债种，基本上都采取了注册制或者备案制，并无实质性审批，发行和交易都相对自由。

继续分割还是统一？

债券市场的分割是历史原因造成的，"分割式竞争"一定程度上推动了中国债券市场的长足发展，但其带来的问题也着实不少。

2014 年 3 月 4 日，"11 超日债"成为内地首例违约公募债，至此，债券违约已经步入常态化，打破刚性兑付应该是一个必然趋势。如果没有了刚性兑付，那就意味着好的资产都会流到那些风险控制做得比较好、管理能力比较强的方向。可以说，这是债市成长的必经阶段，也是信用风险释放的新起点，能鼓励更有效的资本配置。机构投资者在配置资产时越来越重视防范"踩雷"，让资产价格能真正反映风险和收益。

近年来，债务违约事件次第爆发，违约企业多为民企，或是"两高一剩"领域的国企。这类企业本身面临去杠杆的宏观背景，行业景气度低迷，经营不善加之风险事件的冲击。在去产能、降杠杆的政策背景下，经过一系列发酵过程，最终导致发债主体自身偿债能力下降甚至资不抵债。监管机构不应是债市的保姆，而是成为真正的裁判，但在目前的多头监管格局下，难以建立集中统一监管体制。

此外，随着金融监管不断趋严，银信合作模式、资产管理计划非标业务以及通道业务受到巨大的冲击，企业间接融资趋难。特别是对于原本处于产能过剩行业的企业，存在较大融资压力的同时，债务规模上升较快，债务到期压力集中，风险暴露不足为奇。

总之，债务违约既有国内市场需求不振、经济下行压力依旧的原因，也有行业持续低迷的原因，更是企业过度举债的恶果。在这种情况下，违约事件是市场出清的选择。但是，要避免让债券发展的阵痛过痛，还需重塑金融监管，但一旦重塑监管，就必须直面债券的"分割式竞争"了。

值得一提的是，近10年来，中国债市得以通过"部委竞争"实现创新的重要条件之一是：这是一个以机构投资者为主的市场。债券所包含的债权是一种优先权，必须要优先清偿。如果公司违约，那么债权人的"情绪"会比股市更大，而后者基本是股民"愿赌服输"。换言之，如果发债公司大面积违约，那么将可能引发社会情绪。但中国债市的一个优点是：个人投资者很少，主要都是银行、保险公司、基金公司等机构投资者。机构投资者有更高的风险甄别能力，风险承担能力也较强，因此，具有在债券种类上进行创新的市场承受基础，所以没有担保而只以信用方式发行的各种债券也得以被创新推出。

但由于监管的分割，机构投资者的参与也时常受到约束。比如，商业银行和保险公司一直是银行间市场的主要买家，但两者的监管机构分别是银监会和保监会。从某种意义上说，两会各种新政策对债券市场产生的影响甚至会大过债券的发行审批机构。2007年，银监会为控制银行业的风险，下发了

《关于有效防范企业债券担保风险的意见》，要求商业银行"原则上不再为公司债券出具担保"。更要紧的是，保监会后来索性禁止保险公司购买无担保的公司债。在这一"前后夹击"之下，很多原本可以有银行担保的发债者只能以信用发行的方式发行无担保债券，发行利率并不比银行贷款低多少，因此也打击了发债者的积极性，让监管部门和利益相关方都有不少意见。

监管部门各自强化本位意识，是降低金融风险最保守的管理模式。尽管各自的创新方兴未艾，但交易所和银行间市场"两个市场"的分割一直广受诟病。

2018年以来，不同于以往常见的低评级债券违约，今年的违约主体不乏一些财务状况尚好、评级较高的上市公司。在违约事件的背后，固然有金融去杠杆等宏观因素和发债企业盲目扩张的微观因素存在，但也让长期存在于国内债市的评级弊病随之暴露在阳光之下。

信用评级是债券资信的最基础衡量标准，但评级虚高现象屡见不鲜，评级结果也常常缺乏指导性，评级机构对于企业和债项评级调整不及时，也是违约超出市场预期的原因之一。

比如，名列浙江百强企业第27位的盾安集团，2017年下半年以来，市场资金迅速抽紧，致使盾安集团出现了发债难、融资成本不断提高等问题，导致企业消耗大量自有资金，出现了非常严重的流动性困难。此前，大公国际2017年5月出具的盾安集团评级报告显示，盾安集团主体信用等级为AA+。直到债务危机曝光后，才被大公国际下调至AA−。成立于1994年的大公国际是中国信用评级行业市场的创建者。

依据中国人民银行2006年发布的指引，我国银行间债券市场中长期债券信用评级等级划分为三等九级，偿债能力由强到弱，等级AA的企业债务偿还能力仅次于AAA，表示受评对象偿还债务的能力很强，受不利经济环境的影响较小，违约风险很低。

信用评级是债券发行的必要环节，但是，国内评级机构长期存在质量控制不严、作业流程管理及合规管理不到位等各方面的问题。在"11超日债"

违约事件中，债券发行前，超日曾预告 2011 年度盈利超过 8000 万元，仅一周后债券发行，但紧接着出来的年报"业绩变脸"，显示出现 5500 万元亏损。作为 11 超日债的信用评级机构，鹏元资信事后才匆匆下调超日太阳的信用等级，由 AA 下调为 AA—。

根据监管要求，公募债只有 AA 以上的评级才能通过注册，如果评级过低，很多企业就不能发债。当然，信用评级机构有规范指引，但事实显示出了监管的无力。这或许与国内债券市场的多头监管有关，直接造成对评级机构责任边界不明确、制度不够细化等问题，加剧了评级分割及监管壁垒。因此，发债企业与信用评级机构之间存在太多"交易空间"，企业为了发债，在国内评级虚高成了普遍现象。

2018 年 3 月，银行间市场交易商协会宣布正式接受境外评级机构注册后，标普、穆迪、惠誉全球三大信用评级机构开始筹划在中国独资经营事宜，试图在中国这个全球第三大债券市场的评级业务里分得一杯羹。某种程度上，国际评级机构会倒逼国内评级机构提升自身的专业性和综合实力。

未来，继续分割还是统一？市场内该如何打通？品种结构如何进一步优化？信用评级的公信力如何提高？这是大国资本市场新军债券改革亟须解决的问题，无法回避。

5. 富起来之后钱谁管？

"20 世纪 50 年代末，财产损失和人员伤亡都由国家负全责，国内经济的发展状况使得保险业似乎没有存在的必要。而改革开放、经济发展又使保险业发展成为必要。"[①]

2009 年，时任中国人民保险公司董事长、被称"中国保险业一代元老"

[①] 《人保简史：从一家独大到金控帝国》，载《21 世纪经济报道》，2009 年 1 月 6 日。

的秦道夫曾向媒体回忆 30 年前，充满革命激情的年代。当时，中国保险业仅有中国人民保险公司一家国有保险公司。眼看 30 年间保险业从初级拓荒阶段，到冉冉升起的情形，让秦道夫激动之情溢于言表。

由于对保险的积极作用认识不足，1958 年，国务院召开的西安财贸工作会议提出："人民公社化后，保险工作的作用已经消失，国内保险业务应立即停办。"次年，中国人民保险公司机构几乎全都撤销了，仅保留了进出口贸易的保险业务，成为中国人民银行里的一个科，剩下秦道夫在内总共 9 人。他们成了中国保险业微弱脉搏最后的守护者。

秦道夫和他的另外 8 名"战友"，一等就是 20 年。

1979 年 4 月，中国人民银行颁发的《关于恢复国内保险业务和加强保险机构的通知》明确提出，恢复国内保险业务和保险机构设置。同年 11 月，中国人民银行召开全国保险工作会议，决定从 1980 年起，把停办 20 余年的保险业务恢复。

20 年的歇业，中国保险业从停滞到恢复，保险公司的数量打破了中国人民保险公司"独家经营"的传统格局，出现"百家争鸣"的局面。保险业也推出了各类保险种类，国内和涉外保险业务在中国大地上，铺展开了壮阔画卷。一片繁荣的保险业，成为改革开放后中国金融行业发展最迅速的板块。

1995 年 6 月 30 日，新中国成立以来的第一部保险法——《中华人民共和国保险法》（以下简称《保险法》）颁布。《保险法》的实施，从根本上结束了中国长期以来保险立法支离破碎、很多方面无法可依的局面，可谓中国保险法制史上的分水岭。

中国保险业的监管也从这个时候开始了。

1998 年 11 月，中国保险监督管理委员会（以下简称保监会）成立。保监会的成立是中国金融业分业监管的体制开始确立的标志。中国金融的分业和专业监管进入了实质性阶段，开启了中国保险业发展与监管的新时代。其后，人民银行行使央行职能，保监会则与其前后成立的证监会和银监会组成监管中国金融业的三驾马车，大局笃定。

从1998年到2018年，属于中国保监会的20年，也是中国保险业实现快速发展的阶段。中国保监会治理下的20年，中国保费规模由1250亿元飙涨至36500亿元，增长了近30倍。中国晋升为全球第二大的非寿险类保险市场，仅次于美国，计入寿险业务，中国保险市场在全球的总排名为第三，略输于日本。并且中国已在为全球保险行业的增长提供动力。根据总部位于苏黎世的瑞士再保险公司（Swiss Re）的数据，2016年，全球寿险保费增长2.5%，中国贡献了2.4个百分点。

保险业的飙升，说明中国已经迈向高质量发展阶段。广大人民群众的美好生活，对保险保障有更多需求，也提出了更高的要求。保险的医疗、养老等功能，解决了很多单纯依靠储蓄不能解决的问题，成为家庭理财不可缺少的保护伞。

从资产规模看，1992年中国保险业总资产仅为510亿元人民币，2004年4月末保险业总资产首次突破1万亿元。截至2011年底，保险行业总资产达到6万亿元。中国保险业在这20年间总资产增长超过了120倍，速度惊人，20年完成了别人几百年的积累。

换句话说，这个速度与中国经济和中国人的财富增长息息相关。而保险已深入社会生活的诸多层面，承担起国民财富管理重任。

作为经营管理"风险"的特殊行业，提供及时有效的经济补偿是保险业最基本的功能。用经济学原理来解释就是被保险人通过缴纳保费换取未来财务状况更大的确定性。经济学家陈志武更是将保险视作传统的亲情和友情的替代品。过去的中国人，通过亲情和友情实现了隐性养老、隐性经济互助、隐性意外事件互保以及其他人际利益交换，现在这些担保被保险承担了。

中国人富裕起来，让保险公司的崛起显而易见。但保险业的繁荣，还证明了中国金融市场一些隐秘逻辑。

2011年末，中国保险业的总资产刚突破6万亿元。2016年12月底，中国保险业总资产达到了 15 万亿元，是原来的 2.5 倍。这个时代一些机构异军突起，在资本市场横冲直撞，并试图颠覆这个市场的某些旧有逻辑。保险业一度被证券监管部门称为"野蛮人"。

2012 年和 2013 年，保监会陆续推出了一系列针对保险资金运用的改革措施，被称为"13 项新政"。保险资金在 13 项新政中，可以投资的范围几乎已包含了所有中国金融市场业已存在的金融工具。更有意思的是，13 项新政中还规定，保险资金境外可投资国家或者地区超过了 40 个，其中，近半是新兴市场经济体，涵盖了拉美、东欧和东南亚地区。此外，可投资品种除了股票、债券外，还明确了可投资房地产信托投资基金等。

为何保监会出台或者修改了大面积的"正面清单"13 项新政，替代为保险业创新列出的"负面清单"？背后的道理并不复杂。按照世界发达金融市场的监管原则，"法无禁止则允许"。即金融创新是被鼓励的，只要法律没有明确禁止的创新都属于合规。但在中国金融市场，很多灰色地带的创新和"自由裁量权"往往在监管部门，特别是保险业。由于关系普通人身家和社会稳定，所以保险资金的运用"紧箍咒"很多。因此，13 项新政是一种"政治智慧"，符合中国的金融行业的监管逻辑，为保险资金的攻城略地打开了充分的想象空间。

另一个不被注意但极为关键的改革措施是，2014 年 4 月，保监会修改了《保险公司股权管理办法》（以下简称《办法》）。原来的《办法》第七条规定，"股东应当以来源合法的自有资金向保险公司投资，不得用银行贷款及其他形式的非自有资金向保险公司投资"。这个第七条在修改后被加上了一个条款："中国保监会另有规定的除外。"显然，这意味着保监会一定程度上掌握了保险公司出资形式的"自由裁量权"，也给了保险股东在出资问题上更大的转圜空间。

由此看来，保监会对保险公司的"松绑"，主要体现在两方面。一是对保险资金投资的松绑，这是"资产驱动负债"的前提。二是对保险公司本身治理和扩张的松绑,这有利于更多的民营资本进入保险业,诞生更多的市场主体,强化市场竞争。

"资产驱动负债"是在中国保险业的大爆发过程中,业内最流行的一个方法论。保险公司的运作可以分为"负债端"和"资产端"两部分。"负债端"指的是保险公司从投保者那里收取保费,汇聚为保险资金,这些保险资金,其实就是保险公司对投保者或者说投资人的负债,这个"卖保险"的过程,属于保险公司在"负债端"的运作。

对保险公司来说,这些负债或者说保险资金,是不能只放在保险公司账户上等着贬值的,要拿去投资。因为,唯有足够的投资收益,才可以覆盖保险公司的理赔和经营成本。投资途径可以是存银行、买债券、买股票,每个国家对保险资金的投资标的有着不同的限制。这些投资最后在账上记为资产,这就是保险公司的"资产端"。

历史上,保险勃兴于西方的大航海时代,由于当时航海技术条件的限制,货物损耗高,人员安全也是个问题,所以与航运有关的海险包括人身险、船舶险、货物险等成了当时最流行的金融产品。之后,随着资本主义的发展,保险开始和银行一起,并列成为资本主义金融体系的"双轮"。目前,在西方特别是欧洲金融市场,保险公司一直是最大的机构投资者。在一些国家,保险业的资产规模和银行相当,而且,保险公司往往控股着银行。

可以看出,保险其实并非起源于"资产驱动负债",而是"负债驱动资产",即当时的社会经济发展让人们产生了买保险的需求,而保险公司拿到保险资金之后,必须去找投资渠道,做好"资产端"的资产配置。换言之,中国保险业的发展路径的"资产驱动负债"是一种"弯道超车"的模式,因此保险业得以扩张迅速。

保险资金对龙头企业的激进并购的案例,便是"资产驱动负债"典型的例子。首先,保险公司必须"锁定"资产端进行资产配置的标的。中国经济的两大支柱,当为金融和地产公司。作为控股股东,保险公司不但绑定了中国经济的战车，更可以从这些"顶层行业"的继续做大中获得巨大的"控股溢价"，这也意味着保险投资必然有可观的财务收益。

锁定"目标"后，保险公司就必须去筹资。而筹资的手段就是激进负债，做大负债端。这方面，最直接表现就是市场上出现了大量的高收益保险产品，万能险便是典型，其收益远超过银行存款，吸引了大量的投资者。但是，这也意味着一些保险产品的投资功能开始凌驾于保险功能。比如，平安等保险公司所推出的投连险就发生过多次退保风波。投连险是万能险的加强版，它的保障功能很低，收益则随行就市，和一些价格波动较大的资产相挂钩。在万科股权争夺战中，作为宝能系收购万科的主要平台之一，前海人寿则靠着万能险积聚资金。

更多的民营资本进入保险业，是保险业的第二个体现。

长期以来，金融界一个不被关注的事实是，民营资本对保险牌照的热情一度超过银行。其原因在于，保险公司有着更明显的资本运作平台价值。尽管民营保险公司不如民营银行来得"高大上"，但前者却比后者提前开闸近10年。

相比银行网点密度的大，保险业几乎是蓝海。衡量一个经济体保险业发展潜力，最重要的两个指标分别是保险密度（人均保险费）和保险深度（保费收入/GDP）。回溯到2003年，中国大陆的保险密度是36.3美元，保险深度是3.33%。同期，"保险王国"瑞士的保险密度为5660.3美元，保险深度为12.74%，分别约为大陆的150倍和4倍。而我国台湾地区约为1433美元和11.31%，分别约为大陆的40倍和3倍。

巨大的横向差距，让"土豪"看到了赚钱机会，监管部门也看到了行业潜力，民营保险迅速增加。在项俊波主政国内保险业的5年多时间内，发放的牌照已经超过50张。在50多张已经发放的牌照和200多还在排队等候发放牌照的保险公司中，有以阿里巴巴和腾讯为代表的互联网保险兴起，更有国信人寿最后竟被保监会撤销主体资格，成为最短命保险公司。

客观地说，监管的"松绑"，为中国保险行业的大发展带来了前所未有的机会，也给国民的财富管理提供了新的途径。但另一方面，风险并不遥远。

"资产驱动负债"让中国保险业面临一个循环难题。一方面，负债成本不断走高，部分公司高达6%—8%，有时超过10%。另一方面，负债成本高，给资产端投资造成了压力，保险公司只能"铤而走险"搞激进收购，通过获取"控股溢价"来覆盖成本。与此同时，"土豪"进军保险业，成立了民营保险公司，但他们在乎的仅仅是保险公司的现金流，以及"牌照价值"套利的可能。

这些现象，在中国金融市场下，保险资金很难找到稳健并且回报可观的投资标的，由此逐渐演变成激进的投资工具。利益驱使人们不再仅仅从事传统承担保障功能的业务，而是过度强化和过高赋予了保险机构投资理财的职能，让金融机构多元化扩张。这导致中国金融系统潜在风险骤增。

面对保险等金融庞大、复杂的现实，必须防控金融风险，消除监管盲点。尤其是，一旦中国经济进入低速增长期，或是老龄化阶段，中国保险业将不太可能出现这种爆发式增长的局面，因此，该行业在未来10年需要做好风险防范准备。金融改革刻不容缓。

2017年7月，习近平总书记在全国金融工作会议上强调："金融要回归本源，为实体经济服务。"[①] 这是中国金融监管改革的顶层思路。

2018年3月，原中国银监会和原中国保监会部分干部参加的会议上宣布，"金融强人"郭树清重回金融监管部门，担任银监会主席。意味着保监会和银监会在走过十余年的风风雨雨后，终于合为一家。中国金融实施统一、协调的金融混业监管框架。还意味着，在中国金融体系中独特存在的保险业，结束了"激进投资者"的身份，回归"保险业姓保、监管姓监"的良性循环、健康发展。

---

① 2017年7月，习近平总书记在全国金融工作会议上的讲话。

尽管北京金融街的鑫茂大厦门前挂上"中国银行保险监督管理委员会"的新牌子了，但中国保险业仍是新兴产业，不会停止发展。在保险业回归本源的过程中，保险业应当为产品和服务创新提供催化剂，为行业风险管理打造撒手锏，使保险成为经济减震器和社会稳定器。

作为金融体系新势力，保险，前瞻，骛远，求实，善谋，慎断，厉行，不忘初心。

6. 国企改革，被忽略的"制度优势"

谚语云："大器晚成。"一人尚然，然而一企呢？

国有企业改革，从 1978 年的十一届三中全会算起，虽已 40 年，然至今仍在革命的途中，亦无怪其然了。策励将来，端在检讨已往。

1978 年中国经济已经走到谷底。同年 12 月，党的十一届三中全会做出历史性决定，开始对国家经济管理体制和经营管理方式进行调整和改革。这一重大决策，标志着国有企业改革掀开了历史性篇章。

新中国成立以来，国有企业是计划经济的支柱，计划经济是国有企业生存的依托，这两者是紧紧地捆绑在一起的。要改革，只能是左脚迈一步，右脚才有可能再迈一步。国有企业改革是不可能单兵突进的。

40 年来，国有企业改革大略有着关键两步。

第一步是从 20 世纪 80 年代末开始的"政企分拆"大潮。这一步中，不管是行政层面还是国有企业管理层面，都对国资改革小心翼翼。

受体制的束缚，国有企业普遍没有活力。为了搞活企业，1980 年到 1992 年，是在计划经济体制框架下的"搞活国有企业"，主要的政策工具是放权让利，形成了以承包经营责任制为主要形式的国有企业。后来，1992 年后的几年，就国有企业的整体来说仍是贯彻"一法两条例"转换经营机制，但改革的方向是建立现代企业制度，沿市场化方向深入推进。

国有企业的分拆曾是一种阻力最小的改革模式。国有企业巨头们从主管部委中分离出来，进行独立的企业化运作，解决政企不分的问题，原有部委则只负责业务监管。比如，"三桶油"之前就分属于石油部、化工部和纺织部等多个部委，成立3家公司基本上是资产的行政划拨。同样，国家电网、南方电网、华能、大唐等电力央企也出自电力部、水利部和煤炭部等相关部委。

分拆式改革进入了"大分小"阶段，这也是中国人最熟悉的分拆式改革。一些"巨无霸"企业被分拆为体量较小的企业，以促进各家的竞争。在电力行业，分拆最为明显。2002年，在原国家电力总公司的基础上一口气成立了11家国有企业。核电行业则一分为四，在原核工业总公司的基础上分拆成了中核集团、中广核、中电投和国家核电（又称国核技）4家企业。

第二步是从2003年开始，中央成立了国资委（国务院国有资产监督管理委员会），由它专门对国有企业履行出资人责任，并负责国有企业监管。国有企业改革在操作方向上发生了逆转，"合并同类项"取代分拆式改革成为潮流。

从形式上看，改革是很成功的，中国的国有企业系统实现了政企分离和"寡头竞争"，但国有企业组织上的症结并没有得到解决。从意识形态争锋到利益分配方式，一直都不能算形成"全民共识"。市场化方向是共同认知，但改革到什么程度，什么范围，是否允许外资完全掌控等则具有巨大的分歧。所以21世纪以后才会不断有"国退民进"和"国进民退"的大讨论。这背后，既有真正的观点不同，更有盘根错节的利益纷争。

按照国资委网站2015年2月公布的信息，中央直属的大型国有企业有112家，其中不少是当年分拆式改革的成果。但分拆式改革的问题在分拆之初就已经形成了。

分拆式改革的初衷，除了要解决政企不分的问题之外，更重要的是要在改革的后续阶段，创立并列的多个市场主体，由此逐渐在市场上形成一个竞争的机制，从而提高国有企业的效率。

但事实是，分拆改变了企业的大小和管理范围，并没有改变企业的行为模式，建立竞争的机制没有那么容易。有的分拆几乎是没有意义的。以电网公司为例，当初成立南方电网的政策初衷是，在中国南部少数几个省划出一块"试验田"，进行电力改革的试点。但最终，国家电网和南方电网由于划南北而治，几乎少有竞争。至于是否起到电力改革的试点价值，业界也早有公论。

在中国政经转折的关键期以及产能输出的经济发展阶段，有了重新审视这场改革的现实意义。那一阶段，在很多领域，国内已面临明显的产能过剩。2017年，时任国务院总理的李克强在全世界大力推销中国的产品，光伏、高铁……国民甚至将他亲切地称为中国产能的"推销员"。但形成反差的是，国有企业巨头在这场产能输出战中，却显得极不"给力"。

著名铁路运输专家、中国工程院院士王梦恕曾对媒体举例说，2011年1月土耳其机车项目招标，中国南车公司报价200多万美元，北车公司报价120万美元，南车后来又继续把价格压低，但最后订单给了一家韩国企业。[①] 外界批评称，南北车两家国有企业落选其实是国有企业官员为了政绩，互相拆台。此外，在投标发展中国家的核电站时，中国国有企业也发生过类似事件。因此，中国相关企业合并势在必行。

回顾来看，合并的企业多是有着产能输出需求的国有企业，以车辆制造、核电建设为典型。有分析认为，按照本轮改革的方向，央企将不断以重组、合并等方式进行改革，未来几年，100多家央企的总数有望减半。

可以说，"分拆式"和"合并同类项"的改革相比，除了改革方向的截然相反之外，另一个不同是，前者是改革初期的市场化"理想主义"，而后者则是一种旨在富强国家的实用主义。

关键的是，对中国而言，国有企业的主要作用显然不是产能输出。

经过近几十年的国有企业改革，中国的国有资产大幅增长，国资的确实现了"增值保值"和"做大"，但并没有"做强"。数据显示，2014年，央企

---

① 肖玮、孙丽朝：《南车北车合并：巨无霸的喜与忧》，载《北京商报》2014年10月29日。

营业收入规模达25万亿元，但负债总额却超过66万亿元，而实现利润不过1.4万亿元，其经营效率之低有目共睹。

国有企业痼疾的极端表现则是腐败问题。中共十八大以来，随着反腐败力度的不断增强，随着针对国有企业的专项巡视的开展，国有企业腐败问题不断引起关注，其中尤其是国有企业高管的腐败问题成为较为突出的关键性问题。

习近平总书记在十八届中央纪委五次全会上指出："要着力完善国有企业监管制度，加强党对国有企业的领导，加强对国有企业领导班子的监督，搞好对国有企业的巡视，加大审计监督力度。要完善国有资产资源监管制度，强化对权力集中、资金密集、资源富集的部门和岗位的监管。"[①] 可见，解决好国有企业腐败问题，尤其是高层管理人员的腐败问题，对于继续深化国有企业改革具有重要意义。

根据中央纪委监察部网站公布的数据，2016年前三季度新查处的涉及腐败国有企业人员分别为18人、12人、12人。而2015年前三季度为25人、33人、27人。随着国有企业系统内部全面进行的反腐之风正在扩大影响范围，查处的高管层面人数上有所减少，虽腐败个案各有不同，但背后还是反映了一些普遍性问题。

中纪委近期的专项巡视发现，国有企业内部存在较为普遍的利益输送问题，一些央企领导人员背靠企业这棵"大树"，通过子女、亲属或其他关系人大行关联交易，把国有资产装入个人囊中。野火烧不尽，春风吹又生。如果还是满足于对国有企业治理修修补补以扑灭各种"野火"，而非真正实现政企分开、股权多元化、市场化真正健全现代企业制度，等"三昧真火"，国资委前主任蒋洁敏这样的央企老虎，恐怕也不能排除再出现的可能性。

效率低和腐败只是容易看见的问题，但更值得关注的是，中国国有企业

---

① 2015年1月12日至14日，习近平总书记在十八届中央纪委五次全会上发表重要讲话。

在改革中，受到最严重的损害是丧失了这十几年紧跟世界产业升级和技术进步步伐的能力，被国际同业抛于身后。

从世界范围来看，后发国家的技术进步很大程度都是通过大企业对外国技术的引进和吸收来实现的。以显示技术为例，无论是显像管还是液晶屏，其最初的发明都在美国，但日本和韩国通过自己的企业巨头进行了引进、吸收和改良，最终让东亚成为世界显示技术的创新中心。在这个过程中，夏普、三星、LG等大企业充当了主要的推动者。

遗憾的是，对中国来说，在世界的产业进步大潮中，以国有企业为代表的一些大企业却出现了明显的角色缺位或者严重的策略失误。

事实上，中国的大企业拥有的创新条件是得天独厚的。

条件一是，在这个全球人口基数最大、增长潜力也最大的母国市场，央企享有"国家特许经营"的垄断地位。13亿人口的日常生活成为央企营业收入的不尽来源，不断上涨的电价、居高不下的通信费用等，这些都让央企"躺着就能挣钱"。

条件二是，隐形的"金融补贴"更为可观。国民高储蓄率加上实际的负利率局面，意味着借钱者最有利可图，而银行的大部分贷款都给了国有企业，这意味着后者是这个金融体系最大的赢家。技术进步的过程都是资金密集型的活动，最适合于大企业来进行。金融补贴意味着低成本的资金，而"特许经营"意味着持续的现金流，那么企业必然具备进军资金密集型产业的条件，曾经的后发国家韩国和日本就是如此。

显而易见，中国的大企业在天然的优势下最该做的是承担责任，充当国家技术进步的推动者，不论是原创研发，还是引进和消化式的创新。经济学家魏尚进等人2017年发表在《经济学展望杂志》上的一篇论文中对于中国不同所有制企业的创新能力进行了对比。统计结果显示，在1998年到2009年，民营企业的专利授予量一直显著高于国有企业。单从此数据来看，民营企业在创新领域，比国有企业更具爆发力。①

只是，仅从数量论高下，有失偏颇。《人民日报》就曾在2017年发文，界定了国有企业和民营企业扮演的不同角色。在国际市场竞争中，国有企业大多以发展资本、技术和资源密集型产业为主，其任务主要是打造行业中的领军企业，以产业链、价值链形式带动众多中小企业包括民营企业参与国际竞争，相比而言，民营企业更多的是依靠"专、精、特、新"成为国际产业链、价值链竞争的重要一环。这就解释了国有企业在研发产出领域的"低效率"。②

从国有企业的创新成果来看，正是如此。高铁、"慧眼"卫星遨游太空，C919大型客机飞上蓝天，量子计算机研制成功，首艘国产航母下水，港珠澳大桥主体工程全线贯通……这一系列成果，标志着以国有企业为代表的中国企业开始从跟随追赶到主动引领。

其中，"新四大发明"之一的高铁作为中国制造的新名片，自2009年实施"走出去"战略以来，凭借领先的技术、过硬的品质、优质的服务，促成了一项又一项中外高铁合作项目，如土耳其安伊高铁、印度尼西亚雅万高铁、俄罗斯莫喀高铁等，建立起互通互联的世界动脉，高铁强国的风范彰显无遗。换句话说，越来越多的中国制造、中国标准和中国品牌，正在成为"大器晚成"的国有企业促进中国经济平稳健康发展，提高全体人民的福利水平的有力证明。

除了内嵌式发展之外，国有企业同样在探索开放合作创新的路径。在2018年博鳌亚洲论坛中，国务院国资委主任肖亚庆表示，随着中国开放的大门越来越大，对国有企业既是机遇，也是挑战和动力，竞争会产生、拓展新的市场。借助"一带一路"建设的东风，国有企业通过合作研发、技术引进、海外并购等方式，加大利用国际创新资源的力度，在海外布局，与海外科研

---

① 魏尚进、谢专、张晓波，From "Made in China" to "Innovated in China": Necessity, Prospect, and Challenges，《经济学展望杂志》，2017，31（1）：49-70。

② 马程程：《理直气壮做强国有企业（思想纵横）》，载《人民日报》2017年1月9日07版。

机构共建研发中心，探索开放式创新。在与跨国公司的合作竞争中，国有企业也会产生"鲶鱼效应"，提升创新能力。

"中国绝大部分的技术创新来源于国有企业"[①]，宝武钢铁董事长马国强的这句话，成为2017年夏季达沃斯的"金句"之一。对中国而言，在应对国际金融危机、应对重大自然灾害中，国有企业都是一马当先；在发展高新技术产业、推动中国企业走出去中，国有企业也是奋勇争先。因此，在实践中理直气壮做强做优做大国有企业，是必需的。

2015年，中信集团前董事长孔丹接受媒体采访时，曾说过一句很中肯，也很到位的话："国企是国家经济的支撑和骨干，是遇到风浪时候的大锚。中国的国企起到了这个作用，其在主客观上实际都成为了中共执政的基础。"[②]

国有企业既然如此重要，其改革持续时间长，改革历程复杂，到现在还没画上句号。那么，围绕国有企业改革的讨论，更不能流于"假大空"。扎扎实实解决一个个具体的"小问题"，才能够真正把改革推向深入。中国的国有企业，正在成长。

7. 外来驱动力，中国的外资的40年

中国改革开放40年的企业发展史，基本上是国有、民办和外资三种企业力量相互博弈、在市场上逐步壮大的历史。它们所形成的产业版图、资本格局以及利益切割，构成了中国经济成长的整体图景。

40年来，从外资进入中国市场的那天起，便悄然演变为中国企业。它们奋斗，挫折，磨合，成败，和其间迭出不穷的英雄，都是中国经济不可或缺的故事和角色。从最初的鲶鱼效应，倒逼内资企业成长，到技术和人才的外溢，催生内资产业集群，外资企业在中国内地的40年历程，一直都彰显着开放强

---

① 出自马国强在2017夏季达沃斯—新领军者年会"国字号"分会上的发言，2017年6月29日。
② 商灏：《孔丹：我是实事求是派，我是中国道路派（四）》，载《华夏时报》2015年2月6日。

国的最简明逻辑。

1978年秋，邓小平访问日本，参观松下电器大阪茨木电视机厂，他对松下幸之助说，我们今后要搞现代化了，在自力更生的基础上，准备吸收外国的技术和资金。邓小平请松下幸之助为中国的现代化建设帮点忙。

第二年，松下幸之助访华，与中国政府签订《技术协作第一号》，向上海灯泡厂提供黑白显像管成套设备。

当时中国资金、技术、管理、人才都很缺乏，中国领导人求贤思进之心之切，用邓小平的话来说："我们需要引进先进技术帮助我们提高，否则我们的现代化只能跟在别人屁股后面走。"

邓小平与松下幸之助的这次会谈，不仅为松下公司开拓中国事业、开辟中日经济合作新局面打开了一个突破口，更重要的是拉开了中国对外开放的序幕，是划时代的创新。40年后，中国已经从以开放为动力、倒逼改革、融入世界，发展成世界经济增长的最强大动力国家。作为三足鼎立之一的外资，对中国经济的影响，可以从2017年统计的数据得到一个大致的印象。

2017年，中国吸引外商直接投资达到1310亿美元，利用外资规模创历史新高，成为全球第二大外资流入国。与2012年相比，高技术产业吸收外资占比提高了14.5个百分点。而外资企业以占全国不足3%的数量，创造了近一半的对外贸易、1/4的规模以上工业企业利润、1/5的税收收入。

这个令人振奋的数据，其实是始于一次大胆的战略部署。

1980年，中央政府在中国设立了4个经济特区，分别是深圳经济特区、珠海经济特区、汕头经济特区和厦门经济特区。又过了四年，国家在14个沿海城市建立了第一批国家级经济技术开发区。经过多年发展，这些经济特区和经济技术开发区的使命是，吸引外商直接投资，引入外国资本、管理经验与先进技术。随着改革开放的推进和深化，根据不同时期经济建设和社会发展战略的需要，开发区从沿海地区向沿江、沿边和内陆省会城市、区域中心城市拓展。

国门陆续开放的新趋势，揭示了"自闭"的旧经济体制是不会有实质性发展的。如果要发展经济，中国需要更加开放。但即使到2000年，中国吸收和利用外资的水平还很低，在中国的外商直接投资额是5000亿美元，远远低于东南亚国家。

2001年12月11日，是中国发生重要转折的一天，中国正式加入了世界贸易组织。就在中国入世前后，《财富》《商业周刊》等刊物常刊登这样的读者来信：《中国是不是想象中黄金遍地的投资天堂？》，一时间，中国与世界的交往、交融、冲突和竞争，构成了全球经济圈最热门的话题。但国内很多人持怀疑态度，其中"外资掠夺论"被广泛提出。

对中国市场的研究、人员的配备和真金白银来的投资，外资不断加码。尽管市场问题时有渗出，但一切都在潜移默化中改进。入世10年，中国从入世之初的世界第九大经济体，快速成长为世界第二大经济体、世界第一大出口国和世界第二大贸易国。GDP从2001年的11万亿元人民币增至2013年的56万亿元人民币。

由此看来，中国入世之事，既不能操之过急，也不能松弛懈怠，只有恰到好处，才能把事情办好。就如老子所言："治大国如烹小鲜。"

随着外资进入中国，中国与国际游戏规则的共同语言渐渐"接轨"，外资的发展故事也被烙上中国的印记。它们在演变的过程中体会到了"得中国者得天下"。

中国政经杂志《南风窗》2018年上半年的报道称，大量有关外资企业管理层认为，西方正在丧失自"二战"以来建立的世界领导力，尤其在2008年金融危机后，西方繁荣基础的平等和开放信誉下降，而中国正在从全球化的适应者，升级为主动的驱动力，让世界各国都搭乘上了中国经济发展的快车。[1]

换句话说，金融危机、欧洲难民、英国脱欧、民粹主义爆发、特朗普上

---

[1] 《开放外资40年，与狼共舞终双赢》，载《南风窗》2018年第9期。

台先后退出 TPP 等问题，严重阻碍了全球化的进程，甚至是开了历史的倒车，全球不确定性因素的增加，促成了中国与其他国家的经贸联系。也正因为如此，中国作为外资"第二故乡"的概念孕育而生。

作为经济全球化的有力载体，跨国公司一直都被认为是全球化无国界发展的核心机构之一，而它的外资角色清楚展示了中国作为"第二故乡"的意义。改革开放 40 年，世界 500 强企业几乎没有不在华投资的，而它们也获得了较好的回报。据麦肯锡咨询公司研究，跨国公司占全世界商业收入的比重由 20 世纪 80 年代的 10% 暴增至 30%，这并不奇怪，因为 500 强里有 65% 的公司都在中国开展业务，正所谓"得中国者得天下"。

一是中国市场利润丰厚。德国的汽车企业、澳大利亚的铁矿石开采公司、新西兰的奶粉制造商等，都向中国大量出口，获得了丰厚的利润。

正是因为直指利润的高地，跨国公司来华顺理成章。汽车产业尤为明显。2016 年，大众品牌乘用车全球销量较 2015 年增长 2.8%，其中，在华销量为 2999300 辆，占比五成以上。中国已然是大众的第一大市场，其重要性不言而喻。也就是说，没有中国，所谓世界 500 强的表现会差很多。要让众多的外资企业放弃中国市场这块大蛋糕，它们不是不肯，而是不能了。

二是有成长的空间。进入中国后，经过市场的洗礼，外资与中国一起成长。

例如硅谷蓝色巨人 IBM。IBM China Research Lab 成立于 1995 年，是 IBM 全球 8 大研究中心之一。2006 年，IBM China Research Lab 改中文名为 IBM 中国研究院。就在更换为中文名的同一年，IBM 全球采购部门从纽约转移到了深圳，不仅是将自己定位为加强自身的供应基地，更是要帮助客户加强其供应链，如此一来，其在华也形成了逆向的整合和创新。2007 年，IBM 提出了"全球整合企业"概念，将中国变成 IBM 全球整合的最重要的基地之一，为中国企业的国际化成长提供了先进的指导思想和实践经验。

外资，离不开本土化建设。为了从根本上对中国战略进行反思，绝大部分外资都像 IBM 一样，不再将中国视为其以"第一故乡"为中心的业务运营的边远角落，而是寻找方法，将中国转变为能产生价值的全球运营核心部分。正是这种扎根本土、谋求长远发展的姿态，对提升外资影响力、扩大再生产产生了积极作用。而蜻蜓点水、捞一把就走等做法，是完全行不通的。

因此，外资不仅得益于中国相对低廉的要素成本、宽松的政策环境、巨大的发展空间和庞大的市场容量，它们还促进了成长与发展，完成了自身价值链的整合与运营中心的转移。这样的外资不计其数。

就在外资赚得盆满钵满时，中国企业也获得了成长。

作为先进技术的载体，资本品进口在推动中国技术进步、促进中国工业化向纵深化发展及推动经济持续增长上发挥了重要的作用，并且这种局面在改革开放 40 年后依然存在。因此，外资的外溢效应依然不可或缺，它深刻地影响了中国的产业界。在中国，现代化企业始于服装、鞋类、玩具和塑料制品等传统制造行业。随着外资进入带来了现代技术、国际质量标准、市场需求以及生产与物流管理，并为国际商家提供其所需的服务。

某种意义上讲，引进外资，改善资本存量的匮乏状况，提升国内企业的技术实力和管理经验，这是改革开放的初衷。

最直观的是技术实力的提升。以中国互联网人士热议的云技术为例，外国竞争者依然领先一个身位。从全球市场看，微软 Azure、谷歌 GCE、IBM 的 SoftLayer 和阿里云四家的市场份额加起来，也不及亚马逊 AWS 一家独占全球 50% 以上的市场份额。而我们的视频平台爱奇艺等中国企业，选择"较低的成本、极高的耐用性以及使用的方便性"的亚马逊 AWS 云服务、云计算服务以及云解决方案，可以较大提高其效率。

对中国经济来说，现在最重要的进步已经不是体量和速度，而是质量和技术。像亚马逊这样的大型、优质的外资进入中国市场，其所携带的先进技术，长期持续下去就会推动中国产品质量与技术的提升。

不明显的是催生产业集群。这对于中国产业呈集群式成长，形成国际竞争力，有极大的促进作用。比如，汽车产业。

作为人类主要的交通工具之一，汽车经历了二百多年的历史，它的产生与发展隐藏着人类文明的发展史。而说起中国的汽车工业史，的确是件有趣的事情。新中国成立后，中国汽车产业主要以制造卡车为主，为了满足在军事用途和工农业运输上的需要。改革开放后，随着外企的进入，中国长期单一化的汽车制造终于被打破。1984年，新中国的第一个合资车企——北京吉普成立。之后，世界汽车工业的先进技术和产品涌入中国，中国的汽车制造开始进入一个新局面。

1985年，法国标致公司和广州建立合资公司广州标致，这是中国汽车工业第二个合资项目。但广州标致的发展不尽如人意，惊人的库存压力使得广州标致很快陷入亏损状态。1996年，长达十二年的合作无疾而终。

不过，广汽因此积蓄了力量，在新的一轮招商引资中，日本本田公司进入了视野。本田开出了相对优惠的条件：愿意承担当时29.6亿元的历史债务的大部分。1998年，广汽和本田合资，汲取与标致合作中没有均衡地分享利益和共担风险、企业管理方面没能形成合力的教训，对机制进行了创新，实行"重大决策事项实行中外双方联签制"。一年后，第六代雅阁（Accord）开始批量生产。第六代雅阁在当时的中国市场，属于车型先进、技术卓越的中高级轿车，符合中国当时的审美，尽管每辆售价将近30万元，也供不应求。到了2000年，广州本田开始盈利。

从此，外资对中国汽车产业的认识也发生了深刻变化。尤其在广州，2003年，日本东风公司正式进入广州。2004年，日本丰田公司也在广州正式挂牌。至此，日本三大汽车巨头本田、东风、丰田均已齐聚广州，一个以日系500强汽车品牌为特色的汽车产业集群形成。这对广州乃至整个中国的汽车产业，形成了强大的外溢效应。

如果从卡车到第六代雅阁高档轿车，是外资的进入带来了技术提振。那么，像广州日系产业集群的形成，则是保证同种行业之间或者不同行业之间相互竞争，刺激企业创新和衍生，进一步促进产业的发展，推动产业集群所在区域经济的发展。

说到广州，外资对中国的影响，不得不提到全球日化产业的王者——宝洁公司。

直到20世纪80年代前，广州家家户户都在使用广州肥皂厂生产的电车牌肥皂。1988年8月18日，来华投资的宝洁公司选中了广州肥皂厂，成立了广州宝洁有限公司，这是它进入中国的第一家合资公司。

宝洁公司善于营销。它进入中国之初，发现国内爱美风气初开，刚刚释放的中国人开始越来越注重自己的外在形象，尤其是头发。宝洁以浪漫爱情故事为主题的电视广告，让所有中国人都迅速地知道了海飞丝。在宝洁进入中国的第一年里，一时间，小卖部最显眼的位置都挂着小包装海飞丝，长长的，如飘逸的头发。

宝洁的营销形式成为日化产业的标杆，受到大家的追捧，也成为大家的追赶的对象。这种众星捧月，让宝洁很快陷入了一度的经营低潮。但大家仍将宝洁誉为日化产业市场营销的人才的"黄埔军校"。宝洁大中华区的中国籍员工占总员工总数的98%以上，而且有越来越多的中国籍员工担任起重要的管理职位，这些宝贵的成长，使他们获得了先进的营销理念和方法，宝洁大中华区也成为宝洁向其他市场的人才输出地。

就像宝洁的人才效应一样，由于外资的进入，带动了国内的人才的流动与聚集。一方面，外资企业给中国带来现代化的管理培训和教育，为中国培养现代化管理人才打好基础。另一方面，通过将区域总部、业务部门总部和其他高级公司职能部门设于中国的方式，将中国顶尖的企业决策者和高素质人才，以及先进的企业管理经验和技能整合到区域和全球化管理中。

中国管理经验的提升，也是外资发挥的第四个重要作用。就在中国入世后，首先要求政府入世。这就客观上倒逼政府管理部门加快改革进程，逐步与国际接轨，建立开放公平的竞争环境。诚如美国《华尔街日报》所评述的，中国入世进口的是"全球秩序"。而在斯道勒看来，入世使中国的政策更加透明，立法和行政更加适应 WTO 规则，"这些都表明中国是按照国际准则办事的。"

早在 1982 年就有研究发现，由日本向美国、欧洲的企业经理人员的流动，加速了专门管理技能的传播。这一点在国内金融机构内尤为凸显。近年来由于外资对在华金融业的布局加速，产生了鲇鱼效应，正在潜移默化地影响国内资管机构的规范化。

就投资者适当性要求上，外资资管机构一直较国内更为严格。比如美国证监会要求资管机构在售卖理财产品给投资者时，要了解投资者的身份、收入状况、风险承受能力，反洗钱规则则要求了解投资者的资金来源。这些几年前还看似苛刻的要求，近年来也开始出现在国内资管市场上了。

国内金融市场对海外成熟市场的经验复制和监管学习，有利于中国市场开发更多成熟金融产品，也有利于国内金融市场的国际化程度的提升。

在中国强大自信的背景下，即使在很多领域，当初甘为"学生"的中国公司，已经可以和外资"老师"比肩，甚至超越。然而，品质，多元，个性，体验，这些词汇浓缩了中国人的消费观念，对美好生活的向往。因此，唯有开放的大门越开越大，才有日月之行，若出其中；星汉灿烂，若出其里。

8. 大国互联网产业的"秘密"

2018 年春天，李彦宏携带着市值达 600 亿美元的庞然大物——百度，成为首位登上美国《时代周刊》封面的中国互联网企业家。他在报道中回想起 1992 年的情景时，忍俊不禁。

那一年，正在申请美国的计算机图形研究生项目的李彦宏，还只是一名寡言少语的中国学生。面试的教授向他提出一个问题："在中国，你有计算机吗？"李彦宏被问蒙了。8 年后，李彦宏创办了百度。截至 2018 年上半年，百度在中国搜索市场上占有80%的份额，成为仅次于谷歌的全球第二大搜索引擎。现在，再也没有人问李彦宏中国是否有计算机了。

当我们想起李彦宏这个人名时，会联想起更多的中国互联网巨星。尽管我们无法把他们的一人一时一事，与今日之改革开放40年中互联网所得的成果处处衔接，但是讲到这群互联网弄潮儿，都让我们惊叹。他们身披铁甲，步伐豪迈，在中国互联网持续的造星运动中，"一年三百六十日，多是横戈马上行"。

从还没有搞懂互联网是什么东西、有什么用途，到很快地采用了它。伴随技术的更新，中国互联网巨星不仅完成了自我觉醒、财富积累、重新定义商业到企业的再造，还赋予了我们思想信仰、衣食住行新的定义，其情形不容我们用寻常尺度衡量。

中国互联网的那些事儿，更是招来了全世界的"围观"。英国《经济学人》杂志在2017年发表文章感叹并预判，在互联网和高科技领域快速奔跑的中国，让欧美的危机感越发沉重，未来欧美企业最强大的对手可能都是中国人。毫无疑问，中国互联网在短时间内，已经占据了全球经济中牢固的核心地位。

中国成为全球数字技术领域的领头羊，且未来潜力巨大。麦肯锡全球研究院在2017年发表的《数字时代的中国：打造具有全球竞争力的新经济》报告中显示，中国的零售电商交易额占比达到世界总额的42%，移动支付业务额高达美国的11倍，并且全世界262家"独角兽"（估值超过10亿美元的私营初创企业）中有三分之一是中国企业，总共占全球"独角兽"总估值的43%。这样的数据奇迹，让中国"和平崛起"的提出者郑必坚称作："互联网是中国国运。"

疑惑的不只是外国人，连中国人自己也很难解释。究竟是互联网的巨大成功推动了中国经济的崛起，还是中国崛起的巨大势能成就了中国互联网犹如夏花般的绚丽。与中国改革开放40年不完全对称的是，按照财经记者吴晓波的标记方法，中国互联网元年整整晚了20年。

1997年，亚洲爆发金融风暴，由于中国的超速发展，导致大家对风险毫无预警，许多企业纷纷倒下，包括秦池崩盘、巨人停摆、三株瓦解，有人甚至悲观地认为这是中国企业的"崩溃元年"。但是在实体企业倒下的同时，网易、四通利方（新浪前身）和搜狐三大门户网站为代表的互联网企业，嗅到了从大洋彼岸的硅谷吹来的阵阵新风，迅速自立门户，因此这一年也被称作"互联网元年"。

当时的中国网民对拥抱互联网显示了极大的热情。尽管互联网、数字化等，在他们心目中还是非常专业的词汇，但仍无法阻止中国网民们畅想，互联网是一条四通八达的信息高速公路。于是，当遇见与传统的媒介——电视、广播、报刊完全不同的世界后，带着探索意味的网上冲浪，给了中国网民超乎想象的自由，被标记为互联网 1.0 时代。

在 1.0 时代畅游的互联网先驱们，为了获得用户以及从流量而来的广告收入，只能自己做内容，自己构建 IT 服务，自己想方设法地传播，自己寻找广告客户。原腾讯副总裁吴军就将这群公司的共同特点总结为：既是媒体公司、又是 IT 公司；既是通信公司，又是广告公司。

随着互联网在技术方面越来越多的富有成效，许多互联网弄潮儿，甚至是一名教英语的互联网门外汉，也因采用这一工具成了网络英雄。这便是后来我们熟悉的人名，马化腾、马云、王志东、张朝阳、丁磊、张树新、李彦宏等崛起的时代，也是互联网 2.0 流量时代。在经历了 .com 泡沫后，互联网积聚了能量，人们开始对信息获得的渠道感兴趣。

2010 年是关键的一年。这一年，谷歌退出中国市场，拱手将占有份额高达 35.6%、年广告收入 22.5 亿元的搜索市场让给了百度。马云与大股东雅虎矛盾激化，为解决阿里巴巴创立以来的最大危机，马云在第二年以 3.3 亿元的价格将支付宝所有权转移到了个人控股的一家公司。而 3Q 大战令腾讯口碑跌到谷底，次年马化腾决定开放，并以此为契机投资布局产业生态系统。

随后，以 BAT（百度、阿里巴巴、腾讯）为代表的中国互联网巨头，围绕核心业务不断扩展其他的相关业务，构建了各自的商业生态系统。比如，阿里巴巴的电商将"人"和"商品"进行了连接，百度的搜索引擎将"人"和"信息"进行了连接，腾讯的QQ社交软件将"人"和"人"进行了连接等，它们迅速地在2.0流量时代里成长。

尽管到了2.0流量时代，但是互联网的商业属性还是占了上风。跟商业结合得更紧密的BAT压倒了作为信息集散地的门户网站，更私人化的微信在"钱景"上胜出以公共性见长的微博。互联网不满足于传播消费文化，它通过无限提升消费行为的便利程度而将消费纳入人的日常生活，在网上，获取消费信息和消费行为本身几乎合一了，你只需要动动手指，商品随后就会来敲门。

到了2018年，我们发现互联网变得更"聪明"了，它已迈入3.0社群时代。这个时代正是拜移动互联网和大数据技术所赐，它们打破了原有秩序，建立了新的社会单元，以"产品型社群"为最鲜明的特征，人与人之间的连接呈现"再组织化"。

这种组织方式被称为共享经济。与我们生活联系紧密的专车、拼车服务都是典型的共享经济。而且这种模式不仅在国内广为接受，还迅速向海外拓展，ofo小黄车、摩拜单车等，这些被称为共享单车，它们在多个国家落地，并催生了所在国共享单车企业的诞生，这标志着中国制造从技术创造走向模式创造。

互联网时代的这个社群新形态，存在的基础通常与精神层面的东西有关：比如情怀、比如兴趣、比如某种责任感。微信就是一个非常典型的社群应用，它比QQ更具有"熟人社会"的特点。另外，还出现了一些细分的社交产品，例如今日头条的口号是"你关心的，才是头条"，新的技术可以分析和记录使用者的偏好，根据使用者的浏览历史自动向他推送他可能感兴趣的信息。这都是社群建立的技术基石，将人群的喜好转化为数据被捕捉，被重组。而这个互联网3.0时代还在孕育，还在继续。

这时，从某种意义上讲，中国的互联网正行至中场。回顾已经过去的上半场，呈现出三个特点。

其一，格局固化。三大（BAT）或者说五大巨头（BAT 加上奇虎 360、京东），它们是市场最主要的玩家。后起的独角兽，如新美大，甚至京东，最后都会被纳入某一家的麾下。并购市场资讯 Mergermaket 在 2017 年发布的《亚洲大买手档案：BAT 互联网三巨头》就显示了，BAT 过去 5 年在国内外完成了 174 项交易并购，累计投资 1124 亿美元（约合 7418 亿元人民币）。尽管阿里系、腾讯系、百度系各自阵营之间有势力交错，但山头旗号泾渭分明。

其二，线下变重。很多互联网+项目，其实都已变成线下缠斗。短期内，还看不到盈利希望。但是，巨头们需要不断占据流量入口，而风投则需要一直抢占赛道，所以资金依然在源源不断地涌入。于是，越来越多的项目呈现出"一张名片写不下"的特点。

其三，新潮暗涌。可以说，中国互联网要产生堪比 BAT 同一级别的巨头，正变得越来越难。但这个判断有一个前提，即互联网技术将不会发生大的革新。显然，这不可能。IT 永远是日新月异的产业，它的硬体产业遵从摩尔定律，而作为软体领域的互联网同样新潮暗涌。人工智能这样的革新正在发轫，和过去的时代一样，它同样会得益于中国不可限量的"大国红利"。人工智能，抑或其他，到底谁会启动中国互联网的下半场？或者说，上半场正方兴未艾。时间，会很快给出答案。

《纽约时报》在 2018 年发文，承认世界上市值最高的科技互联网公司，已经不再是美国人独享，是时候将中国互联网公司与 Facebook、亚马逊等美国巨头相提并论了。这个很能让中国人激动的论调，掩盖了一个耐人寻味的事实。

20 世纪 90 年代开始，中国互联网发展史几乎是一部对标美国的模仿史。90 年代的三大门户师从雅虎，如日中天的 BAT 三巨头，阿里巴巴、百度、腾讯，分别学习了外国的亚马逊和 eBay、谷歌、ICQ，Facebook 变成了人人，Twitter 变成了微博。美国副总统拜登曾嘲笑中国没有创新的影子，硅谷投资人也把中国互联网公司批为"山寨"公司。

中国人令人叹服的模仿能力，与中国文化的基因有很大关系。就像"亚洲糖王"郭鹤年在其自传中自诉的那样:"华人自有一套学问。他们也许来自中国的小村庄或小城镇,一开始对外界一无所知,但他们能快速吸收外界的思维和谋略。地球上哪里有生意做,哪里肯定就有华人出现。他们会知道该见谁,订什么货,如何最省钱。他们甚至不需要昂贵的设备或装模作样的办公室,他们就是坐言起行。"① 现在中国互联网已经让硅谷"睡不着觉"了。

作为全球第二大经济体,中国凭借全球规模最大的市场和充足的风险投资,有足够的空间供互联网公司施展拳脚。"模仿"加上"中国式创新",再夹杂一些非市场化的因素介入,中国互联网公司迅速地摆脱了"抄袭效仿者"的影子,转型成为真正的巨头,创造了中国互联网的奇迹。在一些特定领域,比如移动支付,领先全球。

中国正在接近无现金社会。这个结论放在 2018 年,已经毫不夸张了。购买包子或坐人力三轮车都可以通过扫描二维码付款,这个国度已成为世界上最大的电商市场,约占到全球电商市场的半壁江山。其中广为人知的是蚂蚁金服。它是阿里巴巴在自身体系之外,衍生出的做支付业务的关联企业。它让全球最大的资产管理公司贝莱德的联合创始人、总裁罗伯特·卡皮托(Robert Kapito)为代表的西方金融机构、全球政策制定者和监管机构,都感到震惊,因此不得不重视亚洲科技巨头构成的颠覆性挑战。

东南亚已经开始"模仿"中国互联网经验。泰国央行借鉴中国阿里巴巴和腾讯的做法,引入了一种通用二维码,让泰国的智能手机用户通过扫码支付。印度创业市场主旋律则被称为"中国模式,印度故事",印度的所有创业公司几乎都能找到对应的中国标杆。

中国互联网迅速发展和令人咋舌的赚钱能力,引来全球关注,有各种解释,其实原因很简单。最直接的经验是统一的大国市场,而很多人往往忽略其对互联网的意义。因此,不妨称之为互联网的"中国经验"。

---

① 郭鹤年(口述)/ Andrew Tanzer(笔录),蔡芫译,《郭鹤年自传》,商务印书馆(香港)有限公司 2017 年版。

互联网的"中国经验"有两点。

首先是巨大的"市场禀赋"。近年来，中国互联网用户人数正呈现稳健增长，创新驱动明显。中国互联网络信息中心的《中国互联网络发展状况统计报告》显示，2017年中国网民规模达7.72亿，普及率达到55.8%，超过全球平均水平（51.7%）4.1个百分点，超过亚洲平均水平（46.7%）9.1个百分点。从这个角度来看，滴滴打车能够迅速成为150亿美元估值的公司，就一点也不奇怪了。

因为滴滴一出世，瞬间就可以获得上亿用户。只要有好的创意，几乎任何一个像滴滴这样的互联网公司都可以获得巨大的市场，而巨大的市场规模可以很好地分摊研发成本，让扩张的边际成本极低乃至趋近于零，这样又促进创意和创新的源源不断推出。

其次是没有内部对手。中国政治经济框架下的某些特殊的产业环境，正好也适应互联网的野蛮生长，甚至几乎为BAT巨头的崛起"量身定做"。硅谷同行永远也不会享有如此优渥的"待遇"。2010年谷歌退出中国市场后，百度一家独大就是一个典型的例子。

就在风险投资家和创业者将"中国经验"熟稔于心，广为借鉴时，负面消息也伴随着不断的创新层出不穷。面对质疑，部分新兴的互联网公司前途未卜。

现金贷是典型的案例。现金贷自近几年兴起，很快成为互联网创业的大热门。它的模式很简单，就是小额贷款公司的互联网+。2017年末，随着趣店的上市，一大波关于现金贷的负面新闻开始爆发，其中"自杀"事件频出——因为过度举债，借款人还不起钱，自己或家人会迫于压力而自杀。

实际上，现金贷对这些问题负有责任，但无法负全责。因为，互联网+很神奇，但对现金贷来说，它解决不了的痛点是中国某些领域"底层资产"的恶化。现金贷贷钱给借款人之后，成为出借人的债权资产，其底层资产是借款人创造的现金。但遗憾的是，他们创造现金的能力并不强。趣店的故事，只是揭开了冰山的一角。

趣店的问题引发了人们对中国互联网监管的关注。尽管方兴未艾的互联网＋让人看到了速效解决的方案，但建立互联网金融的行为监管体系、审慎监管体系和市场准入体系，引导其回归服务实体经济本源，才是确保中国互联网有序有效发展的基础。

经过长时期的爆发性增长后，中国经济发展步伐开始放缓。如何深化改革，如何解决改革中的创新问题，是中国面临的的挑战，也是互联网时代的机遇。

因为中国的国民经济体量大，差异大，层次不同，要充分发挥各方力量，只有更广泛利用数字化技术。

9. 从"大国红利"走向世界创新引擎

"一带一路"沿线的 20 国青年在 2017 年评选出中国的"新四大发明"，分别是高铁、支付宝、共享单车和网购。"新四大发明"正改变着中国人的生活，也为解决人类问题贡献了中国智慧、提供了中国方案。

科技创新，就像撬动地球的杠杆，总能创造令人意想不到的奇迹。越来越多的人开始注意到，改革开放 40 年后的中国已逐步释放科技红利，产生了惊人的变化。世界银行统计也显示，中国已经连续十几年占据世界高科技产品出口的头把交椅。如果最便捷地解释 40 年来，中国如何在新一轮技术革命中重返世界舞台的中心，其核心就在于"大国优势"这一点上。

"中国长沙——不到四年前，这里为全新的高速铁路建造了一座宽敞的火车站，刚落成后几乎无人光顾。现在则不然。尽管开往全国各地的火车每隔几分钟就有一列，但几乎每列火车都是满员。售票窗口前排着长队，50 英尺（约合 15 米）高的白色钢结构屋顶带着柔和的曲线，仿佛云朵飘浮在出发大厅上空。一个大规模工程很快将把这个有 16 座站台的车站扩大将近一倍。"[①]

[①] 《高铁改变中国》，原文刊载于美国《纽约时报》，2013 年 9 月 23 日。

2013年9月，美国《纽约时报》于长沙火车站惊鸿一瞥，在《高铁改变中国》一文中撰写了这段极具想象力的话。一时间，中国的高铁系统让外国媒体叹为观止。

夜晚，从太空俯瞰中国，各个城市的灯光将中国的版图点亮，而连接这些光点的，是当今世界最大的高速公路网和高铁网络。中国铁路在6年至7年时间内，完成了超过10000公里的高铁网建设，而单位成本低于其他国家相似工程。高铁主要交通走廊的交通量巨大，自投入运营后，凭借其良好的可靠性，输送着大批旅客，而其成本却最多只占其他国家高铁成本的三分之二。

现代高铁技术的原创国家主要是日本、法国和德国，而后来从这些原创国家引进高铁技术的国家和地区除了中国大陆之外，还有西班牙、意大利、韩国以及我国台湾地区。而从最初独立研制，到引进消化吸收国外先进技术，到最后实现完全自主的全面创新，不过20年时间，最后超过"老师"的，只有中国大陆。

因此，高铁被称为中国制造"弯道超车"的典型。"弯道超车"只是人们看到的一种结果。在"弯道超车"的背后，中国的铁路技术通过新中国成立之后半个多世纪的发展，其实已经完成了引进高铁先进技术所必需的技术储备和人才积累。这才是高铁奇迹出现的关键。

中国的第一条高铁是京津城际铁路，2005年开工，2008年通车，引进的是西门子的技术，其原型车是德国高铁ICE-3的Velaro号。其实，在20世纪90年代，中国铁路部门已经决定要上高铁，并开始了自主研发，当时的国家科委和铁道部在全国设立了250多个研发课题。通过这些课题，培养了近千名顶级的高铁骨干人才。

这些人才非常关键。他们组成了三个团队，时刻关注并跟踪日本、法国、德国的高铁技术进步和运营状况。后来，很多人都参与了与日本、法国、德国和加拿大公司的谈判和合作。一个简单的道理是，你必须有人懂行，才能学到技术,才能和别人讨价还价,从而获得你的最大利益。

2004年,在明知中国没有核心技术的情况下,拥有高铁技术的德国、日本、加拿大持着"宰客"的态度,报价都很高。那么,谈判需要钱,引进技术并消化需要时间,有哪家企业有雄厚的资金和不考虑赚取利益的长期研发时间呢?民营企业吗?自然不是,是国有企业。当时的中华人民共和国铁道部(2013年被拆分为国家铁路局和中国铁路总公司)是中国剩余不多的能够垄断市场的部门,由它主持了这场以市场换技术的谈判。

处大事贵乎明而能断,临大势贵在顺而有为。除了高铁之外,国有企业以高端装备制造业、高技术产业等为代表,还创造了"蛟龙"入海、"嫦娥"奔月、国产大飞机下线……这些硕果展示了国有企业技术创新的成效和潜力。国有企业推动了制造大国向制造强国转变的同时,也成为中国独特的"大国优势"的载体。从某种意义上讲,国有企业在中国的创新体系和经济体系中具有"无可替代"的地位和作用。

相比民营企业,在实施创新驱动发展战略中,国有企业有天然的优势。当涉及一些基础设施建设领域和高精尖领域的创新研发时,比如,在载人航天、高铁、通信技术、计算机、核电、勘探,尤其是事关国家安全等科技领域,它们需要大量的资金投入和长期的研发时间,也就意味着短期内不能完成盈利。因此,需要快速盈利的民营企业一般并不愿意投资。但这类行业关乎国家长远的发展,国有企业就承担了重担。国有企业被赋予研发投入高、资本密集、市场份额大、国际化水平高的条件,同时还拥有"国家特许经营"的牌照、因国民高储蓄率而生的金融"补贴"机制和母国市场的贸易保护等条件。国有企业拥抱大国红利的同时,肩负着重大国家使命,是提升国家创新能力的主力军。

从斩获"大国红利"到拿出"大国技术",除了类似由国有企业承载的高铁等大工程之外,在数字时代的浪潮中,中国互联网企业是另一个拥抱大国经济的典型代表。

互联网的物理特性决定了它们扩张的边际成本是最低的，因此可以最低成本地享受 13 亿人的超级市场。它们是中国获得"大国红利"最多、最快的企业。为什么这么说？必须从孕育互联网中国奇迹的"中国黑箱"说起。

在管理学中，有一种黑箱理论的说法。用它来比喻近 20 年中国互联网产业在全球的异军突起，非常贴切。

所谓"黑箱"，指的是那些既不能打开，又不能从外部直接观察其内部状态、结构的系统。要了解这个系统，只能通过信息输入和输出，来获得其内部信息。比如，中医就是典型例子。中药的治病机理即类似于黑箱，因为它暂时还无法用西方医药学的原理来完全解释，只能通过输入（药方）和输出（疗效）来窥测复杂而多样的药引、药方的作用机理。

对中国互联网来说，似乎也存在着这样一个黑箱。阿里巴巴、腾讯和百度，还有京东、奇虎 360 这样的企业，它们的技术和商业模式都并不是中国人的原创，但被中国的企业家引入中国之后，却迅速赶超了西方同行。至少，在赚钱能力上是如此。

可以说，这个黑箱的输入是来自硅谷、西雅图的技术和商业模式，而输出则是互联网的"中国奇迹"，即如日中天的中国互联网巨头和它们让人咋舌的赚钱能力。中国拥有统一的语言文化、用户基数巨大的市场，就是中国互联网黑箱里的"秘密"。

中国互联网企业之所以独享"大国红利"，很大程度源自于语言隔阂。因为并不成功的英文教育，绝大多数中国人都无法自由、熟练地使用英文，这天然地将中国消费者和 BAT 的竞争对手有效隔离。

欧盟人口 5.1 亿。为什么欧洲没有产生大型的互联网企业？原因很简单，欧盟是一个支离破碎的中等强国和小国的集合体。举个简单的例子，在中国，一个超级应用或者游戏的横空出世，瞬间就可以获得上亿用户，扩张的边际成本极低乃至趋近于零，因而巨大的市场规模可以很好地分摊研发成本，有利于创意和创新的源源不断推出。但在欧盟，由于语言的不同，一款应用很难获得如此理想的市场规模。

一个有意思的问题是,为何北欧国家往往是互联网强国?比如在游戏(愤怒的小鸟,芬兰)、杀毒(F-Port杀毒软件,冰岛)等领域,北欧年轻人总能成为黑马。重要的原因在于,北欧工程师的英文在欧洲最好,他们以英文开发,并不面向欧洲市场,而是面向全球使用英文的用户。

在全球互联网,英文市场是唯一可以和中文市场相提并论的存在。涵盖美国、英国、加拿大、澳洲以及北欧、南非(硅谷"钢铁侠"马斯克即出生南非)和其他应用英语的国家和地区,特别要提到的是印度,随着这个国家网络基础设施的不断完善,印度差不多开始在提供一个和美国规模一样大的英语互联网大市场。实际上,印度的确为硅谷培养了最多的非欧裔高管和创业者。

因此,在一款应用尚未推出多种语言版本之前,英文世界的创业者就能获得一个和中国市场相当的英文市场。换句话说,这个世界上,只有他们才和中国的互联网创业者一样,一开始就有这么优良和巨大的"市场禀赋"。

按照2017年中的市值统计,全球市值前十的互联网巨头被中美两国瓜分,美国7家,中国3家。BAT仍然是代表中国的明星企业。从市值上来看,第一阵营是谷歌和苹果,第二阵营是Facebook、亚马逊、阿里巴巴、腾讯,第三阵营则是eBay、Princeline和百度。显然,这种格局不过是互联网中文市场、英文市场两者体量势均力敌的一个折射。

不过,中国互联网产业的"市场禀赋"远不止"语言统一""大国市场"这么简单。这个国家政治经济框架下的某些特殊的产业环境,正好也适应互联网的野蛮生长,甚至几乎为BAT巨头的崛起"量身定做"。硅谷同行永远也不会享有如此优渥的"待遇"。

阿里巴巴的成功就来自中国特殊的商业环境。中国零售行业的最大的"痛点"是价格过高,商场的价格水平远远超过普通白领的承受能力。其中有两个原因。一是中国以间接税为主税制,对流通环节征重税,必然推高终端商品的价格。二是基于城市土地所有权制度的商场,也存在特殊的所有权模式。

零售商在入场之前，往往经历了"二房东""三房东"，层层转手，推高了入场价格。同时，零售商往往是短租，"无恒产者无恒心"，这必然削弱消费者的购买体验。

总之，零售领域的这些"超级痛点"给了阿里巴巴崛起的机会。中国政经杂志《南风窗》曾有文章指出，阿里巴巴崛起的本质是零售业价值链条的重新分配，即马云拿走了商业地租的一部分，分给了中小商家和消费者。"重新分配"，这一直都是中国人最追捧的。所以，阿里巴巴崛起不足为怪。①

同样，腾讯的崛起也有着特殊的环境因素。QQ的火爆，一定程度上源于当年中国的通信费太贵。之后，腾讯又凭借QQ对用户的巨大黏性，找到最赚钱的抓手——游戏。游戏巨大的用户群体，同样植根于中国特殊的阶层构架、人口年龄结构以及人口的流动模式。它们共同孕育了大量的游戏忠实拥趸，后者或许并不富裕，但舍得花钱"买装备"。在游戏中，他们寻找心灵归属，并获得虚幻的认同感。

类似阿里巴巴、腾讯这样的互联网公司利用13亿人口市场的巨大利润，完成技术沉淀，进而创新，成为世界性技术巨头，推动着全球数字经济领域重心的转移。它们基于"大国优势"，但最终超脱于"大国优势"，就像角斗士一样，在竞争激烈的世界市场上相互搏杀，从模仿者转变为创新的发电厂，最终成就了真正的中国创新：一是移动支付，二是人工智能。

中国的城市化和美国相比，最大的特点不是进程更快，而是大城市人口密度极大。一组数据显示，美国人口超过100万就是大城市，而中国人口超过1000万的才算。在四大一线城市，实际居住人口在2000万至3000万都不会有人怀疑。这意味着单位区域的用户更多，意味着物流成本被均摊之后更低了，送货速度也会比美国更快。比如，京东可以当日送达，而亚马逊可能只是次日送达。在中国电商布局天下的时代，中国网购也为世界经济输出"互

---

① 谭保罗：《互联网下半场：从大国红利到大国技术》，载《南风窗》2018年第2期。

联网商机"。从中国本土到越南、泰国等亚洲邻国，到远在地球另一端的阿根廷、巴西……"剁手党"全球网购嗨翻天。

实际上，中国外卖巨头崛起背后，也和风投看到城市人口密度大有关系。显然，动辄超过美国10倍的城市人口密度，这是中概股在纳斯达克或者纽交所最受追捧的"创业题材"。

人口密度大，衍生出的真正具有技术进步意义的是移动支付。按照中国互联网络信息中心的报告，中国移动支付用户规模已经达5.02亿。中国的移动支付用户已经超过美国人口，而达到欧盟的人口总数。

巨大的市场规模可以更好地分摊研发成本，也能诞生出这个领域最好的技术。它和高铁并列，这并非玩笑，而是大国优势推动技术进步的必然。

另一个正在发轫的势头是人工智能。什么是人工智能？通俗些说，人工智能是个筐，什么都能装。它主要分为两个层次，一是大数据，二是机器学习。举个例子，搜索引擎很容易得到用户的搜索数据，这是大数据，然后在后端的系统进行分析，再根据用户偏好进行广告推送，这就是机器学习。人工智能的"原料"就是大数据，中国有这方面的天然优势。当然，人工智能远比这个模式复杂，但万变不离其宗。拥有全球单一语言最大"数据库"的中国，显然在第一个层次有自己的"大国红利"。但是，第二个层次的创新则更有赖于真正的技术进步。

改革开放40年，无论是新气象的国有企业，还是快速成长的中国互联网巨头，过去的财富奇迹更多的是幸运，而参与未来的全球角逐，则是责任。就算有人认为，劳动年龄人口占总人口的比重以及人口抚养比等指标显示着，中国的红利随着人口红利的消失在消减，但是如果能以发展的眼光看，又会发现中国的新红利正在形成。

党的十九大报告指出："我国经济已由高速增长阶段转向高质量发展阶段，正处在转变发展方式、优化经济结构、转换增长动力的攻关期，建设现代化经济体系是跨越关口的迫切要求和我国发展的战略目标。"立柱架梁的完成，顶层设计的完善，为今后的改革奠定坚实基础。四十不惑，站在 40 年的新起点上推进改革，方向更加明确、路径更加清晰，唯有将改革进行到底，才能让改革在新时代释放持久红利。

第三章
走向治理现代化

在历史的长河中，40 年的时间不过是弹指一挥间，但对于"生也有涯"的我们来说，40 年的时间足够可以看清楚很多事情，明白很多道理。

在对改革开放 40 年创造经济奇迹的各种解释中，治理是非常重要的角度。当然，过去我们未必使用这个概念，而是分散在诸如宏观调控、反腐败、财税改革、机构改革等话语之中，但其实说的就是治理问题。只要你简单对比一下 40 年前和 40 年后的政府机构的设置，就能很清楚地看到，治理的变化是多么大。40 年改革开放，中国的执政党和政府对社会经济的治理形成了比较好的经验，它是现代化"中国方案"的重要组成部分。

这些经验不仅包括根据日益变化的社会经济结构进行相应的上层建筑的调整，而且包括如何通过治理体系和治理能力上的主动作为，来为社会经济的发展和新生事物的成长打开空间。同时，在这个过程中，大体上又能保持政治和社会的稳定，保证即使在社会经济的矛盾和问题集中凸显的时候，国家的发展进程也不会被打断。

在中国历史上，如果在相当一段时期内能够政治稳定、社会安定、经济繁荣，那么往往被称为"天下大治"。"治"反映了传统社会的政治理想。可以不夸张地说，40 年改革开放让我们初步实现了"天下大治"，但离我们的真正目标还有很大的距离。治理现代化依然是我们的追求目标，虽然其内涵和传统相比已经有很大不同。在改革开放 40 年后再出发的时刻，治理现代化已经是攸关我们事业成败的关键枢纽。

中国共产党是中国的执政党，也是世界上最大的执政党。执政党能否跳出"历史周期律"和国家的兴衰成败天然联系在一起。脱离了共产党一党长期执政、全面执政这个基本现实，治理现代化就失去了立足点，走入死胡同。其中的基本逻辑可以简洁地总结为"中国共产党通过自我革命来带动整个国家治理体系和治理能力的现代化"。而中国共产党管党治党的经验本身也是治理现代化的一部分,其成效的大小也取决于遵循治理现代化的基本规律的程度。

1. 窑洞之问的历史回响

"窑洞对"

1945年7月1日,一架飞机由重庆飞抵陕北延安;乘客中有黄炎培等六位国民参政员。毛泽东、朱德、周恩来等中共中央领导人到机场迎接。

彼时,经过长达14年的艰苦卓绝的斗争,中国的抗日战争即将迎来完全的胜利。这是近代以来中国抗击外敌入侵的第一次完全胜利,重新确立了中国在世界上的大国地位,使中国人民赢得了世界爱好和平人民的尊敬。但"中国向何处去"的问题也再次凸显出来,不久以后关于两种前途和两种命运的斗争就展开了。

而毛泽东与黄炎培关于"历史周期律"的谈话,就是著名的"延安窑洞对话",也简称为"窑洞对"。这个对话,预示了以后中国共产党在全国范围内执政之后所努力破解的一个重大课题。这个典故也说明,党的领导人很早就开始考虑执政后所要面临的风险和考验。

时年67岁的黄炎培先生熟谙历史,阅历丰富,来延安之前读过美国记者埃德加·斯诺撰写的《西行漫记》《毛泽东自传》等书籍。他提出的问题既从历史中来,更有对现实的深刻洞察。他在延安亲身感受到了一种与重庆截然不同的清新气象,但心中又有一团疑虑——他坦诚地说:

"我生六十多年,耳闻的不说,所亲眼看到的,真所谓'其兴也勃焉''其亡也忽焉',一人,一家,一团体,一地方,乃至一国,不少单位都没有跳出这周期率的支配力。大凡初时聚精会神,没有一事不用心,没有一人不卖力,也许那时艰难困苦,只有从万死中觅取一生。既而环境渐渐好转了,精神也就渐渐放下了。有的因为历史长久,自然地惰性发作,由少数演变为多数,到风气养成，虽有大力，无法扭转，并且无法补救。也有为了区域一步步扩大，它的扩大，有的出于自然发展，有的为功业欲所驱使，强求发展，到干部人才渐见竭蹶、艰于应付的时候，环境倒越加复杂起来了，控制力不免趋于薄弱了。一部历史'政怠宦成'的也有，'人亡政息'的也有，'求荣取辱'的也有。总之没有能跳出这周期率。"①

黄炎培先生讲的这些道理，国人并不陌生，很久以来我们就有"君子之泽，五世而斩""富贵不过三代"等说法。那么，中国共产党会不会重蹈前人的覆辙？毛泽东显然已经成竹在胸，他坦然回答说："我们共产党已经找到了新路，能够跳出这个历史周期率。这条新路，就是民主。只有让人民来监督政府，政府才不敢松懈；只有人人起来负责，才不会人亡政息。"

斗转星移，世事沧桑。多年以后，2012年11月14日，中国共产党第十八次全国代表大会在北京胜利闭幕。此时，中国共产党建党已经91年，在全国范围内执政已经63年，是一个有8200多万党员的大党——有200多个国家的当今世界人口数量超过这个数字的国家也就20个。经过十八大，中国共产党又一次实现了中央领导集体的新老交替，习近平当选为中共中央总书记。在他担任起草组组长的十八大报告里，有这样一段话：反对腐败、建设廉洁政治，是党一贯坚持的鲜明政治立场，是人民关注的重大政治问题。这个问题解决不好，就会对党造成致命伤害，甚至亡党亡国。

能否解决腐败问题，直接决定了能否跳出"历史周期律"。中国共产党作为执政党，面临的最大威胁就是腐败。腐败会亡党亡国，这样的论断是改革开放以来历任中央领导集体都特别强调的，已经是全党也是全社会的一大共识。十八大后的中央领导集体对此会有何种作为？国内外都高度关注。因为，此时回答好如何跳出"历史周期律"的问题，已经是改革开放近40年之后，我们不仅要减少腐败存量、遏制腐败增量，而且要实现毛泽东所说的"新

---

① 1945年7月4日，毛泽东在延安杨家岭住处的窑洞里，与黄炎培（时任国民党政府的国民参政员等职）进行了关于"历史周期率"的谈话，成为党史国史上著名的"延安窑洞对话"。

路"——用今天的话说，就是要找到实现中国共产党自我监督的有效途径。

习近平总书记在十八届中共中央政治局常委与中外记者见面时，就直接对之进行了回应。他说："新形势下，我们党面临着许多严峻挑战，党内存在着许多亟待解决的问题。尤其是一些党员干部中发生的贪污腐败、脱离群众、形式主义、官僚主义等问题，必须下大气力解决。全党必须警醒起来。"①

在十八届中共中央政治局第一次集体学习时的讲话中，习近平总书记说："党风廉政建设，是广大干部群众始终关注的重大政治问题。'物必先腐，而后虫生。'近年来，一些国家因长期积累的矛盾导致民怨载道、社会动荡、政权垮台，其中贪污腐败就是一个很重要的原因。大量事实告诉我们，腐败问题愈演愈烈，最终必然会亡党亡国！我们要警醒啊！"

十八大后不久，在各民主党派和全国工商联分别召开全国代表大会、顺利实现新老交替之后仅三天，习近平总书记就走访八个民主党派、中央和全国工商联，并同各个领导人分别座谈。就在这个场合，他重提了"窑洞对"，指出毛泽东和黄炎培在延安窑洞关于历史周期律的一段对话，至今对中国共产党都是很好的鞭策和警示。

2013年4月19日，在十八届中央政治局第五次集体学习时的讲话中，习近平总书记再次指出："腐败是社会毒瘤。如果任凭腐败问题愈演愈烈，最终必然亡党亡国。我们党把党风廉政建设和反腐败斗争提到关系党和国家生死存亡的高度来认识，是深刻总结了古今中外的历史教训的。中国历史上因为统治集团严重腐败导致人亡政息的例子比比皆是，当今世界上由于执政党腐化堕落、严重脱离群众导致失去政权的例子也不胜枚举啊！"

在当年底的全国组织工作会议上，习近平总书记又说："如果管党不力、治党不严，人民群众反映强烈的党内突出问题得不到解决，那我们党迟早会失去执政资格，不可避免被历史淘汰。这决不是危言耸听。"

---

① 2012年11月15日，在党的十八届中央委员会第一次全体会议上当选的习近平总书记同采访十八大的中外记者见面时的发言。

上任伊始就面对全世界公开承诺下大力气解决党内的问题,用古今中外人亡政息的例子警醒全党,并多次提到"执政资格"问题……在十八大后不太长的一段时间内,习近平总书记就通过各个场合明确表达了一个重要政治信息,那就是"党要管党,从严治党"。2014 年 12 月,他在江苏考察调研时提出"四个全面"战略布局的重要思想,把全面从严治党纳入党治国理政的战略布局。这也表达了要跳出"历史周期律"的决心。

像一个巨大的历史回响,多年前的"窑洞对"在今天获得了非同寻常的回应。

远未结束的"赶考"

今天中国共产党面临的形势,和延安时期、中华人民共和国成立之初和改革开放之初,都已经有很大的不同。中国共产党面临的世情、国情、党情正在发生深刻变化,由此也带来了四大考验和四种危险——"执政考验、改革开放考验、市场经济考验、外部环境考验"四种考验,"精神懈怠的危险、能力不足的危险、脱离群众的危险、消极腐败的危险"四种危险。

经受"四大考验"、克服"四种危险",就必须把从严治党摆在更加突出的位置。党的建设关系重大,牵动全局。把全面从严治党放在如此重要地位,其来有自。习近平总书记在建党 95 周年纪念大会上的讲话中指出,党和人民事业发展到什么阶段,党的建设就要推进到什么阶段。这是加强党的建设必须把握的基本规律。①

规律意味着会反复出现。正如有专家指出的,在重要的历史关节点上强调党的建设的重要性,特别是抓党的建设中的关键问题,通过党的建设的改进推动其他工作的开展,是中国共产党执政的重要工作方法。② 众所周知,邓

---

① 2016 年 7 月 1 日,习近平总书记在建党 95 周年纪念大会上的讲话。
② 闫建琪、樊宪雷,《中国问题的关键在于党——读邓小平 1961 年〈我们要搞好,还是要抓党〉》,人民网—中国共产党新闻网,2014 年 8 月 14 日。

小平同志在自己的领导生涯中就多次表达过这个重要方法。在1992年南方谈话中，他更是语重心长地说，"中国要出问题，还是出在共产党内部"，强调"关键是我们共产党内部要搞好，不出事"。

在改革开放以来的相当一段时间内，中国共产党甚至形成了这样的一种"惯例"：在两次全国代表大会之间，会专门有一次中央全会研究和决定关于党的建设的重大问题。2016年10月24日至27日在北京举行的十八届六中全会指出，办好中国的事情，关键在党，关键在党要管党、从严治党。这是一个重大的论断。

规律意味着如果违背了就要受到惩罚。治国必先治党，治党务必从严。如果管党不力、治党不严，人民群众反映强烈的党内突出问题得不到解决，如习近平总书记指出的，就不是一般的小问题，而是涉及执政资格和被历史淘汰的大问题。

2016年12月3日，在全国政协十二届常委会第十八次会议上的讲话中，时任中纪委书记的王岐山同志说：

"从'党要管党、从严治党'到提出'全面从严治党'，体现了十八届中共中央对管党治党认识的深化，更是形势任务使然。形势比人强。中国在几十年'历史瞬间'走过西方发达国家几百年道路，发展成就极大展现、风险挑战也高度浓缩，最根本的挑战来自中国共产党党内。中国共产党所面临的执政考验、改革开放考验、市场经济考验、外部环境考验，精神懈怠危险、能力不足危险、脱离群众危险、消极腐败危险，是长期的、复杂的和严峻的。"

这就像是一场"赶考"。和"窑洞对"一样，"赶考"也是党史国史上一个著名的政治典故，在中国共产党的政治文化的话语体系中占有很重要的位置。当然，这是一个借喻，在中国传统的科举制度下，"进京赶考"是一件盛事，能够金榜题名，就成为"治国之才"。这甚至凝聚成为我们的政治文化心理的一部分。所以，这样的借喻，对我们来说是通俗易懂的，这也反映出中国共产党在马克思主义中国化的过程中，的确达到了一种炉火纯青的地步。

显然，这个借喻不是说要去复活一种传统的选拔制度，它更像是一种警示，是一个现代化政党对于执政考验的自觉意识和清醒体认。那是在1949年3月23日，毛泽东等党中央领导离开河北省平山县西柏坡进京筹建新中国时，毛泽东主席同周恩来在路上有一段对话。毛泽东对周恩来说："今天是进京赶考的日子，进京赶考去。"周恩来回答说："我们应当都能考试及格，不能退回来。"毛泽东说："退回来就失败了。我们决不当李自成。我们都希望考个好成绩。"

这段对话的关键词是"决不当李自成"。李自成的教训，简洁一点说就是，一个新生的政权诞生后，面对权力腐败的诱惑，失去了抵抗力，哪怕进了北京仍然还是习惯当山大王，甚至堕落得更快，所以很快就失败了。中国共产党领导的革命不是旧式的农民起义，中国共产党也不会变成山大王。

2013年7月11日，习近平总书记来到河北省平山县西柏坡参观时重提了这个典故。他说："当年党中央离开西柏坡时，毛泽东同志说是'进京赶考'。60多年过去了，我们取得了巨大进步，中国人民站起来了，富起来了，但我们面临的挑战和问题依然严峻复杂，应该说，党面临的'赶考'远未结束。"①2014年初，在河南兰考这个第二批群众路线教育实践活动中的联系点，习近平总书记讲过这样的话："如果我们党不能自己解决自身的矛盾和问题，长期积累下去，那就要发生我说过的霸王别姬的问题了，那就不是一般的被动，而是为时已晚了。"的确，个人赶考失败了，可以从头再来，中国共产党"赶考"失败了，那对国家和民族的发展来说，则是巨大的灾难。

问题在于，改革开放以后，不是说没有管党治党，而是相当一段时间失之于宽松软，现在全面从严治党的关键字是"严"。中国共产党一直在同一切弱化先进性、损害纯洁性的问题做斗争。但当"四种危险"更加尖锐地摆在全党面前，十八大后，习近平总书记深刻回答了为什么要全面从严治党、怎

---

① 2013年7月11日至12日，习近平总书记赴河北省调研指导党的群众路线教育实践活动，同县乡村干部和群众座谈。

样全面治党这个重大问题，特别充分地体现出了对跳出"历史周期率"的自觉和担当，在经过5年的实践后，在反腐败斗争取得了压倒性态势之后，在十九大报告里作出了"伟大斗争，伟大工程，伟大事业，伟大梦想，紧密联系、相互贯通、相互作用，其中起决定性作用的是党的建设新的伟大工程"的重要论断，"坚持全面从严治党"成为习近平新时代中国特色社会主义思想的基本方略之一。

事实证明，中国共产党能够做到以自我革命的政治勇气，着力解决党自身存在的突出问题，不断增强党自我净化、自我完善、自我革新、自我提高能力，经受"四大考验"、克服"四种危险"，确保党始终成为中国特色社会主义事业的坚强领导核心。

"赶考远未结束"，全面从严治党和反腐败这场斗争必须要打赢。

破解自我监督难题

如何跳出"历史周期律"，要回答好这个远未结束的赶考的考题，意味着反腐败斗争最终要形成对权力的有效监督。如何有效监督权力，在古今中外的政治历史上，有各种各样的探索。到底哪种办法有用，需要实践的检验。首先要认清不同的政治制度下，执政方式是不一样的。这构成了一种前提或者客观的约束条件。《中华人民共和国宪法》第一条明确规定：中国共产党领导是中国特色社会主义最本质的特征。《中国共产党党章》也明确提出：加强党的长期执政能力建设、先进性和纯洁性建设。中国共产党领导和中国共产党长期执政，这与西方国家政党轮流坐庄有着本质不同。

无论如何，没有监督的权力必然导致腐败，这是一条铁律。而一党长期执政、全面执政，最大挑战是对权力的有效监督，要跳出"历史周期律"必须破解自我监督这个难题，形成发现问题、纠正偏差的有效机制。

中国共产党长期执政，既是一个基本事实，也是中国宪法基本原则（中国共产党的领导）的具体表达。一方面，中国共产党长期执政，和强调党的领导，本质上是一回事。另一方面，强调长期执政，其实也是要追问：一个长期执政的政党，能否做到不断创新、不断引领时代，能否经受住长期执政的考验、解决自身面临的突出问题。既然中国共产党领导是中国特色社会主义最本质的特征，那么中国特色社会主义道路的说服力，也很大程度上取决于长期执政的政党建设得怎么样；既然中国共产党领导是中国特色社会主义制度的最大优势，那么把党管好就是发挥出这种优势的重要前提条件。党能否经受长期执政、全面执政的考验，直接决定了中华民族伟大复兴中国梦的前景。因此，道路自信，也就包括对我们会探索出一党长期执政、全面执政条件下实现自我监督的有效途径的自信。

毋庸讳言，因为长期执政、全面执政，自然会带来相应需要克服的问题。综观世界各国那些长期执政的政党，很大的风险就是因为"长期"而带来的僵化和停滞。最危险的是，由于自身特殊利益的固化等，从"不愿意"逐步蜕变成"不能够"解决自身面临的突出问题；本应发挥领导作用的政党却变成了利益集团的战场，不仅自身陷入了腐败泥潭，更失去了对各种利益的整合能力和对整体利益的维护能力。

随着执政时间的延长，随着改革开放事业的不断推进，"四种危险""四大考验"也会更加尖锐地摆在中国共产党面前。共产党长期执政，但党的执政地位和领导地位并不是自然而然就能长期保持下去的，不管治党、不抓党的建设就有可能出问题甚至出大问题，结果不只是党的事业不能成功，还有亡党亡国的危险。

同时，党的长期执政地位，也决定了党内监督在党和国家各种监督形式中是最基本的、第一位的。只有以党内监督带动其他监督、完善监督体系，才能为全面从严治党提供有力制度保障。党内监督搞不好，其他监督就很难充分发挥作用，这是中国政治的一个常识，只是很多人有意或者无意忽略了这个常识。改革开放40年的历史也证明了，想跳出"党的领导"来解决中国的权力监督问题，结果往往适得其反或者只能沦为理论"空谈"。

在总结十八大以来管党治党实践的基础上，党的十九大报告指出，勇于自我革命，从严管党治党，是我们党最鲜明的品格。习近平总书记在十九届中共中央政治局常委同中外记者见面时的讲话中说："中国共产党是世界上最大的政党。大就要有大的样子。实践充分证明，中国共产党能够带领人民进行伟大的社会革命，也能够进行伟大的自我革命。"①

要跳出"历史周期律"，就要进行这样的自我革命；要"赶考"考个好成绩，也要进行这样的自我革命。因此，对于十八大后管党治党的实践，我们应当站在更高的高度来认识。从反腐败开始，重塑政治生态，进而把权力关进制度的笼子和纳入法治轨道，包括通过新一轮党和国家机构改革提高现代化治理能力，充分印证了为什么办好中国的事情关键在党，关键在党要管党、从严治党，为什么要从党的建设入手推动全面深化改革成了治国理政的重要方法。

正如王岐山同志在《党的十九大报告学习辅导百问》中谈到党的领导时说的那样："一个时期以来，有的人在这个问题上讳莫如深、语焉不详甚至搞包装，没有前提地搞党政分开，结果弱化了党的领导，削弱了党的建设。"而"习近平总书记对坚持和加强党的领导从来都是充满自信、决不回避退让，系列重要讲话万变不离其宗，根本是坚持党的领导；无论哪个领域、哪方面的工作，无一不是从加强党的领导抓起，最终落脚在强化党的建设上"。②

可以说，只有把党管好了，中国改革开放过程中日益呈现的深层次问题得以解决，才会呈现出"譬如破竹，数节之后，皆迎刃而解"的效果。

---

① 2018年7月，习近平总书记在十九届中央政治局常委同中外记者见面会上的讲话。
② 王岐山：《党的十九大报告学习辅导百问·开启新时代 路上新征程》，载《人民日报》2017年11月7日02版。

2. 重构政治生态

管党治党的重要标尺

"蓬生麻中,不扶而直;白沙在涅,与之俱黑。"在党的建设伟大工程中,净化政治生态是非常重要的工作。政治生态是检验管党治党是否有力的重要标尺。

改革开放40年,中国的经济发展取得了巨大成就,人民生活也从实现温饱到很快就要实现全面小康,同时,人民对美好生活的需求也越来越高,而对社会当中种种不如意的事情,也总是会最终集中表现在对党风和政风的不满意。对此也有各种各样的议论。比如一段时间内,人们对干部任用上的不正之风就很不满意,并总结说"不跑不送、降职停用,只跑不送,原地不动,又跑又送、提拔重用"。

现在看来,人们议论的这些现象归根结底是政治生态出了问题。在劣质的政治生态下,所谓的潜规则必然大行其道,踏实做事、不跑不送的往往吃亏。有的上下级关系形成了事实上的人身依附关系,上下级之间的关系搞成猫鼠关系,搞成旧社会那种君臣父子关系或帮派关系;有的干部信奉拉帮结派的"圈子文化",整天琢磨拉关系、找门路,分析某某是谁的人,某某是谁提拔的,该同谁搞搞关系、套套近乎,看看能抱上谁的大腿。有的领导干部喜欢当家长式的人物,希望别人都唯命是从,认为对自己百依百顺的就是好干部,而对别人、对群众怎么样可以不闻不问。

加强党的建设,必须营造一个良好的从政环境,也就是要有一个好的政治生态。政治生态污浊,从政环境就恶劣;政治生态清明,从政环境就优良。政治生态和自然生态一样,稍不注意,就很容易受到污染,一旦出现问题,再想恢复就要付出很大代价。在谈到净化政治生态的时候,习近平总书记使用了"重构"一词。①

政治生态出问题，用人导向就会被扭曲。治国之要，首在用人。"尚贤者，政之本也。""为政之要，莫先于用人。"我们党历来高度重视选贤任能，始终把选人用人作为关系党和人民事业的关键性、根本性问题来抓，因为用人本身具有导向作用。

2014年10月16日，习近平总书记指出："巡视中对用人腐败和不正之风问题反映突出，违规用人问题十分普遍，干部制度形同虚设。有的地方拉票贿选、跑官要官、买官卖官问题严重，有的热衷于寻求政治靠山，搞小圈子，架设'天线'。吏治腐败是最大的腐败，用人腐败必然导致用权腐败。花钱跑官买官，一定在当权后用权力把钱千方百计捞回来。从严治党，必先从严治吏，要抓住管权治吏的要害，严肃查处用人腐败。"②

政治生态出问题，非法利益关系就会在党内找到存在的空间。经济腐败问题与政治问题往往是相伴而生的。搞拉帮结派这些事，搞收买人心这些事，就需要物质手段，势必就要去搞歪门邪道找钱。反过来，如果有腐败行为，那就会想着如何给自己找一条安全通道，找保护伞，就会去搞团团伙伙，甚至想为一己私利影响组织上对领导班子配备的决定。腐败蔓延，演化下来，一定会形成政治和经济问题交织的利益集团。

2015年10月29日，在中共十八届五中全会第二次全体会议上，习近平总书记指出："党除了工人阶级和最广大人民群众的利益，没有自己特殊的利益。如果有了自己的私利，那就什么事情都能干出来。党内不能存在形形色色的政治利益集团，也不能存在党内同党外相互勾结、权钱交易的政治利益集团。党中央坚定不移反对腐败，就是要防范和清除这种非法利益关系对党内政治生活的影响，恢复党的良好政治生态，而这项工作做得越早、越坚决、

---

① 2015年1月13日，习近平总书记在中国共产党第十八届中央纪律检查委员会第五次全体会议上的重要讲话。

② 2014年10月16日，习近平总书记在中央政治局常委会听取中央巡视工作领导小组关于二〇一四年中央巡视组第二轮巡视情况汇报时的讲话。

越彻底就越好。"①

出现利益集团,党的团结统一就会受到影响。2016年10月,在《关于新形势下党内政治生活的若干准则》和《中国共产党党内监督条例》的说明中,习近平总书记指出这样的现象:特别是高级干部中极少数人政治野心膨胀、权欲熏心,搞阳奉阴违、结党营私、团团伙伙、拉帮结派、谋取权位等政治阴谋活动。这些问题,严重侵蚀党的思想道德基础,严重破坏党的团结和集中统一,严重损害党内政治生态和党的形象,严重影响党和人民事业发展。这就使我们认识到,要解决党内存在的一些突出矛盾和问题,必须把党的思想政治建设摆在首位,营造风清气正的政治生态。

政治生态出问题,经济生态也会受到污染。"当官就不要发财,想发财就不要当官",这个提法,习近平总书记在不同场合说过很多次,指向了良好政治生态所需要的健康的政商关系。

2014年5月8日,在同中央办公厅各单位班子成员和干部职工代表座谈时的讲话中,习近平总书记说:"我刚当干部时就想明白了一个道理,鱼和熊掌不可兼得,当干部就不要想发财,想发财就不要当干部。要发财可以合法发财,自己经营,靠勤劳致富、靠能力致富、靠智慧致富,光明正大、理直气壮,这么干不是很好吗?为什么要在为党和人民服务的岗位上戴着假面具去干那些伤天害理的事?!自己的良心难道一点没有发现吗?睡得着觉吗?"2015年1月12日,习近平总书记在同中央党校县委书记研修班学员座谈时再次指出,鱼和熊掌不可兼得,当官发财两条道,当官就不要发财,发财就不要当官。当官想发财,就必然搞腐败。

从社会角度来说,反腐败斗争有利于净化政治生态,也有利于净化经济生态,有利于理顺市场秩序、还市场以本来的面目,把被扭曲了的东西扭回来。很多腐败案例当中,一个腐败官员往往背后有"老板"。不健康的政商关系对

---

① 2015年10月29日,习近平总书记在中共十八届五中全会第二次全体会议上的讲话。

于真正的企业家精神也是一种莫大伤害。

好的政治生态，就是要积极向上、干事创业、风清气正。党的十八大以来，党中央把严肃党内政治生活、净化党内政治生态摆在更加突出的位置来抓，坚持全面从严治党，大力整治形式主义、官僚主义、享乐主义和奢靡之风，严肃查处党员、干部违纪违法问题，坚定不移惩治腐败，完善党内法规制度，不断扎紧制度笼子。经过持续用力，党内政治生活出现了新气象。

政治生态的土壤是政治文化。重构政治生态，在政治文化建设上，就是要倡导和弘扬忠诚老实、光明坦荡、公道正派、实事求是、艰苦奋斗、清正廉洁等价值观，抵制和反对关系学、厚黑学、官场术、"潜规则"等庸俗腐朽的政治文化，不断培厚良好政治生态的土壤。①

政治生态的集中体现

政治生态的好坏集中体现在党内政治生活的健康状况。2016年10月24日至27日，中国共产党十八届六中全会在北京召开。除了政治局向中央委员会报告工作外，这次全会的重点是研究全面从严治党的重大问题，审议通过了《关于新形势下党内政治生活的若干准则》和《中国共产党党内监督条例》。仅从"效力"的级别来看，这次全会通过的两个文件是仅次于党章的，可以说，对党内政治生活和党内监督的规范，是仅次于党章修订的最重要的党内立法行动。

上一次的党内政治生活规则的版本还是1980年党的十一届五中全会通过的《关于党内政治生活的若干准则》，其中的诸多内容，比如反对个人专断，反对派性和培植私人势力，正确对待不同意见，党内真正实行民主选举，党内斗争不许残酷斗争、无情打击等，都反映了中国共产党对新中国成立后的20年执政实践正反两方面经验的总结，反映了改革开放新时期对于党内政治

---

① 2016年10月27日，习近平总书记在党的十八届六中全会第二次全体会议上的讲话。

框架运行的新要求。新的准则实行之后，正如人们已经看到的，党内政治框架的运行发生了和新中国成立后的前20年非常不同的变化。

这次十八届六中全会通过的新的党内政治生活准则也具有同样的基本特征，是中国共产党领导全国人民推进改革开放事业近40年之后，在新的历史条件下，对在长期执政中如何增强党的自我净化、自我完善、自我革新、自我提高能力，如何提高领导和执政水平，如何维护党中央权威和党的团结统一，保持党的先进性和纯洁性的一个回答。新准则既重申了1980年准则的主要原则、规定和要求，又提出了一系列新的观点、新的举措、新的规定。比如强调坚持党的领导，首先是坚持党中央的集中统一领导；涉及全党全国性的重大方针政策问题，只有党中央有权做出决定和解释；严禁在党内拉私人关系、培植个人势力、结成利益集团，等等。

2016年以来，在中央政治局集体学习会和数次政治局会议上，对党内政治生活的概括和叙述更加凸显其极端重要性，已然上升为"全面从严治党的基础""根本性基础工作"和"全党的重大任务"。

党内政治生活为什么这么重要？这是中国共产党的建党理论和实践决定的。在马克思主义中国化的过程中，中国共产党人也形成了比较成熟的建党理论。依靠理论联系实际、密切联系群众、批评与自我批评、民主集中制等党内政治生活的形式，提供了一种解决党内问题的平台，不仅有效避免了消极的党内政治斗争和持续的内耗，而且锤炼了一种自我净化和自我革新的能力，较好地形成了一种及时发现问题、有效纠正偏差、准确找准前进方向的机制。

也就是说，党内政治生活不仅是中共各级党组织教育和管理党员的重要场所，具有神圣意义和极大的动员能力；它更是中国共产党依靠自身解决党内问题的重要平台，关系党的生死存亡。在中国共产党领导革命和建设过程中，曾出现过数次重大挫折和历史性失误，无不始于党内政治生活规则遭到破坏。联想当下中国政治领域的重大事件，例如周永康案、令计划案等，他们之所以敢于阳奉阴违、拉帮结派、野心膨胀、破坏党的政治纪律，无不源于党内政治生活出了大问题。

在遵义会议、延安时期等重要历史关头，正是借助党内政治生活的平台和机制，及时发现问题、及时纠正错误，有效维护了党的集中统一，走向革命和发展的正途。最具代表性的无过于遵义会议，在遵义会议期间，也是决定党的生死存亡的关键时刻，正是借助于理论联系实际、敢于批评与自我批评，以及发挥民主集中制的优势，成功克服了党内"左"倾错误，最终确立了毛泽东同志的党中央领导地位和中国革命的正确方向。党史评价遵义会议是"中国共产党第一次独立自主地解决党内问题的开端，标志着中国共产党走向成熟"，正是从这个意义上下此结论的，可以说非常准确。

这样就很清楚了，依靠党内政治生活能够解决党面临的突出问题，正是一党长期执政、全面执政的重要基础。十八届六中全会的"修法"，也是因为在一些领域，党内政治生活基本规范制度化、程序化程度不足，同时还存在可操作性和执行力方面的缺陷，不够贴近实际，不注重内容和实效，一些原则性的规范任由发挥、改造，政治生活成了走形式、走过场，做样子；由于缺乏组织化、规范化党内政治生活准则体系的引导和约束，民主决策流于形式，不能落实集体领导下的分工负责制，重大决策不征求意见，党员民主权利被忽视。这些现象在很大程度上削弱了党内政治生活这个平台的政治功效。

正如习近平总书记指出的："有什么样的党内政治生活，就有什么样的党员、干部作风。一个班子强不强、有没有战斗力，同有没有严肃认真的党内政治生活密切相关；一个领导干部强不强、威信高不高，也同是否经过严肃认真的党内政治生活锻炼密切相关。"①

---

① 2014年10月8日，习近平总书记在党的群众路线教育实践活动总结大会上的讲话。

精准和讲究实效

从重构政治生态的实践看,党的十八大后"全面从严治党"的发力是非常精准的。精准,就是坚持问题导向,并且不是泛泛而谈的一般性的问题,而是要害性的、有针对性的、对全局具有决定意义的问题。比如说开展严肃认真的党内政治生活,这是我们党的优良传统和政治优势,这其实也是重大的政治变革,对整个国家的政治都会有重大影响。

修订《中国共产党党内监督条例(试行)》的道理也是一样的。中央明确提出,强化党内监督,重在落实两个"责任"(党委负主体责任,纪委负监督责任),这方面十八大后已经有了比较充分的实践,然后是进一步制度化。落实两个"责任"也是制度建设的精准发力所在。

精准之后才有实效。这个道理不难理解。规范党内政治生活,关键是高级干部,只有以上率下,净化党内政治生态这个中央提出的目标的实现才有根本保障。搞好党内监督,也只有落实好了两个"责任",才能从根本上保证中央的政令畅通——中央的大政方针和决策部署首先是各级党委一级一级去贯彻落实的,有权必有责、有责要担当、失责必追究。

所谓实效,通俗说就是"管用"。在习近平总书记系列重要讲话当中,我们可以发现习近平总书记对于制度建设有一个很重要的思想就是,制度建设贵在精,贵在管用。管党治党,制度再多,如果不精准,结果就会大而化之,甚至是"牛栏关猫",起不了作用。这个思想,不光体现在管党治党上,而是体现在治国理政的各个重要方面。比如立法,习近平总书记就说过:人民群众对立法的期盼,已经不是有没有,而是好不好、管用不管用、能不能解决实际问题;不是什么法都能治国,不是什么法都能治好国;越是强调法治,越是要提高立法质量。[1]

---

[1] 2013年2月23日,习近平总书记在十八届中央政治局第四次集体学习时的讲话。

制度建设有自己的规律。制度很重要，往往起决定性作用。但我们不能搞制度迷信，反而要认真研究制度建设的历史经验。制度不精准，就不管用，这个是一方面；还有一种情况是原来的制度不"管用"，不是总结原因，而是再制定更多的制度，但导致原来制度不管用的病根仍存在，结果就是制度的叠床架屋，这就不仅是不管用的问题，更会带来内耗，走向了制度建设初衷的反面。这样的教训在历史上是很多的，不胜枚举。

任何一项制度都不可能解决所有问题，不能把亟待破解的难题淹没在大量制度条文中，也不能把重要的政治信号变成学术研讨，导致制度迟迟出不了台、贻误了时机。要重视制度建设，但也要避免落入"制度陷阱"。在党内法规的修订过程中，党中央坚持"做不到的宁可不写，写上的就要管用"。"写上的"一定要做到，一定要管用，这本身就纠正了一段时间以来管党治党的具体规定多如牛毛，但实际效果往往大打折扣的现象。

要"管用"，就要避免"高高举起，轻轻放下"。改革开放以来，各级党委和政府抓廉洁从政，不能说不努力，但魔鬼就在细节之中，比如在层层执行的过程中，就出现过这样的现象：对问题的描述笼统模糊、不痛不痒、千篇一律等，涉及具体人，则出于种种考虑，也常常模糊处理。但党的十八大后，这一点有很大改变。真正的反腐败是阳光下的事业，只见事不见人，往往是很多国家反腐败过程中"雷声大雨点小"的重要原因。全面从严治党中的"见人见事"成为常态，这本身就打破了原来的某些所谓潜规则。

不要小看了这一点。真正的较量有时候就是从这些小事体现出来的。敢于和能够"见人见事"，才有震慑性作用，是制度真正"管用"不可缺少的一环。

讲究实效，还特别体现在全面从严治党是从老百姓直接感受到的作风问题抓起，从与群众利益密切相关的领域抓起，通过貌似一些小问题上的严格执纪监督问责，不断倒逼，不断深入深层次问题，每做一件事情都注意形成有效的制度和进行相应的组织调整。这一方面是不断增强民众在反腐败中的获得感，另一方面是为制度变革找到了一个比较切实可行的切入口。通过解决一个个具体问题，最终是一步步扎紧制度的篱笆，把权力一步步关进制度的笼子里去。其中伴随的是对不适应新形势需要的党内法规的不断清理，以及新的党内法规的出台。从老百姓关注的具体问题抓起，总结经验，最后形成真正管用的制度。

人民群众最痛恨各种消极腐败现象，所以反腐败赢得的"合法性"往往很高。由此形成的反腐败和民意相互之间正反馈的态势，无论是对于执政党还是民众都是非常重要的。同时，我们必须承认，民众也是很务实的，民众支持反腐不仅是出于"义理"，更是要在反腐败中有更大的"获得感"。因此，从与民众切身利益直接相关的领域抓起，从民众直接能感受到的方面抓起，效果往往就会比较好。

3. 反腐败形成压倒性态势

腐败不是转型的润滑剂

改革开放的历史也是一部反腐败的历史。当年毛泽东发出"决不当李自成"的警示后不久，中央就打响了反腐斗争第一枪，严惩了贪污腐化的天津市主要领导刘青山、张子善。1978年开启的新时期我们党推进改革开放，对可能出现的腐败问题也是有着清醒的估计，因此邓小平提出要一手抓改革开放，一手抓反腐败，他本人对于典型案例，更是抓住不放，一抓到底。

2014年9月18日，《人民日报》刊登了一篇文章，题目是《邓小平与"改革开放反腐第一案"》[①]，说的是1980年前后，广东海丰县打击走私贩私斗争处于高峰期，被有关方面查缴的私货在汕尾镇堆积如山。时任海丰县委书记的王仲经常跑到汕尾镇"视察"，把大量缉私物资，如当时十分稀缺的电视机、收录机等据为己有，同时大量索贿受贿，他家被戏称为"广播站的器材仓库"。

---

① 张东明：《邓小平与"改革开放反腐第一案"》，载《人民日报》2014年9月16日18版。

经法院认定，王仲利用职权侵吞缉私物资、受贿索贿总额达6.9万多元。这个数字相当于当时一个普通干部100年的工资收入。最终，王仲被依法判处死刑，成为改革开放后第一个因经济犯罪被枪毙的县委书记。该案也被称为"改革开放反腐第一案"。

对于此类问题，时任中共中央副主席、国务院副总理邓小平指出，要"雷厉风行，抓住不放"。他还强调，改革开放不过一两年时间，就有相当多的干部被腐蚀了。卷进经济犯罪活动的人不是小量的，而是大量的。"犯罪的严重情况，不是过去'三反''五反'那个时候能比的。那个时候，贪污一千元以上的是'小老虎'，一万元以上的是'大老虎'，现在一抓就往往是很大的'老虎'……现在的大案子很多，性质都很恶劣。"① 他告诫全党，要足够估计到这样的形势，如果不坚决刹住这股风，党和国家就可能要"改变面貌"。

这个案例可以看出几点。第一点，随着改革和开放的每一次重要深化，都要面临着反腐败的考验。道理也不复杂，因为我国的改革开放是从原来一种封闭半封闭的状态出发的，无论是外部环境还是体制环境，都是渐次进行改变的，而不是一步到位，这是一个大国推进改革和开放的必然逻辑。由此，就会形成体制内外、境内外等之间的"差价"，在很多人眼里这就是牟利的巨大机会。所以，改革开放是长期的，反腐败的考验就是长期的。

第二点，领导人从一开始就把反腐败上升到事关党和国家"改变面貌"的高度来认识和把握，乃至上升到腐败可能会亡党亡国的程度。1989年9月16日，邓小平在会见美籍华裔学者李政道教授时指出："我们要反对腐败，搞廉洁政治。不是搞一天两天、一月两月，整个改革开放过程中都要反对腐败。我们前进的步伐会更稳健，更扎实，更快。"

第三点，随着新的经济机会的增多，现在的腐败案件的严重程度往往要比过往厉害得多。这对各级党员领导干部是一个很大的挑战。腐败如果蔓延

---

① 张东明：《邓小平与"改革开放反腐第一案"》，载《人民日报》2014年9月16日18版。

开来，那么政治生态就会受到污染，官员搞腐败和劣质的政治生态是相互强化的关系。如果不从重塑政治生态上下功夫，铲除腐败发生的社会土壤，那么反腐败就只会停留在查办案件层面，就像割韭菜一样，割了一茬还有一茬，无法真正遏制腐败的蔓延。

因为反腐败斗争贯穿于整个改革开放过程，也因为腐败背后往往涉及经济体制等问题，所以曾经有一种观点很流行，意思是说腐败是经济发展的润滑剂。比如说，民营企业贷款难，以前可以通过贿赂获得贷款，反腐后这条路行不通了，因此影响了民营企业的投资，也就影响到整体经济。这个观点似是而非。一段时间内，民营企业贷款难是事实，不过，由于腐败蔓延导致的交易成本和经营风险的上升，才是民营企业最头疼的问题。况且，一段时间内民营企业投资热情的下降，主要还是在经济增速放缓背景下，实体经济生存困难，经济"脱实向虚"严重带来的。对民营企业来说，最大的利益不是获得能够收买权力的机会，恰恰相反，通过严惩腐败，打击权力"寻租"，斩断官商勾结的利益链，遏制行政权力的"设租""寻租"行为，营造公平的竞争环境，塑造亲清的政商关系，不仅能有效降低企业交易成本和经营风险，而且能保证公平竞争，维护市场经济秩序。

润滑论甚至认为，腐败可以润滑出一个新经济体制，比如说"改革开放反腐第一案"这个例子当中，很多人会问，正是因为刚开放，当时是"走私"的行为，后来都变成正常的行为。这种想法也是一种幻想，实际上这些"走私"行为往往变成对有审批权的官员的收买，极少数人积累了灰色和黑色的财富，扰乱了经济秩序，结果不会是一种所谓的新经济体制。

试问，改革开放 40 年以来，哪个新生事物的生长壮大是腐败润滑出来的？哪种体制性变革是腐败润滑出来的？古今中外的历史都证明，这样肆无忌惮地润滑下去，产生的只能是一个个渐趋固化的既得利益小群体，将一个地方带向歧途。40 年的改革开放历史也已经充分说明了这一切。

打破种种所谓"禁区"

反腐败贯穿于整个改革开放的历程,"腐败高发多发"在很长时间内都是我们总结反腐败形势必然要说的一句话。这有客观原因,最根本的是前面讲到的四大考验和四种危险的长期性和严峻性。

而与"腐败高发多发"相关的一个事实是,通过2016年热播的电视专题片《永远在路上》披露的诸多细节,我们就可以看出,由于多年管党治党宽松软,已经形成了巨大的腐败存量,其中不仅有一个省级的一把手大搞权钱交易、卖官鬻爵,严重破坏一地政治生态,也有基层干部一手遮天、上下勾结,掏空集体资产,甚至把贪婪之手伸向群众的保命钱。其间的情形让人感到触目惊心。因此,十八大后党中央抓反腐败时明确提出,要减少腐败存量,遏制腐败增量。

相当一段时间内管党治党宽松软,这是一个基本判断,更具体来说,腐败在变换花样,而反腐败工作过去多年也存在需要总结的地方,特别是一些所谓的惯例、潜规则、禁区等,比较严重制约和影响了反腐败的深入,也导致了有的腐败问题没有得到及时查处,而变成了腐败存量。

对腐败存量的态度,对反腐潜规则的态度,考验着十八大后的反腐败斗争。

比如说,在十八大之前的十多年,遭纪委立案调查的"真正退休的"省部级高官非常之罕见。一些退居人大、政协机构的高级干部虽仍会被立案调查,但他们仍是"在职官员",而非真正意义上的"退休官员"。换言之,在过去,一名高级干部一旦实现了"裸退",几乎就意味着"平安着陆",而不再会被追究党纪政纪和刑事责任。

但这一所谓"惯例"十八大后被打破。对"老老虎"追责"无例外",增加了中央反腐的震慑力。"老老虎"不再享有所谓法外豁免的"保护符"和特权,其实也相当于下决心着手清理"存量腐败"。

这从习近平总书记不同场合关于反腐败的讲话中对于各种议论的"回应"也可以看得出来。比如打大老虎问题,"法治之下,任何人都不能心存侥幸,都不能指望法外施恩,没有免罪的'丹书铁券',也没有'铁帽子王'。"① 反腐败是不是有什么权力斗争内幕?"我们大力查处腐败案件,坚持'老虎''苍蝇'一起打,就是要顺应人民要求。这其中没有什么权力斗争,没有什么'纸牌屋'。"② 反腐败是不是搞一阵风?"反腐没有休止符"。"我们将坚持零容忍的态度不变、猛药去疴的决心不减、刮骨疗毒的勇气不泄、严厉惩处的尺度不松,做到有腐必反、有贪必肃。"③ 如此等等。

要减少腐败存量,从工作上讲势必要遇到种种"干扰因素",比如涉及一定级别的领导干部怎么办,比如涉及相当级别的领导工作过的地方怎么办?习近平总书记的态度是非常鲜明的。2014年6月26日,《在中央政治局常委会听取中央巡视工作领导小组二〇一四年中央巡视组首轮巡视情况汇报时的讲话》中,习近平总书记明确指出:"向被巡视地区、单位反馈时,要直指问题,一五一十把问题抖搂出来,根本不要搞任何遮掩,责成其认真整改。这样巡视才能有权威、有威力,才能有这么多举报信息。如果我们对群众举报没有回应,没有按从严治党的要求去做,群众的期待就会挫伤。不能看人看地方下'菜碟',对领导同志工作过的地方,不能投鼠忌器,要全部扫描。"

可以设想,如果反腐败面临太多所谓的禁区,受制于种种所谓的潜规则,比如刑不上一定级别以上的领导干部,中央领导工作的地方就轻轻放过,等等,那么反腐败的公信力势必要大打折扣,进行一段时间之后也会停滞不前。这在过往的历史上是有太多教训的。那些没有跳出"历史周期律"的政权或者政党,不是说没有反腐败,有的开始动静也很大,但往往半途而废,反腐

---

① 2015年2月2日,习近平总书记在省部级主要领导干部学习贯彻党的十八届四中全会精神全面推进依法治国专题研讨班上的讲话。

② 2015年9月22日,习近平总书记访美期间,在当地政府和美国友好团体联合举办的欢迎晚宴上的演讲。

③ 2015年1月13日,习近平总书记在中国共产党第十八届中央纪律检查委员会第五次全体会议上发表的重要讲话。

败本来是要挽回人心，结果是进一步流失了人心。其中很重要的原因就是在这些所谓禁区和潜规则面前败下阵来。

十八大后的反腐败斗争能够取得如此大的成果，充分证明了，一个国家的反腐败能否深入进行，首先还是取决于领导层的政治意志。没有坚强的政治意志，就无法排除现实中的种种"干扰因素"。

除了打破这些所谓的惯例、潜规则、禁区等之外，同样重要的是真正树立起管人用人的主体责任。2015年1月13日，在第十八届中央纪律检查委员会第五次全体会议上的讲话中，习近平总书记指出，现在的一大问题是选人的人不管人、不监督人，有的党委不管监督，干部一出事就把挑子撂给纪委，这是不行的。党风廉政建设责任能不能担当起来，关键在主体责任这个"牛鼻子"抓没抓住。各地不同程度存在管党治党失之于宽、失之于软的现象，主体责任落实不力，监督责任落实不到位。各级党委（党组）不能当"甩手掌柜"，要切实把党风廉政建设当作分内之事、应尽之责，真正把担子担起来，种好自己的"责任田"。

十八大之后，对发生重大腐败案件和不正之风长期滋生蔓延的地方、部门和单位，实行了"一案双查"，既要追究当事人责任，又要追究相关领导责任。理由也正是："现在，不少党组织特别是主要负责人对党委主体责任认识不清、落实不力，没有把党风廉政建设当作分内之事，只是每年开个会、讲个话，或签个责任书就万事大吉了，甚至当作纪委一家的事一推了之。"①

具体则表现在，一些被揭露查处的大案要案，实际上已经存在好多年了，却迟迟未能发现，结果愈演愈烈、触目惊心；有的地方长期存在团伙性的腐败活动，涉案人数很多，活动范围很大，也迟迟未能查处；有的干部刚刚提拔上来，或者刚刚经过考核考察，就发现有重大问题，极大伤害了执政党的公信力。这些表现，就是人们常常谈论的，也已经存在了很长时间，迟迟得不到解决

---

① 2014年2月4日，中央纪委研究室在中央纪委监察部网站对十八届中央纪委三次全会精神的解读。

的腐败分子往往有比较长的潜伏期，腐败的窝案、串案，带病提拔等现象。

在面对腐败呆账巨大的约束条件下，没有一定强度的案件查办，不冲破所谓禁区和潜规则的羁绊，反腐大业根本就不可能取信于民，当然也无法让有些在过去政治生态下浸淫已久的官员"收手""收敛"。通过种种努力，十八大后的反腐查处了诸多重大案件，充分发挥出了威慑力，通过治标为治本赢得了时间。

从腐败高发多发到反腐败形成压倒性态势

2014年9月24日，河北省廊坊市中级法院公开审理原国家能源局局长刘铁男涉嫌受贿案，并进行了微博直播。这是十八大后反腐风暴的一个标志性事件。刘铁男是十八大之后首个被中纪委立案调查并"双开"的省部级官员，他的公开受审之后，诸多落马的省部级以上高官陆续转入司法审理程序。

据统计，2013年全国至少有18名省部级高官落马，这大致相当于此前3年查处的高级干部的总和。另根据最高检、中纪委等公开数据统计可以发现，十八大前的十余年，平均每年有6名左右的省部级高官落马。到了2014年，前政治局委员、军委副主席徐才厚被开除党籍并移送司法机关，前政治局常委、中央政法委书记周永康被立案审查，再到后来的郭伯雄案、令计划案、苏荣案等，"大老虎"陆续"现身"。

截至2017年6月底，十八大以来，共立案审查中管干部280多人、局级干部8600多人、县处级干部6.6万人。"反腐败斗争压倒性态势已经形成"——2016年末，中央政治局会议对当前反腐败斗争形势作出了最新判断。

反腐败形成压倒性态势，中国共产党领导下的中国反腐败大业取得了历史性突破。如果我们最终取得反腐败斗争的胜利，那么将充分和有力地证明，在一党长期执政、全面执政条件下，可以找到一条自我监督的有效途径，可以取得反腐败的成功。

党的十九大明确释放出了反腐败不会"喘口气、歇歇脚"的政治信号，因为"反腐败斗争形势依然严峻复杂",并且明确提出一定要取得反腐败斗争的胜利。

随着十八大后高压反腐的展开,随着诸多"大老虎"的被惩治,人们对纪检监察系统的权力的行使印象也非常深刻。比如对中央巡视组的"八府巡按""包老爷""青天"的比喻,就反映了巡视本身的震慑性。一个问题也就自然出现了:谁来监督监督者?更明确说,作为党内监督的专责机关,纪委履行监督执纪问责职责,那么纪委本身的反腐怎么办?这本身也是反腐败斗争所要解决的。道理也很简单,纪检系统绝非净土,纪检干部也没有天生的免疫力,进了纪检系统也不等于进了"保险箱"。习近平总书记就指出,各级纪委要解决好"灯下黑"问题,自觉遵守党纪国法,"你们是查人家的,谁查你们?这个问题要探索解决"。①

"灯下黑"问题的解决已经获得了突破性进展。2017年1月8日中国共产党第十八届中央纪律检查委员会第七次全体会议通过了《中国共产党纪律检查机关监督执纪工作规则(试行)》。

过去纪检系统在管理监督方面的确曾经存在不少薄弱环节。一是制度本身尚待完善,需要与时俱进。案件审理工作条例颁布于1987年,案件检查工作条例修改于1994年,不少内容已难以适应当前工作需要,100多个配套制度,规定零散、标准不一,一些关键环节存在制度漏洞。二是有纪律没有得到执行。纪检干部,有的与有问题反映的干部、商人勾肩搭背;不讲规矩、不守纪律,越权接触相关地区、部门、单位党委(党组)负责人;规避审批程序,私自留存、擅自处置问题线索;无视审查纪律和保密纪律,打探消息、跑风漏气;面对"围猎"防线失守、以案谋私,说情抹案、收钱收物;利用权力寻租,做生意、拿项目,为他人提拔打招呼,甚至充当保护伞。

通过纪检干部腐败的典型案例可以看出,过去,纪检监察室既有对领导

---

① 2014年1月13日,习近平总书记在十八届中央纪委三次全会上的重要讲话。

干部的日常监督权，还有发现问题线索后的立案审查权、立案后的调查取证权，集多种权力于一身。因此，纪检工作的风险点和薄弱环节，重点就是管好室主任，规范审查组组长权限，落实请示报告制度，严格工作规程，加强管理监督。通过改革实现了制度的制衡，主要是指创新组织制度，建立执纪监督、执纪审查、案件审理相互协调、相互制约的工作机制。对案件监督管理部门、执纪监督部门、执纪审查部门、案件审理部门职能作出明确规定，形成机构内部职能、职责的制衡。不同性质权力的相互协调、相互制约的制度框架非常清晰，改变了过去不同性质的权力过多地集于一个部门甚至是一身的情况。

纪检系统通过制度实践，给出了把任何一种重要的权力关进制度笼子的生动样本，对于各个领域的管理监督工作都富有启迪作用。

4. 把权力关进制度的笼子

关键少数

2013年1月22日，在十八届中央纪委第二次全会上的讲话，习近平总书记指出：要加强对权力运行的制约和监督，把权力关进制度的笼子里，形成不敢腐的惩戒机制、不能腐的防范机制、不易腐的保障机制。

"把权力关进制度的笼子"成为全面从严治党过程中一个广为人知的概念。其中，领导干部这个"关键少数"又是重中之重。

抓住领导干部这个"关键少数"，是全面从严治党的一个重要思想，也是一个重要工作方法。抓住"关键少数"是习近平总书记管理干部和推进工作中一以贯之的做法。比如，脱贫攻坚，他强调"党政一把手要当好扶贫开发工作第一责任人"；深化改革，他强调"党政主要负责同志要亲力亲为，扑下身子抓落实"；从严治党，他更加强调"关键是要抓住领导干部这个'关键少数'，从严管好各级领导干部"。

十八大当选为总书记后不久,习近平总书记就推动出台了八项规定,要求"以上率下"。后来,在第十八届中央纪律检查委员会第三次全体会议上,他还专门解释说:"党要管党、从严治党怎么抓?就从中央政治局抓起,正所谓'子帅以正,孰敢不正'?上面没有先做到,要求下边就没有说服力和号召力……全党看着中央政治局,要求全党做到的,中央政治局首先要做到。"而在制定一部新形势下党内政治生活的准则的时候,中央明确提出,加强和规范党内政治生活,重点是各级领导机关和领导干部,关键是高级干部特别是中央委员会、中央政治局、中央政治局常务委员会的组成人员。高级干部特别是中央领导层组成人员必须以身作则,模范遵守党章党规,严守党的政治纪律和政治规矩,坚持不忘初心、继续前进,坚持率先垂范、以上率下,为全党做出示范。

在一党长期执政、全面执政的条件下,这是一个非常精准和有效的工作方法。如果领导干部的权力被关进了制度的笼子,可以说全面从严治党的其他问题解决起来就容易得多。

在党的十八大以前的管党治党和反腐败过程中,也有和"关键少数"类似的说法,比如如何监督一把手是一个反复被提及的话题。人们对一把手面临的监督实况还有一个非常形象的总结:"上级监督太远,同级监督太软,下级监督太难。"2004年1月5日,新华社有一个报道,题目是"一把手的权力大过天?从17个官员落马看党内监督",不仅引用了这个形象的说法,还引用了学者的评论分析原因,指出党内监督"纪委权力来源、依附于同级党委,很难履行对同级党委及其领导成员的监督制约"的突出问题。这个突出问题的焦点其实也正是在"关键少数"身上。①

习近平总书记曾经指出:"我们查处的腐败分子当中,方方面面的一把手

---

① 姜敏、陈芳、李斌:《一把手的权力大过天?从17个官员落马看党内监督》,新华社,2004年1月5日。

比例不低，这说明，对一把手的监督仍然是一个关键环节。"①有学者也统计，从改革开放到 2013 年底，我国共有 54 位省部级、177 位地市级、544 位县市级"一把手"因为腐败问题落马，他们主导的集体腐败案占了约七成。

为什么今天特别提出要抓住领导干部这个"关键少数"？这与惩治腐败的重点发生变化也有很大关系。

全面从严治党，这是一场对政治生态的重构，因此新时代的反腐，也不是简单的经济意义上的查办一些大案要案就行了，其更重要的取向是政治反腐。重构政治生态，在反腐上当然会表现为清除一批腐败分子，但绝不等同于仅仅是清除一批腐败分子，要害是防止出现政治和经济交织在一起的利益集团。今后反腐败惩治的重点，是在高压态势下仍然不收敛、不收手，群众反映强烈、问题反映集中，已经进入了重要岗位、可能还要提拔使用的领导干部，特别是要清除政治问题和经济腐败相互交织的利益集团。

利益集团是个西方的政治现象，是和政党制度上的轮流"坐庄"联系在一起的。而在一党长期执政、全面执政的条件下，党内就不能存在利益集团。一党长期执政的领导力和党内出现利益集团是无法兼容的，党内的利益集团化会削弱甚至瓦解党的领导力。而从改革开放的事业来说，形形色色的利益集团对改革的阻挠同样是一个需要破解的课题。改革进入深水区，就是因为既得利益的刚性化，而利益集团是这种利益进一步固化的产物，其对改革开放事业的破坏更加严重。

2017 年 2 月 13 日，在省部级主要领导干部学习贯彻十八届六中全会精神专题研讨班开班式上，习近平总书记强调，领导干部严格自律，要注重防范被利益集团"围猎"，坚持公正用权、谨慎用权、依法用权，坚持交往有原则、有界限、有规矩。习近平总书记专门对着"关键少数"特别是省部级主要领导干部提醒要防范被利益集团"围猎"，这是非常有深意的。从道理上说，利

---

① 《依纪依法严惩腐败，着力解决群众反映强烈的突出问题》（2013 年 1 月 22 日），《十八大以来重要文献选编》（上），中央文献出版社 2014 年版，第 135—136 页。

益集团"围猎"的重点肯定是中高级尤其是高级干部,这与手中权力的大小是成正比的。

2013年7月,在河北调研指导党的群众路线教育实践活动时的讲话中,习近平总书记还说:"邓小平同志说过:'在中国来说,谁有资格犯大错误?就是中国共产党。'那么在党内,谁有资格犯大错误?我看还是高级干部。高级干部一旦犯错误,造成的危害大,对党的形象和威信损害大。"

无论是从过往经验,而是从实际情况看,抓住"关键少数"的逻辑都是顺理成章的。

维护中央权威

全面从严治党抓住领导干部这个"关键少数",一个非常重要方面的是维护党中央权威和集中统一领导。政治纪律和政治规矩中,维护党中央权威和集中统一领导是最核心的一条。试想,如果一个领导干部尤其是中高级领导干部不讲政治纪律和政治规矩,破坏了中央权威和集中统一领导,那么对一个政党的领导力势必带来很大的伤害。

对中国的改革发展来说,中央的政令畅通是一个必要条件。没有中央权威保证的全国性公共品的提供(国家安全、社会稳定、维护统一大市场、应对外部危机的冲击等),就不可能有40年改革开放的经济奇迹。而众所周知,维护中央权威的一个重要手段就是管好用好领导干部这个"关键少数"。

在改革开放的历史上,对于中央权威,其实不乏"选择性作为"的例子。如何处理好中央和地方的关系,充分发挥好两种积极性,的确是一个很复杂的问题。但我们警惕的是在博弈的心理之下出现的,对于中央权威的政令要求,合意的就执行,不合意的就变通或者虚化。举一个简单的例子,比如高尔夫球场建设,2004年1月,国务院办公厅下发《关于暂停新建高尔夫球场的通知》,要求暂停新的高尔夫球场建设并清理已建、在建的高尔夫球场项目。此后10年间,国家层面已经下达10道禁令,全国高尔夫球场数量却从2004

年的 178 家，增加到 2013 年的 521 家。

建设高尔夫球场，是涉及多重要的公共利益问题吗？是人民群众迫切要解决的问题吗？其实，更多的时候，坚持违规也要开发，是因为高尔夫球场是开发商牟取暴利、地方政府渴望政绩形象等诸多利益冲动的交汇点，不然也就不会出现一些地方政府不仅有建设的冲动，甚至还要帮助其消除违规痕迹的现象。

虽然不能说每一个违规建设都是地方一把手的直接错误，但按照十八大后管党治党的逻辑，出了这样的问题，肯定得追究"关键少数"管党治党主体责任履行不力。

维护中央权威，这在全面从严治党的实践中体现的很明显。比如巡视，强调巡的是政治，不是业务。中央巡视组代表党中央去巡视，是政治巡视不是业务巡视。政治巡视，就是要从政治上看问题，聚焦党的领导、党的建设、全面从严治党、党风廉政建设和反腐败以及选人用人，看看被巡视党组织的领导核心作用发挥得够不够、领导班子凝聚力强不强，是不是坚定地与党中央保持高度一致，是不是在管党治党上体现"严"的要求。

政治纪律和政治规矩，就是党内的制度的笼子。所以，党的十九大报告把政治建设放在了党的建设的首位：党的政治建设是党的根本性建设，决定党的建设方向和效果。而保证全党服从中央，坚持党中央权威和集中统一领导，是党的政治建设的首要任务。在相应的党章修改中也明确，党的建设要"以党的政治建设为统领"，"坚定维护以习近平同志为核心的党中央权威和集中统一领导"。

2017 年 10 月 27 日的十九届中共中央政治局会议审议通过了《中共中央政治局关于加强和维护党中央集中统一领导的若干规定》，明确中央政治局同志要带头，要主动将重大问题报请党中央研究、认真履行所分管部门、领域或所在地区的全面从严治党责任、坚持每年向党中央和总书记书面述职，等等。同时，中央书记处和中央纪律检查委员会、全国人大常委会党组、国务院党组、全国政协党组、最高人民法院党组、最高人民检察院党组每年向中央政治局常委会、中央政治局报告工作。

如果说没有中国共产党的领导,中国会是一盘散沙,中华民族复兴必然是空想,那么,没有以习近平同志为核心的党中央的集中统一领导,党内也会是一盘散沙,中华民族复兴也必然是空想。把政治建设放在首位,就是要保证党中央的重大决策部署能够得到有效贯彻落实。这种重大决策部署得到有效贯彻落实的能力,同样是一党长期执政、全面执政条件下,中国共产党领导能否成为"中国特色社会主义制度的最大优势"的重要保证。

抓住了领导干部这个"关键少数",维护中央政令畅通也就抓住了关键。

一项"事关全局的重大政治改革"

反腐败当中,我们党提出,治标是为治本赢得时间,治本那当然就是要把权力关进制度的笼子。这首先是从监督检查体制的改革启动的。2014年6月30日,中共中央政治局召开会议,审议通过了《党的纪律检查体制改革实施方案》。2004年新华社那篇报道提及的纪委监督的困境,如今得到了解决。

改革的内容包括:纪委聚焦中心任务,回归监督执纪问责的主业。中央纪委调整内设机构,在行政编制、领导职数总量不变的情况下,增设纪检监察室,新设纪检监察干部监督室,执纪监督部门数量和人力进一步加强。省级纪委也相应完成内设机构和人员调整,并从90%的议事协调机构中退了出来,把更多力量投入党风廉政建设"主战场"。

首次明确落实党风廉政建设责任制,党委负主体责任,纪委负监督责任,制定实施切实可行的责任追究制度。将对全面从严治党的领导体制和责任主体的认识上升到了新高度。

落实"两个为主",不断提升纪检监察工作的独立性和有效性。推动党的纪律检查工作双重领导体制具体化、程序化、制度化,强化上级纪委对下级纪委的领导。查办腐败案件以上级纪委领导为主,线索处置和案件查办在向同级党委报告的同时必须向上级纪委报告。各级纪委书记、副书记的提名和考察以上级纪委会同组织部门为主。

这里详细罗列纪律检查体制改革的关键之处，也是想说明，过去多年之所以形成巨大的腐败存量，"一把手"腐败的现象比较突出，这与党内纪律检查体制存在某些不适应的地方有关系。重要的是，改革开放40年反腐败的历史证明了，无论是何种体制条件下的反腐败，都不能不受监督的一般规律的支配。反腐败是对权力掌握者的监督和制约，有能力冲破公权力的干扰和关系网的阻挠。因此，增强反腐败机构的相对独立性和权威性，才能打破权力监督瓶颈，从根本上提升反腐败的成效。

我们讲要探索自我监督的有效途径，这是就中国共产党作为一个执政党而言的，但具体到部门和个人，不是说等于自己监督自己。我们讲党的自我净化的意思，主要是指在一党长期执政条件下，反腐败的首要路径选择是执政党下决心、下力气管好自己，但绝不意味着党内存在任何特殊组织或者个人，使自己监督自己——那是自律，不叫监督。

强化党内监督，首先要明确的是，哪一种监督最有效？众所周知，异体监督比自己监督自己更有效。全面从严治党，必须从根本上解决管党治党主体责任缺失、监督责任缺位问题。十八大后党中央逐渐明确了纪委的监督主体责任，通过改革保证了纪委的监督权力的相对独立性。而监督之后又必须可问责。

比如巡视，这是党内监督的一把利剑。巡视这个方法本身不是新鲜事，历史上也有过类似的实践。2009年也有过一个试行的党内巡视条例。通过十八大后巡视的实践，对这个条例进行了重大修订，和以前不同，巡视变成一种常设性、全覆盖的制度安排，并且对保证巡视的公信力和威慑力有明确的制度设计。

制度细节的改变会带来完全不同的效果。比如巡视组长根据每次巡视任务确定并授权，冲着具体事和人而去、让人摸不着规律的专项巡视。再比如，十八大后，中央明确提出，全面落实中央纪委向中央一级党和国家机关派驻纪检机构，实行统一名称、统一管理。派驻机构监督的重点对象为：驻在部门领导班子及中管干部和司局级干部。此前对中央一级党和国家机关只派驻了50多家，还有近2/3部门和单位没有被纳入监督范围。根据《关于全面落实中央纪委向中央一级党和国家机关派驻纪检机构的方案》要求，中央纪委对139家中央一级党和国家机关实现派驻全覆盖，其中的综合派驻形式，改变了"点对点"的单一模式，让纪检组"驻在一家、管多家事"，解决监督抹不开面子的问题。

所谓"抹不开面子"，背后其实是"点对点"单一模式下，监督性权力在被监督权力面前的地位的弱化、矮化甚至"合流"等消弭党内监督刚性的现象。

党内监督是第一位的，所以必须要解决纪律检查体制中不利于监督的制度设计问题，必须解决主体责任和监督责任的不到位等。而党纪和国法如何贯通，党内监督和国家监督如何结合，纪委办案和国家司法如何协调，随着时间推移，这些问题也需要得到解决。

2016年11月，一项"事关全局的重大政治改革"——国家监察体制改革拉开序幕。改革坚持问题导向，着力解决行政监察覆盖范围过窄、反腐败力量分散、纪律与法律衔接不畅等问题，整合反腐败资源力量，实现对所有行使公权力的公职人员监察全覆盖。习近平总书记在党的十九大报告中指出："深化国家监察体制改革，将试点工作在全国推开，组建国家、省、市、县监察委员会，同党的纪律检查机关合署办公，实现对所有行使公权力的公职人员监察全覆盖。"2018年的十三届全国人大一次会议通过宪法修正案和监察法，产生中华人民共和国国家监察委员会及其领导人员。2018年3月23日，中华人民共和国国家监察委员会正式揭牌。

从查办案件造成威慑，到不断倒逼组织和制度的相应调整，最终形成一项"事关全局的重大政治改革"，有权必有责、失责必问责，将成为所有掌握权力的人们的工作常态。短短5年之内，中国的反腐败就取得了重大突破，在探索一党长期执政、全面执政的自我监督路径上写下了浓墨重彩的一笔，对今后中国政治的走向也必将产生深刻和长远的影响。

5. 较真碰硬的机构改革

不断变身的部委

如果要挑选改革开放 40 年历史的关键词，"机构改革"绝对会是入选的一个。在党的十九大之前，党中央部门于 1982 年、1988 年、1993 年、1999 年集中进行了四次改革，国务院机构于 1982 年、1988 年、1993 年、1998 年、2003 年、2008 年、2013 年集中进行了 7 次改革。显然，党政机构尤其是政府机构，几乎是每隔五年都要进行一次改革。可以说，改革开放以来中国社会经济的深刻变化和政治周期的变动在机构改革上面都会得到反映。

让我们看看在历次机构改革中消失的部委，就很容易看出这一点。改革开放后的第一次机构精简，最先被撤销的是粮食部。当年计划经济体制的建立在农业领域就是统购统销制度的建立，农民的粮食只能卖给国家，全社会需要的粮食由国家来供应，因此相关事宜就需要成立一个部委来专门管理，虽然跨省粮食调拨等问题仍然需要更高层面的协调。而中国的改革恰恰就是从农村开始的，是从农民粮食生产和销售的自主权开始的，粮食部的存在已经不再适应这个变化，因此最终被取消。粮食部的命运，恰好就是中国经济体制变化的典型反映。

纺织工业部是涉及工业和制造业领域的机构改革的典型。近代以来，中国民族工业里面，纺织业是很重要的一块，中华人民共和国成立后，很快就成立了纺织工业部。1993 年以后，国有纺织工业出现行业性连续亏损，1996 年预算内国有纺织企业盈亏相抵后亏损 89 亿元，企业亏损面达 54%。到 1997 年仍亏损 45 亿元，纺织工业成为全国工业中最困难的行业。当时的纺织工业集中体现了普遍处于亏损状态的行业的通病：总量过剩，债务繁重，富余人员多，社会负担沉重等。但后来，纺织业却成为"中国制造"的一个代名词，纺织、服装成为传统出口的大类，中国的衣箱鞋帽几乎可以说"占领"了全世界。

这种变化是因为纺织业变成了充分市场竞争的一个行业，在资源配置中市场真正起到了决定性作用，因此把中国在世界贸易格局中的比较优势发挥得淋漓尽致。与之相关的正是纺织工业部作为一个部委命运的起伏。1993年，纺织工业部被撤销，中国纺织总会成为国务院直属事业单位，1998年3月，中国纺织总会改组成国家纺织工业局，由国家经济贸易委员会管理。2001年2月，国家纺织工业局撤销，成立中国纺织工业协会，纺织行业进入了彻底的行业自律的阶段。

因此，关于行业发展和部门的关系，曾经有一个说法：如果哪个领域发展不好，把主管部门撤销就行了。这个说法并不严谨，但片面当中蕴含的合理性在于，根据行业设立相应的管理部门，其实是计划经济体制的思维和方式，并不适合社会主义市场经济的要求。在机构改革中，一些专业经济部门的逐步消失，就深刻反映了这一点。可以说，机构改革和经济体制改革的不断深化是同步的。

专业经济管理部门如斯，那么综合部门又如何？这里问题的复杂性在于，一个充分参与竞争的行业，不必需要专门有个部委去管，但政府调控宏观经济，尤其是在政府和市场的关系这个经济体制改革的核心问题还没有理顺的情况下，仍然往往倾向于一些直接干预的手段，比如对投资项目的审批、对价格的管制，等等。最典型的是国家发展和改革委员会。

国家发改委的前身是国家计划委员会，国家发展计划委员会。2008年的机构改革后设立了国家发展和改革委员会。从成立的那天开始，它就经常成为新闻的焦点。除了政府仍然会通过一些直接干预的手段去管理经济，因此需要发改委去执行之外，还有一个特殊原因是，国家发改委作为从计划经济留传下来的权威经济社会管理部门，有多年的积累，对整个中国的经济社会运行情况了解甚深，有一批人才，"能管好事"，所以"遇到麻烦事，后来都习惯交给它了"。比如，2008 年 11 月，当国务院做出"4 万亿扩大内需计划"应对新的金融危机之时，国家发改委再次成为手持待批项目的地方干部的云集场所，权能想不强化也很难。

与专业经济管理部门不同，综合部门的问题不在于是否取消，就像发改委，很多市场经济发达国家的政府也有一个综合规划部委，改革的关键是剥离与微观市场有关的具体职能，专注于经济规划、经济预警、经济调节政策制定等宏观事务。

而到了 2018 年最新一轮党和国家机构改革，发改委"瘦身"就非常明显，多项职责划归其他部委：组织编制主体功能区规划职责，整合并入新组建的自然资源部；应对气候变化和减排职责，整合并入新组建的生态环境部；农业投资项目管理职责，整合并入新组建的农业农村部；重大项目稽查划入审计署；价格监督检查与反垄断执法职责，整合并入新组建的国家市场监督管理总局；药品和医疗服务价格管理职责，整合并入新组建的国家医疗保障局。

发改委"瘦身"的思路是"放"，这个逻辑也是最新一轮机构改革的一个基调，即能放给市场的要彻底放干净，适合地方承办的要坚决交给地方负责，需要专业部门协调管理的职能要坚决放给部门去管理。

通过对改革开放 40 年部委命运变迁的简单梳理可以看出，机构改革的背后是政府职能的转变。传统社会的政府是全能型政府（事实上能管到什么程度则是另外一个问题），而中国从过去计划经济到市场经济的转变，政府的职能也逐渐要调整到适应现代市场经济的轨道上来。政府对市场和社会的微观干预越多，那么越是需要一个具有很大审批权限的超级部门。随着政府职能转变的逐渐到位，超级部门的权力也必然要调整。

所以，改革开放后的历次机构改革都与简政放权联系在一起，这在最新一轮党和国家机构改革当中体现得更为明显。

自我膨胀的约束机制

历次机构改革，人们总会问一个问题：如何走出精简—膨胀—再精简—再膨胀的怪圈。能够有效控制政府机构的膨胀，是治理现代化的应有之义。只要是现代化治理，就必须要有控制政府规模膨胀的一套机制。因为政府规模的过度膨胀，不仅增加市场经济活动的制度性交易成本，压抑市场创新和社会活力，而且会对资源配置形成挤出效应，不利于全社会的创新创业创造。

同时，"精兵简政"也是中国共产党领导革命和建设的一个很重要的法宝，在一党长期执政、全面执政的条件下，约束政府规模的膨胀是一个很重要的课题。从古今中外的历史看，有的政党或者政权之所以跳不出"历史周期律"，除了腐败问题之外，很重要的一个原因就是对社会财富的过度汲取，对权力的自我膨胀形不成硬约束，反而是预算软约束，最后导致社会矛盾的激化。就是在今天，很多社会焦点矛盾和问题，背后也往往能找到官员腐败或者部门逐利的影子。不然，我们也不会在处理很多焦点事件的时候，往往要查一查是否存在腐败问题。

我们政府的规模到底有多大？使用不同的概念，比如公务员数量和财政供养人员，结果会有很大不同，因为这两个概念涵盖的人数差别很大。比如只是用"编制"的数量来直接得出财政供养人员的数量就是不准确的，因为事实上在严控编制的约束下，很多部门使用了大量的所谓"临时工"。

控制政府规模，方法很多，比如财政预算改革，这可以说是更加治本的途径。还有的研究指出，一个地方的政府规模膨胀程度和税制有关系，直接税占税收收入比重的提高有助于约束政府规模的膨胀，因为直接税与个人收入、企业利润率等因素直接相关。而间接税则不同，看重企业收入规模，地方政府投资会偏向于收入提升快的行业而效益未必好的行业，以更快地获得财政收入，同时也会刺激政府规模的膨胀。但无论财政预算改革还是税制改革，都还是一个渐进过程。严控编制仍然是控制政府规模膨胀的一个重要抓手。

改革开放以来,为了约束政府规模的膨胀,编制的严控力度越来越大。编制管理的严格,人们都深有体会。

而编制在不同部门之间的分配,有一个变化过程,背后同样是政府职能的转变。

比如经济建设职能最为突出的时候,相应职能部门的人数就会比较多,有研究就指出,中央各部委公务员中,负责经济发展职能部门人数较多,以2008年为例,各部委公务员数量从多到少依次为:国家发展与改革委员会(1029)、商务部(956)、工业与信息化部(731)、审计署(682)、财政部(680)……当政府职能强调加强和完善政府经济调节、市场监管、社会管理、公共服务、生态环境保护职能的时候,也就会在相关部门公务员数量上反映出来。

有研究对2013年美国各级公职人员数量较多的前10个职能部门进行了分析,包括教育、医疗、警务、国防、矫正、卫生等在内的10个职能部门公职人员的数量总和占总体政府规模的80.8%,其中负责提供与公民日常生活息息相关的各类公共服务的公职人员更是占总体规模的73.3%,是绝对多数。而中国的特点,除了前述负责经济发展的职能部门人数相对较多外,社会管理职能部门特别是公安系统人数也较多,同时教育、医疗等公共服务更多的是由事业单位来承担,并且基层占比很高。

反过来说,编制也可以作为指标,来衡量一个地方或者部门所声称的职能转变是否真正落到实处。比如发改委"瘦身"反映的是职能转变的部门权责对等,编制等资源的分配则更直接反映职责的实际履行。

对应于政府职能的转变,必然要对编制资源配置进行结构性的调整。最新一轮的党和国家机构改革有针对性地明确指出,要结合全面深化党和国家机构改革,对编制进行整合规范,加大部门间、地区间编制统筹调配力度。在省(自治区、直辖市)范围内,打破编制分配之后地区所有、部门所有、单位所有的模式，随职能变化相应调整编制。

除了对编制资源的结构性调整外，政府职能转变也一直在深化。如果对比今天的政府职能和40年前的政府职能，可以说已经发生了翻天覆地的变化。尤其是党的十八大以后，国务院推动的一个重点工作就是简政放权。

传统管理体制是以审批发证为主，在过去较长时间里，政府管理很主要的是搞计划下指标，随着改革的推进，很多计划取消了，但重审批、轻监管、弱服务的问题仍然普遍存在。重审批，一些部门和单位一支笔、一个章掌管着很多企业、项目的生杀大权，围绕审批又派生各种中介服务，形成了多种利益链。其中既有一些不合理利益，也有寻租产生的非法利益，成为腐败滋生的土壤。

40年之最

2018年2月28日，在北京举行的中国共产党第十九届中央委员会第三次全体会议审议通过《中共中央关于深化党和国家机构改革的决定》和《深化党和国家机构改革方案》。3月14日，十二届全国人大一次会议表决通过了关于国务院机构改革和职能转变方案的决定。

最新一轮党和国家机构改革，被认为是一场系统性、整体性、重构性的变革。

与以往机构改革主要涉及政府机构和行政体制不同，这次机构改革是全面的改革，包括党、政府、人大、政协、司法、群团、社会组织、事业单位，跨军地、中央和地方各层级机构。除完善坚持党的全面领导的制度外，一是优化政府机构设置和职能配置。要求合理配置宏观管理部门职能，深入推进简政放权，完善市场监管和执法体制，改革自然资源和生态环境管理体制，完善公共服务管理体制，强化事中事后监管。二是统筹党政军群机构改革。要求完善党政机构布局，深化人大、政协和司法机构改革，深化群团组织改革，推进社会组织改革，加快推进事业单位改革，深化跨军地改革。三是合理设置地方机构。要求确保集中统一领导，赋予省级及以下机构更多自主权，构建简约高效的基层管理体制，规范垂直管理体制和地方分级管理体制等。

这在过去是少有的，堪称"40年之最"。

改革不是为了改而改，尤其是机构改革涉及权力和人事等方面的大调整，对机构改革的认识更容易落入"人事学"的俗套。机构改革是要建立现代化治理的组织基础。因此，对于机构改革必须从治理现代化的高度来把握。新一轮机构改革的方向是优化协同高效，这个要求已经点明了现在机构设置和职能配置的问题，即不符合现代化治理要求的弊端。

人们已经用一些生动的语言和通俗的例子来深刻地反映出这些弊端，比如，"一只蛤蟆跳进水里，归农业部管，蹦到岸上就归林业局管"，"我种牡丹归林业局管，改种芍药得归农业部管了，一个是草本，一个是木本"，[①]这样的现象说的就是机构之间的职能交叉。在政府机构当中，特别是综合部门与行业部门之间职责划分不清，协调难度大，权责分离严重，导致相同的问题各管一块，各出各的招、各走各的道，形成不了合力。而一些领域执法队伍分设，相互"打架"现象比较普遍。大部制改革以来，一些部门的内设机构整合不彻底，还是各自独立运转，等等。

在传统政治中，部门职能设置的叠床架屋现象是很突出的。原因很复杂，有政治文化方面的，传统王朝统治往往奉行的是即使牺牲效率也要保证权力体系对士人的吸纳。有时候，出于权力制衡的需要，更是有意识地进行权力和职能交叉的设计，以保证最高统治权不会受到挑战。现代社会一方面有政治参与的制度安排，另一方面要求对社会进行理性和专业的治理，因此传统政治的做法自然也失去了存在的土壤。

政府既要把不该管的真正放给市场和社会，该管的也要管好。职能交叉、相互"打架"等问题更多的出现在不断变化的社会经济面前，去管有利益可

[①] 出自2018年3月13日全国政协委员、全国社保基金理事会会长楼继伟在《国务院机构改革方案》提交十三届全国人大一次会议审议时的发言。

能就争来争去,该管好的问题可能推来推去。同时还有"本领恐慌"问题,比如与审批发证这种监管模式相伴的是,以前一些部门习惯于坐在办公室等人上门忙审批,而对如何深入基层一线调查研究、加强事中事后监管、为群众提供便捷多样的公共服务,不少部门及其工作人员既缺乏相应理念,又想不出有效办法,有的甚至"猫鼠一家",监管失守。在奶粉、疫苗等关系人民群众生活质量的领域,都发生过影响恶劣的造假事件。

深化党和国家机构改革,转变和优化职责是关键。改革开放40年的历次机构改革涉及的政府职能转变,主要是两条,一是坚持市场化取向,比如《中共中央关于深化党和国家机构改革的决定》就提出,要坚决破除制约市场在资源配置中起决定性作用、更好发挥政府作用的体制机制弊端。如明确要求减少微观管理事务和具体审批事项,最大限度减少政府对市场资源的直接配置,最大限度减少政府对市场活动的直接干预。放宽服务业准入限制,全面实施市场准入负面清单制度。

二是工作重心要往做好监管和服务倾斜。新一轮机构改革明确要求,政府职能部门要把工作重心从单纯注重本行业本系统公共事业发展转向更多创造公平机会和公正环境,促进公共资源向基层延伸、向农村覆盖、向边远地区和生活困难群众倾斜,促进全社会受益机会和权利均等。

在具体措施上,比如设立国有自然资源资产管理和自然生态监管机构,完善生态环境管理制度,统一行使全民所有自然资源资产所有者职责,统一行使所有国土空间用途管制和生态保护修复职责,统一行使监管城乡各类污染排放和行政执法职责。加快实施政社分开,克服社会组织行政化倾向。实现政事分开,不再设立承担行政职能的事业单位。面向社会提供公益服务的事业单位,逐步推进管办分离,强化公益属性,破除逐利机制。总之,是强调要在宏观管理、市场监管、教育文化、卫生健康、医疗保障、生态环保、应急管理、退役军人服务、移民管理服务、综合执法等人民群众普遍关心的领域,重点攻坚、抓好落实。

职能转变势必要涉及政府机构设置和相应的资源配置的调整，涉及监管方式的改变。所以说，此轮机构改革具有很强的"革命性"，即不回避权力和利益调整，而是要对现有的传统既得利益进行整合，重塑新的利益格局。新一轮机构改革强调要在改职责上出硬招，不光是改头换面，还要脱胎换骨，切实解决多头分散、条块分割、下改上不改、上推下不动的问题，确保党中央令行禁止。

正如习近平总书记说的，机构改革要敢于较真碰硬。其实，敢于较真碰硬，也同样是其他领域的工作之所以能够取得突破性进展的重要原因。

6. 法治，国家治理的一场深刻变革

法治为什么重要

今天，不会有多少人真的怀疑法治的重要性。但要真正认清楚法治的重要性，既要看历史，也要看现实；既要有理论的研究，也要有实践的检验。

看历史，先看整个人类社会的发展历史。人类社会发展的事实证明，依法治理是最可靠、最稳定的治理。法治不因人而异，所以可靠；法治是把改革和发展的成果固化下来，所以稳定。善于运用法治思维和法治方式进行治理，是治理现代化的一个重要标志。具体到中国的历史，人们耳熟能详的是"天下大势，分久必合，合久必分"，王朝更迭、治乱循环一再诠释着"法令行则国治，法令弛则国乱"的深刻道理。再具体到中国共产党执政的历史，正反两方面的经验和教训都使我们党深刻认识到，法治是治国理政不可或缺的重要手段。法治兴则国家兴，法治衰则国家乱。什么时候重视法治、法治昌明，什么时候就国泰民安；什么时候忽视法治、法治松弛，什么时候就国乱民怨。

看现实，当代中国正处于历史性一跃的关键性节点上。这个历史性一跃，就是从站起来、富起来到强起来。一个国家强不强，不能只看一些纸面上的数字和有形的物质条件，很重要的是看构建秩序的能力。设想一下，如果一

个国家因为资源条件变得很富,但一旦面临着重大的社会问题和社会矛盾就无力化解,那很难说这个国家是一个强国家。法治是一种能力,法治能力是衡量政党领导力的重要内容。如习近平总书记说的,要提高运用法治思维和法治方式的能力,努力以法治凝聚改革共识、规范发展行为、促进矛盾化解、保障社会和谐。① 现在无论是转变发展方式、保护生态环境,还是化解社会矛盾、推进改革,都必须要有法治思维和相应的依法治理能力。

看理论总结,我们说,我们走的是中国道路,中国特色社会主义为世界现代化提供了中国方案和中国智慧。那么中国道路、中国方案不仅是要实现经济发展,而且是要有更高水平的制度文明,很重要的衡量标尺就是法治水平——法治更具有根本性和关键性,因为法治保障制度文明不会人亡政息。

看实践,2014年10月召开的党的十八届四中全会,是中国共产党历史上第一次以法治为议题的中央全会。党的十八大以来的2013年到2017年这5年,是全面依法治国举措最有力最集中的五年,也是经验最丰富最系统的5年:

完善以宪法为统帅的中国特色社会主义法律体系,健全宪法实施和监督制度,设立国家宪法日,建立宪法宣誓制度,弘扬宪法精神,维护宪法权威,为中国特色社会主义提供根本法律和制度保证。

以法治为保障,力助改革啃下一块块"硬骨头",比如修改人口与计划生育法,正式实施全面两孩政策;依法解决无户口人员户口登记问题,切实保障公民权利;按照法定程序对自贸区试验、土地制度改革、司法责任制改革试点等作出授权决定。

坚持运用法治思维和法治方式破解发展难题,比如编纂民法典,制定电子商务法,修改促进科技成果转化法,法律制度追求符合发展规律,为经济社会持续健康发展提供可预期的支撑。

权力运行也日益纳入法治化轨道,党的十八大以来,党中央制定或修订

---

① 2013年2月23日,习近平总书记在中共中央政治局第四次集体学习时的讲话。

一系列党内法规，并通过监察体制改革实现党纪和国法的贯通。党内法规体系日趋完善，约束"关键少数"标准更严。各级政府也厘清行政权力边界、明确权力清单，规范行政权力运行、提升依法行政能力，既简政放权又切实担负起监管责任。

特别值得一提的是这5年对待过去的冤假错案的态度上的转变。陈满案、呼格案、聂树斌案、张文中案……党的十八大以来，司法机关先后纠正了一系列重大错案。习近平总书记专门就纠正冤假错案指出："不要说有了冤假错案，我们现在纠错会给我们带来什么伤害和冲击，而要看到我们已经给人家带来了什么样的伤害和影响，对我们整个的执法公信力带来什么样的伤害和影响。我们做纠错的工作，就是亡羊补牢的工作。"[①] 和全面从严治党以及反腐败斗争一样，不存在所谓"投鼠忌器"的羁绊。

经过40年改革开放，我们已经明白，无论是官还是民、无论是何种所有制性质的企业、无论是中国还是外国等，法治都是"共同语言"。我们通过这种共同语言建立共同遵守的规则，明确自己的行为边界，稳定自己的预期。40年改革开放下来，中国社会出现了大量需要用法治手段解决的规则建立、矛盾处理、权利划分等课题，这本身就对国家治理的法治化水平提出了更高要求。

比如，我们常说市场经济是法治经济，我国的市场经济是从无到有，一步步发展起来的，今天市场经济里面的产权形态、商业形态等的复杂程度是过去难以想象的，离开了法治，是很难治理好的。

归结起来，就是习近平总书记的一段话："人无远虑，必有近忧。全面建成小康社会之后路该怎么走？如何跳出'历史周期率'、实现长期执政？如何实现党和国家长治久安？这些都是需要我们深入思考的重大问题。"[②] 要从如何正确作答这三个重大问题的高度来认识法治，由此也就不难理解法治为什么

---

① 2014年1月7日，习近平总书记在中央政法工作会议上的讲话。
② 习近平总书记在2014年10月党的十八届四中全会第二次全体会议的讲话。

是一场国家治理的深刻变革。党的十八大以来的全面依法治国实践，对此作出了生动的回答。

当然，今天要实现全面依法治国，不是在一张白纸上画画，而是从既定的、我们直接继承的历史条件下"继往开来"，是从解决当下和今后一段时期的实际问题入手的，是从这样的实践中不断总结从而形成中国特色法治体系。

中国特色和尊重规律

有了40年改革开放的依法治国实践，对法治的中国特色我们已经可以看得更清楚一些了。

全面依法治国坚持从我国实际出发，不等于关起门来搞法治。法治是人类文明的重要成果之一，法治的精髓和要旨对于各国国家治理和社会治理具有普遍意义，我们自然要学习借鉴世界上优秀的法治文明成果。但中国搞法治肯定会有中国特色。

40年改革开放，让我们明白了，市场经济不仅是法治经济，也是道德经济。很多市场乱象，不仅是违背法律，更是突破了道德底线。对此就要有法治和德治两手。

中国历史上有一些盛世，盛世的形成有一个基本特征，那就是道德法律共同治理。道德引导民心、导民向善，法律规制社会、调整行为。习近平总书记提出，中国特色社会主义法治道路要体现法律和道德相结合，体现法治和德治相结合，扎根中国现实，弘扬民族优秀传统，既是对历史规律的科学总结，也是当代中国实现民族复兴的必由之路。[①]

"国家"这个词汇本身就是我们民族独有的概念，国与家紧密相连、不可分离。修身齐家治国平天下，修身为首要。中华传统文化是责任文化，讲究德治礼序。中国是个人口众多的大国，只靠法律肯定解决不了所有问题。

---

① 政论专题片《法治中国》第一集解说词。

比如，很多年以来，道德滑坡就引起全社会的关注，伴随着发展出现的冲击社会道德底线和心理底线的事情也是时不时会出现的。每次发生这样的事情，对人们心理的冲击都很大，也带来很大的困惑。对此，就需要把法治和德治结合起来，既要恢复我们自己优秀的文化传统，又要把实践中广泛认同、较为成熟、可操作性强的道德要求及时上升为法律规范，引导全社会崇德向善。

再比如，解决诚信缺失问题，也是要"两手"。没有一个诚信社会，也就不会有法治国家。反过来，法治也要来保障守信的不吃亏，失信的付出代价。因此，解决诚信缺失问题，既要抓紧建立覆盖全社会的征信系统，又要完善守法诚信褒奖机制和违法失信惩戒机制，使人不敢失信、不能失信。对见利忘义、制假售假的违法行为，更要加大执法力度，让败德违法者受到惩治、付出代价。

中国文化传统特别强调"信"，认为信是人的安身立命之本，信更是为政者的道德要求。在全面从严治党过程中，习近平总书记反复强调说要防止老问题的反弹、回潮，就是因为一旦反弹和回潮了，老百姓就会失望，就会变成"老不信"。法治之所以是治理手段当中最稳定和最可靠的，就是因为它可信。当前，司法领域存在的主要问题是，司法不公、司法公信力不高问题十分突出，一些司法人员作风不正、办案不廉，办金钱案、关系案、人情案，"吃了原告吃被告"，等等。法治本是最可靠、最稳定的治理，但如果司法公信力出了问题，那对政治的可信度就是源头上的污染。司法是社会公平的最后一道防线，最后一道防线垮了的话，后果是灾难性的。

问题就出在没有尊重司法的职业特点。尊重司法的职业特点，恰恰是最新一轮司法体制改革最鲜明的特色。习近平总书记指出："司法不公的深层次原因在于司法体制不完善、司法职权配置和权力运行机制不科学、人权司法保障制度不健全。"[①] 过去，我国司法管理体制和司法权力运行机制中存在一些不符合司法规律的问题，特别是司法行政化问题突出，院庭长像行政领导一样审批案件，导致审者不判、判者不审，权限不清、责任不明。因此，要消除这些导致各种司法不公、司法腐败的深层次原因，就必须深化司法体制改革。

因此，强调中国特色和强调尊重司法规律是统一的，不能割裂开来。改革开放40年法治建设的经验也告诉了我们这一点。比如相当一段时间内，指标化考核成了各级法院的指挥棒，甚至因为结案率考核，有的法院年底就不接受立案，人家上门要打官司，结果被拒之门外，被人们戏谑地评价说"正义冬眠"。

2014年1月，习近平总书记在中央政法工作会议上强调，建立符合职业特点的司法人员管理制度，在深化司法体制改革中居于基础性地位。[②]2015年3月，习近平总书记在中共中央政治局第二十一次集体学习时再次指出，要紧紧牵住司法责任制这个牛鼻子，凡是进入法官、检察官员额的，要在司法一线办案，对案件质量终身负责。[③] 改革的主攻方向就此明确：以司法责任制改革为切入点，发挥牵一发而动全身的功效，带动整个司法体制改革次第前行。

司法责任制改革，以司法人员分类管理、完善司法责任制、健全司法人员职业保障和推动省以下地方法院检察院人财物统一管理四项改革为主要内容，瞄准的正是司法体制机制中存在的突出问题，通过改革确立新的体制机制，实现"让审理者裁判、由裁判者负责"。

其实，司法体制改革本身就印证了一种小范围内的治乱循环，改革开放后，司法体系恢复了起来，在市场经济大潮中也出现了一些复杂原因带来的乱象，后来通过司法考试来管住司法人员的"进口"等办法，解决了一些问题，

[①] 2014年10月20日至23日，十八届四中全会在北京举行，受中央政治局委托，习近平总书记就《中共中央关于全面推进依法治国若干重大问题的决定》起草情况向全会作的说明。

[②] 2014年1月，习近平总书记在中央政法工作会议上的讲话。

[③] 2015年3月，习近平总书记在中共中央政治局第二十一次集体学习时的讲话。

但司法不公问题仍然突出，并不断变换花样，于是用指标化考核这种过于行政化的手段，解决问题的同时本身又制造了问题。而十八大后的司法体制改革，抓住了司法责任制这个牛鼻子，尊重司法规律，根据司法特殊的职业特点进行制度设计和试点探索，经过努力，司法领域的治乱小循环将被终结。

把握执政规律的新境界

坚持党的领导和依法治国也是统一的。法大还是党大？这在改革开放过程中也出现过争论，认识很模糊和不统一。习近平总书记多次针对这个问题上的一些模糊或者错误的认识专门阐述了党中央的主张："'党大还是法大'是一个政治陷阱，是一个伪命题。对这个问题，我们不能含糊其词、语焉不详，要明确予以回答。"①

不存在"党大还是法大"的问题，是把党作为一个执政整体而言的，是就党的执政地位和领导地位而言的，因为党的领导、人民当家作主和依法治国是有机统一的。全面推进依法治国，是为了"进一步巩固党的执政地位、改善党的执政方式、提高党的执政能力，保证党和国家的长治久安"。

而具体到每个党员、每个领导干部，"就必须服从和遵守宪法法律，就不能以党自居，就不能把党的领导作为个人以言代法、以权压法、徇私枉法的挡箭牌"。②对各级党组织、各级领导干部来说，正确地看待手中的权力就是一个真命题。

一谈法治，就会有人争论法大还是党大，这种现象无独有偶。正如一谈要搞活经济，似乎就要对企业家"放纵"一些，而一谈社会公平，似乎就要对普通劳动者倾斜一下，一谈要做大做强国企，似乎民企的地位就危险了。这种思想认识的来回摇摆，其实并不符合党中央全面依法治国的精神。要化

---

① 2015年2月2日，习近平总书记在省部级主要领导干部学习贯彻党的十八届四中全会精神全面推进依法治国专题研讨班上的讲话。

② 同上。

解这种认识上的来回摇摆，离不开法治的治理手段。

比如改革开放 40 年，我们总是在某些重要时刻给民营企业家吃"定心丸"。这在政策层面上是非常必要的。2016 年全国"两会"期间，习近平总书记在参加全国政协十二届四次会议民建、工商联界委员联组会时强调，实行公有制为主体、多种所有制经济共同发展的基本经济制度，是中国共产党确立的一项大政方针，是中国特色社会主义制度的重要组成部分，也是完善社会主义市场经济体制的必然要求；我们党在坚持基本经济制度上的观点是明确的、一贯的，而且是不断深化的，从来没有动摇，这是不会变的，也是不能变的。

"这就是要让广大企业家吃个'定心丸'"，"我们国家这么大、人口这么多，要把经济社会发展搞上去，需要各方面齐心协力干，公有制经济、非公有制经济应该相辅相成、相得益彰，而不是相互排斥、相互抵消。非公有制企业搞大了、搞好了、搞到世界上去了，为国家和人民做出更大贡献了，是国家的光荣。党和政府当然要支持，这一点是毫无疑义的。"①2018 年 11 月 1 日，习近平总书记主持召开民营企业座谈会。多位党和国家领导人出席，各有关方面负责同志到场，50 多位民营企业家代表参加。在讲话中，习近平总书记指出：

"非公有制经济在我国经济社会发展中的地位和作用没有变！我们毫不动摇鼓励、支持、引导非公有制经济发展的方针政策没有变！我们致力于为非公有制经济发展营造良好环境和提供更多机会的方针政策没有变！我国基本经济制度写入了宪法、党章，这是不会变的，也是不能变的。任何否定、怀疑、动摇我国基本经济制度的言行都不符合党和国家方针政策，都不要听、不要信！所有民营企业和民营企业家完全可以吃下定心丸、安心谋发展！"②

对中国共产党来说，基本经济制度是明确的，总书记专门讲话要给广大

---

① 2016 年 4 月 19 日，习近平总书记在网络安全和信息化工作座谈会上的讲话。
② 2018 年 11 月 1 日，习近平总书记在民营企业座谈会上的讲话。

企业家吃个"定心丸",说明在一定时间里的确有不少企业家尤其是民营企业家产生过疑虑。其原因,有不少地方对于中央精神的理解不到位、层层执行中的"失真"等因素,当经济形势发生变化的时候,领导人需要借助专门场合重申政策的基本精神。

一个行动胜过一打纲领。2018年5月31日,最高人民法院再审张文中案公开宣判,撤销了原审判决,改判其无罪。张文中是一名民营企业家。张文中案的改判,在民营企业家群体里面引起了巨大反响,让广大企业家看到了党和国家依法保护产权和企业家合法权益的坚定决心与实际行动,营造了企业家健康成长的环境、发挥作用的空间,也将增强企业家的人身和财产财富安全感,使广大企业家能够安心经营、放心投资、专心创业。

改革开放以来,一些地方一段时期内确实存在对民营企业不公平、不合理对待的现象,给民营企业的经营发展设置了不少门槛,一些民营企业家为了寻求企业发展,不得不采取了一些不规范的行为。张文中案原审的错误在于,在没有法律明确规定的情况下,把民营企业的"不规范行为"判定为犯罪,这不符合罪刑法定的法治原则。

其实在社会领域,道理也是类似的。比如习近平总书记提到过的"塔西佗陷阱"。古罗马历史学家塔西佗提出了一个理论,说当公权力失去公信力时,无论发表什么言论、无论做什么事,社会都会给以负面评价。这就是"塔西佗陷阱"。"我们当然没有走到这一步,但存在的问题也不谓不严重,必须下大气力加以解决。如果真的到了那一天,就会危及党执政基础和执政地位。"① 防止掉入"塔西佗陷阱",最根本的也是靠法治来稳定人们对施政的预期。

总结起来说,在新时代,中国共产党努力通过一整套更加定型、更加稳定、可预期性更强的法治办法,来统筹不同的社会力量、平衡多样的社会利益、调节社会各阶层关系、规范权力运行和社会行为。中国共产党既是长期执政、

---

① 2014年3月18日,习近平总书记在兰考县委常委扩大会议上的讲话。

全面执政，也是依法执政、依宪执政。做到依法执政、依宪执政，也是中国共产党的"自我革命"。全面依法治国的实践说明，中国共产党把握新时代执政规律进入了新境界。

7. 落实"税收法定"

跳出"黄宗羲定律"

唐代初年，中国采用的财税制度叫"租庸调"。租是土地税，庸是人头税，调是户税。晚唐时，杨炎将"租庸调制"改革为两税法，全部以土地的多少为标准征收农业税，看似没有了户税和人头税的名目，其实这两项已经并入了土地税当中。但时间久了，人们习以为常，以为"两税"只包含了土地税，并未囊括人头税与户税。到了宋朝，户税和人头税并没有从土地税中扣除，却在土地税之外重新开征了新的人头税，即"丁身钱米"，也就相当于重复征收了人头税。

明代时，在两税和"丁身钱米"之外，政府加征了劳役和代役租，十年征收一次。嘉靖末年，"一条鞭"法改革把两税、丁口税、差役税和各项杂派归并到一起征收，十年征收一次的差役税也被分摊到每年征收一次。实际上，这又把所有税费归并到了两税当中，时间久了，人们再次习以为常，以为"一条鞭"只包含了两税，而不包括杂役，老百姓还应该轮流当差。这同样是重复征税。

这样的事情在中国历史上不断重复。每一次"并税"改革，短期内都能克服胡征乱派的弊端，减少税收流失和官吏层层贪污；但长期来看，人们总会忘记今天的"正税"已经包含了以前的杂派，一旦官府缺钱花了，便会重新征收杂派，造成重复征税。明末清初的大儒黄宗羲将其总结为"积累莫返之害"。

根据黄宗羲的说法，清华大学历史系教授秦晖提出了著名的"黄宗羲定律",即历史上每次税费改革,农民负担在下降一段时间后都会涨到一个比改革前更高的水平。他在论文中将这一定律表示成易于理解的公式:

两税法 = 租庸调 + 杂派

王安石免役钱法 = 两税法 + 杂派
　　　　　　　 = 租庸调 + 杂派 + 杂派

一条鞭法 = 王安石税法 + 杂派
　　　　 = 两税法 + 杂派 + 杂派
　　　　 = 租庸调 + 杂派 + 杂派 + 杂派

倪元璐税法 = 一条鞭法 + 杂派
　　　　　 = 王安石税法 + 杂派 + 杂派
　　　　　 = 两税法 + 杂派 + 杂派 + 杂派
　　　　　 = 租庸调 + 杂派 + 杂派 + 杂派 + 杂派 [1]

结论一目了然,几次税费改革下来,农民缴纳的杂派不断重叠,以减负为目的的税制改革反而加重了农民的负担。

进入21世纪,中国开始全面推广税费改革,"黄宗羲定律"被再次提起,并引起了国家领导人的重视。2005年,第十届全国人大常委会第十九次会议通过决议,宣布全国废除农业税。从2006年1月1日起,在我国征收了2600多年的农业税正式取消。这无疑是巨大的进步——为了跳出农业税越改越多的怪圈,国家干脆连税都免了,决心不可谓不大。

---

[1] 秦晖:《并税式改革与"黄宗羲定律"》,载《农村合作经济经营管理》,2002年第3期,第6—7页。

有人说，中国从此彻底跳出了"黄宗羲定律"。但不少学者认为，虽然农业税已经取消，但中国的赋税征收机制在"制约征税、监督用税"方面，与现代化治理所要求的现代公共财政还有距离。况且，历史上"黄宗羲定律"的周期很长，几年时间不足以下结论，如果纳税人对征税者没有制约，一旦财政入不敷出，新"费"可能再次出现，也就会再次落入循环的怪圈。

另外，中国早已从农业社会过渡到工业社会乃至后工业社会，"黄宗羲定律"也不再只用于描述农民的税费负担，还可以描述企业的税赋情况。有专家作出判断：在工业社会中，如果政府的征税权不受控制，税制每改革一次，企业的税就加重一次，而且一次比一次重。这也被称为"黄宗羲定律"的推论。

值得庆幸的是，中国政府跳出"黄宗羲定律"的决心非常坚定。这些年，中国在减税降费的同时不断深化财税体制改革，努力建立现代财政制度。随着税收法定、正税清费等一系列改革举措的落实，中国正一步步跳出"黄宗羲定律"的怪圈。

税收法定

"黄宗羲定律"为什么难以打破？每次税制改革之前，官吏能从诸多名目中谋取私利，但这些税种包括了一切能够"巧立"的名目，这使后来者难以再出新花样。但在税制合并之后，众多征税名目消失，恰好为后人新立名目创造了条件。换句话说，之所以税制越改革，老百姓的负担越重，是因为新税种的开征过于随意，以至于形成了重复征税，纳税人却无力"不同意"。

为了巩固税制改革的成果，避免未来的税负随着新税种的开征再次加重，中共十八届三中全会将"落实税收法定原则"作为财税改革的目标之一，要求在2020年基本完成所有的改革任务。税收法定是什么意思？简而言之，税收法定就是政府收什么税，向谁收，收多少，怎么收，都要通过人大来立法决定。

当前，国际上的大部分国家都把税收法定作为宪法原则采用。税收涉及政府和公民双方的利益，如果征税权只由政府一方掌握，就会存在政府不经公民同意强制征税的风险，这是对公民财产权的侵犯。税收法定原则要求政府的征税必须经过公民的同意，如果没有相应法律作前提，国家就不能征税，公民也没有纳税的义务。

在改革开放之初，迫切的经济发展需求无法等待漫长的立法程序，为了满足中国经济的高速发展，全国人大及其常委会将税收立法权授予国务院。在税收法定改革推行前，中国的18个税种中只有个人所得税、车船税和企业所得税三个税种由全国人大立法，其余15个税种都由政府制定的税收条例规范。这也就意味着，是否征税、征什么税都是由政府决定，公民没有议价权利。

这一特殊背景下的选择延续了30多年，已经不能适应当前经济社会的发展。举例来说，2015年，国际油价下跌六成，但中国国内的油价只下降了不到三成，原因是财政部在两个月之内，三次提高了燃油税，以应对财政收入不足的问题。有媒体对此表示质疑时，时任财政部负责人作出了解释：全国人大对国务院的授权还没有终止，财政部提高燃油税的做法是合法的。

2015年3月，党中央审议通过了《贯彻落实税收法定原则的实施意见》，明确不再出台新的税收条例；开征新税的，应当通过全国人大及其常委会制定相应的税收法律，同时对现行15个税收条例修改上升为法律或者废止的时间作出了安排。

全国人大常委会在2016年表决通过了《环保税法》，在2017年表决通过了《烟叶税法》和《船舶吨税法》。截止到2018年5月，中国实行的18个税种中，已经有6个实现了税收法定。进入2018年，全国人大还将推动耕地占用税、资源税、消费税、契税等6部税法的立法工作，确保如期完成税收法定的任务。

降费减负

税收法定原则保证了新税种的征收、税率的变化都要经过纳税人同意。

但想要跳出"黄宗羲定律",只规范"税"是远远不够的。在中国,"费"——也就是非税收入——是引发居民和企业强烈"税痛"的另一个重要因素。原因在于,很多地方为完成财政收入目标,"税不够、费来凑",税是减下去了,可政府收费却更多了,居民和企业的负担并没有减少。

一般情况下,税收是一国政府最主要的收入来源,要占到政府收入的大头,在一些发达国家,税收占比更达到了95%。但在中国,税收收入只占到政府收入的一半,另外一半则来自行政事业性收费、政府性基金、土地出让金等非税收入。

有学者整理了2011年到2016年中国政府的收入构成,显示自2011年以来,历年中国税收收入占全部政府收入的比重均在50%左右。以2016年为例,政府总收入26.19万亿元,其中税收收入13.04万亿元,仅占49.79%。

常有媒体批评中国的税收负担过重,但实际上,以税收收入计算,中国的税负水平并不高,但如果以包含了非税收入的政府收入计算,中国的税负水平的确是偏高的。

非税收入大都由政府不同部门征收、管理、使用。由于管理上政出多门,彼此协调联通不畅,整个政府收入体系叠床架屋,很容易滋生乱收费的现象,增大纳税人的负担。《人民日报》曾做过报道,某些地方部门利用行政审批权力搭车收费、中介收费,甚至只收费不办事。这种乱收费现象尤其在市场准入阶段,即企业办理相关证照过程中最突出。一级基层政府动辄有上千个审批事项,多数行政审批的背后都有收费,企业即使认为某些收费不合理,为了办事也不得不买单。①

税外各类收费是造成社会"税痛"的主要根源,也是跳出"黄宗羲定律"的一大阻碍。为了规范政府收费,减轻中小企业负担,2013年以来,国务院开始力推收费清理改革。2000年,中央级设立的行政事业性收费达375项,

---

① 刘然:《"正税清费"看住政府部门伸向企业的手》,载《人民日报》2014年5月18日。

政府性基金 327 项，2013 年至今，中央层面已经累计取消、停征、减免超过 600 项收费基金，地方层面超过 770 项，减轻个人和企业负担超过 4000 亿元。目前，中央级设立的行政事业性收费和政府性基金已经分别减少到 49 项和 21 项，这些收费项实行动态调整的目录清单管理，清单经常更新并确保公开透明。清单之外，各级国家机关不得收费。

收费基金的清理规范，是政府自我规范的一种方式。党的十九大之后，降费减负仍在继续。2017 年《政府工作报告》明确要求，要大幅降低非税负担，全面清理规范政府性基金，中央涉企行政事业性收费项目再减少一半以上，保留的项目要尽可能降低收费标准。

各项不合理收费取缔之后，企业，特别是小微企业受益非常明显。对各类企业主体来说，费用的降低意味着负担轻了、成本小了，市场竞争力自然提高。国务院总理李克强说过："小微企业确实是给点阳光就灿烂，有土壤就发芽。对这些正处于萌芽时期的企业，我们要多给一些发展的助力。"[①]

未来，为了不让取消、减免的各项收费死灰复燃，中国还提出在全面清理收费项目的同时，要明确政府性基金的征收目的、金额、时限，建立定期评估与退出机制。中国社会科学院财经战略研究院院长助理张斌在接受《人民日报》采访时表示，不少政府性基金是按照重大项目设立的，这类基金应规定明确的到期日，项目完成后要及时停征，并向社会公开。这样，才能有效保证清理过后不再反弹。

"营改增"与个税改革

在减税降费、税收法定等多项税制改革之外，不能不提的还有"营改增"。

2017 年 10 月 30 日，国务院常务会议通过《关于废止〈中华人民共和国营业税暂行条例〉和修改〈中华人民共和国增值税暂行条例〉的决定（草案）》。

---

① 2015 年 8 月 19 日，李克强总理主持召开国务院常务会议，决定进一步加大对小微企业的税收扶持力度。

这标志着在我国实施了60多年的营业税正式成为历史，全面施行增值税时代已经到来。

从1994年分税制施行以来，营业税一直是地方财政的主体税种，为地方政府提供了稳定和充足的税源。营业税的计征范围广、征收成本低、税率多样化，对我国特定时期税收收入分配体系和经济秩序的建立发挥了重要作用。

然而，随着社会经济环境的变化，营业税的缺陷逐渐显露出来，它不再符合社会发展需要。原因在于，营业税以营业额为计税基础，存在重复征税问题，流转环节越多，重复征税现象就越严重。

以白酒的生产为例：在生产白酒时，第一个环节是粮食的种植，我们假定粮食的销售额为10万元，那么粮食从无到有的增值额也是10万元。酿酒是第二个环节，假定10万元粮食可以酿造价值60万元的白酒，那么这一环节的增值额有50万。到了第三个环节，批发商花75万购入这批白酒，增值额就是15万。最后是零售，这批白酒最终的销售额是100万，那这增值额就是25万。

我们知道，营业税的计税基础是营业额。四个环节算下来，营业额一共245万。但是，第一个环节对粮食征收了营业税，后面三个环节还是对包含了粮食销售额的营业额征了税。酿酒、批发环节也是这样，后面的环节都存在对之前环节重复征税的问题。增值税则不同。它的计税基础是增值额，在上面的例子中，增值额一共是100万，刚好等于白酒最后的销售额，也就不存在重复征税的情况。

全面推行营改增之后，减税的效果非常明显。在2018年1月召开的全国税务工作会议上，国家税务总局公布了一项数据：自营改增2012年实施以来，已累计减税近2万亿元。

对企业来说，最值得关注的是增值税改革；而对个人来说，最关心的税改方向则是个人所得税改革。十八届三中全会明确提出，逐步建立综合与分类相结合的个人所得税制的改革方向，这为重新进行个人所得税制设计，充分发挥其调节收入分配差距的功能提供了依据。

所谓综合与分类相结合的个人所得税制，是指对同一纳税人在一定时期内的各种所得分类征收所得税。比如工资薪金、劳务报酬、稿酬等合并为劳动性的所得，再将本年度全部所得相加，按照起额累进税率计税。这样能够更好地体现税收公平及调节收入分配的作用。

在征税模式之外，个税改革还有两个重要的方向。第一是上调个税起征点，从而减少低收入者的税收压力。第二是增加专项扣除。国务院总理李克强在2017年政府工作报告中提出，要增加子女教育、大病医疗等专项费用扣除，合理减负。也就是说，产生这些费用支出的工薪族可以在计税时扣除一定金额，少交一些个税，这样能针对性减轻支出多、负担重的工薪族的税负。

"营改增"改革已经完成，个税改革也走上了正轨。值得期待的是，未来，随着个税改革的完成，中国的税制结构将实现质变——从目前间接税为主体的税制结构，向间接税与直接税并重转变。

8. 财税改革最难啃的硬骨头

地方开始主动挤数据水分

2018年初，中国不少省市接连主动曝光财政数据的造假行为。内蒙古、天津滨海新区、包头等地先后自暴家丑，承认GDP、财政收入等地方核心数据存在水分。其中，天津滨海新区2016年的地区生产总值由此前的一万亿元调整至6654亿元，挤水幅度竟高达33%。而早在2017年初，辽宁就已承认经济数据存在水分。

承认数据造假是件丢面子的事，如果不是被逼无奈，地方政府绝对不愿意公开挤水分。为何各地接连自揭伤疤？原因是多方面的：首先，中国社会的主要矛盾发生了改变，中国经济发展的目标，从高速增长变为高质量发展，地方政府只有挣脱了虚假数据的束缚才有精力提高发展质量；其次，地区生产总值统一核算改革带来了压力,从 2019 年起,省一级 GDP 数据将由国家统计局统一核算,虚假的数据早晚会被发现。

另一个不可忽视的事实是,承认数据造假的省市有一个共同的特点:过去经济增长长期依靠投资驱动,政府举债规模普遍偏高。例如辽宁和内蒙古 2016 年的地方政府负债率分别达 38% 和 31%,位居全国前列,如果算上隐性债务,这个数字还会更大。随着中国经济下行,地方财政的收支缺口不断加大,地方财政举步维艰,无力维持数据的虚增。可以说,巨大的财政压力是迫使多地主动挤水分的根本原因。

地方政府的财政压力来自何处?想弄清这个问题,要从中国 1994 年推行的"分税制"改革说起。在 1994 年之前,中国采取分灶吃饭的"财政包干"制度。为了调动地方政府当家理财的积极性,中央政府主要通过"定额"或"分成"的办法来调节央地财政关系,地方政府只需要上交定额收入或者与中央财政分成,剩余部分或者分成所得可以自行支配,多收多支,少收少支,自求平衡。

问题是,不管是分成制还是定额制,中央财政都会受到损害。采用定额制的问题在于,随着时间推移,地方经济在飞速发展,地方财政收入随之猛增,而上交中央的额度却保持不变。时间久了,地方财政收入占全国财政收入的比重会越来越大,这对增强中央政府的控制力极其不利。分成制也有问题。由于是将固定比例的财政收入上交中央,地方政府倾向于减少明面上的财政收入,总收入少了,上交中央的部分自然就少了。通过"藏富于民"的方式隐瞒财政收入,导致中央财政入不敷出,严重削弱了中央政府对宏观经济的调控能力。

为了缓解中央财政的困难,重新调整中央政府和地方政府的利益关系,中国在 1994 年施行了分税制改革。改革的特点是以税种划分中央与地方财政收入,比如中央财政收入的主体税种包括消费税、中央企业所得税等;地方财政收入的主体税种则包含营业税、地方企业所得税和个人所得税。

与财政包干制相比,分税制明确了中央与地方间的税收征管与收益权划分,调动了中央与地方两个积极性。自分税制改革以来,中国的财政实力不断加强。从数据上看,1993年全国税收收入是4000多亿元,到2003年就达到了2万亿,2013年更是高达11万亿,20年里上涨了20多倍。同时,中央财政收入占全国财政收入的比重迅速提高,从改革前的20%左右,迅速提高到50%上下,中央政府对地方政府的控制力大大增强。这对维护中央政府权威、保持国家长治久安非常重要。

但是,分税制改革呈现出渐进式改革的特点,并没有一次性解决所有问题。为了减轻改革的阻力,分税制推行之初,只划分了以税收为代表的央地财权,却回避了最为重要的政府间事权分配改革。最终的结果是,中央与地方政府在事权分配上存在着职责不明确的问题,许多应该由中央负责的事务交给了地方处理,如国际界河的保护、跨流域大江大河的治理、跨地区污染的防治,等等。

央地事权、财权划分不合理也直观地体现在数据上:在中国的财政预算内支出中,中央政府与地方政府支出的相对比大概是15∶85,这说明大量公共事务是由地方政府承担的,中央政府仅在外交、国防、金融监管支出等少数领域明显高于地方政府。但中央的财政收入占比却远超这一数字,以2017年的财政收支情况为例,中央财政收入在全国财政收入中的占比是47%。

这导致了不少问题,本文开头提到的地方政府主动挤水分就与此有关。不仅如此,为了填补财政缺口,地方政府有发行债务的动力,这一定程度上加重了地方债务风险;再比如为了从中央获得更多的转移支付,地方政府普遍存在"跑部钱进"的现象,在部委跑动"沟通",达到要项目要资金的目的。

为了理顺央地财权事权与支出责任,党的十九大报告提出,要建立权责清晰、财力协调、区域均衡的中央和地方财政关系。这为下一步的改革提出了很高的要求,央地财权该怎样划分?事权又该如何厘清?这都是未来财政体制改革进程中不能回避的问题。

财权划分与地方政府积极性

分税制改革确定了以税种划分财权的方式，但哪些税种应该划给中央，哪些应该划给地方还需要进一步的调整和完善。当前的划分模式，极大地调动了地方政府发展经济的积极性，但是如何引导地方政府更多地为群众提供服务将是下一步财权改革的重点。

在过去很长的一段时间里，中国地方政府一直热衷于吸引企业投资。这是因为地方政府主要的收入来源是企业所得税分成、增值税分成及营业税。换句话说，地方政府的税收基本来自企业产出：企业销售产品多、利润高、增值大，地方政府获得的税收就多。

出于税收的激励，地方政府有动力吸引企业投资，也有动力保护地方税源大户。比如有的地方在税收执法上减轻力度。我们知道，原则上税率是全国统一的，但是地方征管力度并不完全相同，征管力度大，企业实际税率就高。有些地方政府有意放松征管，形成税收洼地，以此来吸引企业。再比如税收返还，企业缴税到财政，财政再返还给你，这也相当于企业缴的税少了。

为了争夺大企业，地方政府之间形成了税收竞争。有利的一面是竞争激发了地方政府发展经济的积极性，地方利用税收杠杆进行经济竞争，客观上促进了中国经济的增长。而不利的一面是税收秩序的不规范。地方政府采取不同的征管力度和税收返还，导致企业面对的执法环境及实际税收负担是不一致的。行政力量干预了市场性的资源配置，没有让市场在资源配置中发挥决定性作用。

中国当前面临的一些社会问题就与此有关。地方政府热衷于工业投资，导致了工业产能过剩问题；曾经的营业税有一半来自建筑业和房地产业，房地产投资和价格保持高位有利于增加地方财政收入，这导致了中央政府的房地产调控政策在地方政府层面难以落实。更重要的一点是，由于纳税的主体是企业，地方政府更愿意为辖区企业而非居民提供服务和保护。政府与企业互动密切，在 GDP 增长的同时，可能出现政企合谋、环境破坏、地区差距扩大等问题。

在中国经济刚刚起飞的时候，的确需要激励地方政府为企业提供扶持和生产性服务。因为当时市场条件不好，单纯依靠市场无法吸引大量的企业投资，需要政府提供税收支持才能促进经济发展。

中国经济发展到目前这个阶段，人均 GDP 接近一万美元，统一的大市场已经基本形成，中国不再需要通过制造税收洼地来激发生产力。对大型经济体来说，统一大市场本身就有更高的效率，市场竞争越平整，越有利于发挥市场在资源配置中的效率。坑坑洼洼的税制和坑坑洼洼的市场，不利于全国范围内乃至全球范围内优化资源配置。因此，当前财政体制改革的一项重要任务就是减少行政对税收的干预，引导地方政府把注意力放到提高公共服务和公共治理上去。

中国人民大学财政系主任吕冰洋教授认为，下一步财权划分，应该斩断地方财政与企业产出的联系，按受益性原则划分税基。换句话说，地方财政收入应与好的公共服务挂钩。试想一下，如果地方政府提供的公共服务越好，获得的税收就越多，那地方政府一定有动力转变职能，去尽可能地提供最好的公共服务。这样一来，地方政府的工作重心将从为企业服务转变到为居民服务上。

以 2008 年震动全国的"三聚氰胺奶粉事件"为例。如果地方的主要税收来自增值税和企业所得税，地方政府就有激励保护这个企业，因为三鹿公司是纳税大户。但假设地方税收不再来源于增值税而是一般性消费税，就是说所有进入超市的商品，都需要按固定比例纳税，那地方政府就没有任何激励去保护企业。因为三鹿倒下去，居民还可以选择其他品牌的奶粉，继续消费，当地的税收不会受到影响。

并且，地方政府不但不会偏袒企业，反而有激励查处问题企业，保护消费市场。原因很简单，如果地方政府不查处问题产品，当地的消费环境就恶化了，居民有可能跑到周边城市去消费，那与消费紧密相关的税收就随之流走了。

可以看到，地方政府的治理观念在这里发生了转变。对当地政府来说，保护好消费环境才能获得更高的税收，这实际上增加了居民的福利。这就是受益税的好处。

一言以蔽之，央地财权的划分应该注重地方政府的"受益性"：把维护统一市场、利于宏观调控的税种划为中央税；把能引导地方政府转变职能、提供公共服务的税种划为地方税。

适度加强中央集事权

"政府间事权与支出责任的划分是整个财税体制的'灯塔'和'路标'，具有牵一发而动全身的作用。"[①] 国家行政学院经济学部教授冯俏彬说。

之所以事权改革如此重要，是因为它不仅是一个财政问题，更是国家治理问题。前财政部部长楼继伟认为，清晰高效的事权和支出责任划分是形成合理的行政秩序、市场秩序和社会秩序的基本前提，也是推进国家治理体系和治理能力现代化的必然要求，因此事权和支出责任划分是财政改革中最难啃的"硬骨头"。

首先要解释一下这两个概念："事权"，是指一级政府应承担的运用财政资金提供基本公共服务的任务和职责"；而"支出责任"，是指政府履行财政事权的支出义务和保障。

总的来说，事权与支出责任改革有两个最主要的目标。第一是把支出责任厘清，该中央承担的责任就不能划分给地方；第二是中央适度上收事权，承担更多责任，也就是适度加强中央事权。

在厘清央地事权和支出责任时，必须要明确外部性这一原则。如果一项政府活动只对当地有利或有弊，比如域内的交通管理，那么这一活动就应该

---

① 冯俏彬：《央地关系改革亟待深化》，载《新理财（政府理财）》，2017年第10期，第59—60页。

由当地政府负责；如果一项政府活动会使其他地区获益或受损，这就产生了跨区域的外部性，比如河流的治理不仅影响当地的生态环境，还牵扯到下游地区，这样的职责就应该由更高级别的政府履行。

这里的难点是央地共同事权的划分。在2016年国务院发布的《关于推进中央与地方财政事权和支出责任划分改革的指导意见》中，教育、科研、文化、社会保险、环保等职责被确定为中央与地方共同事权。这些职责大都具有跨区域的外部性，因此不能由地方政府单独承担；但这些事项也都牵扯到非常复杂的信息，容易造成信息的不对称，比如医疗保险涉及药品、治疗方法等细微的问题，中央政府不熟悉基层的情况，管理起来就很吃力。

因此，这些事项需要中央与地方配合完成，但这对清晰的支出责任划分提出了很高的要求。如果共同事权过多，或者权责分配不明确，可能的结果依然是支出责任层层下压，最终落到地方政府头上。

央地共同事权改革已经迈出了重大步伐。2018年2月，国务院印发《基本公共服务领域中央与地方共同财政事权和支出责任划分改革方案》（以下简称《方案》）。《方案》规定，义务教育、基本养老保险、基本住房保障等8大类18项基本公共服务事项，将纳入中央与地方共同财政事权范围，从2019年1月1日起，中央将与地方共同承担这些公共服务事项的开支。

更重要的是，《方案》明确规定了每个事项具体的支出责任和分担方式：不同省份的财力、社会发展情况不一样，中央财政分担的比例也不同。以城乡居民基本医疗保险补助一项为例，处在第一档的内蒙古可以获得中央80%的支出分担，而第三档的辽宁和第五档的北京，中央则分别分担支出的50%和10%。这一规定对经济发展相对滞后，财政压力大的省份来说，是重大利好。

基本公共服务领域的事权改革只是一个开始，后续还有一系列更加棘手、也更加重要的改革任务。在2018年全国"两会"上，时任财政部部长的肖捷表示，该年度将重点推进教育、医疗卫生、交通运输、环境保护等领域的财政事权和支出责任划分改革。事权改革任重而道远。

除了划清权责外，平衡央地比重也是事权改革的重点任务。前面说过，中央的财权远大于事权。但问题是，要平衡中央与地方财政收支，是应该由中央承担更多事权，还是地方分享更多财权呢？这个问题换一种说法，中央到底要不要集权？

对比国外主要发达国家，或许可以获得一些启发。目前中国的一般公共预算中，中央支出只占全国支出的15%左右。但是对比经合组织国家，它们的中央政府支出比重平均为61%，比如英国75%，美国51.5%、德国60%等。相对而言，中国中央政府承担的事权实在太少了。

当前学界的主流观点是，中国是单一制社会主义大国，必须坚持统一领导，确保法制统一、政令统一、市场统一。所以，事权改革应当适度加强中央集权，避免在事权履行过程中因"中央发令、地方执行"导致权力不清、责任不明、推诿扯皮、效率低下等问题。

财政是国家治理的基础和重要支柱，财政体制改革的效果将直接影响国家的治理能力。党的十九大提出了实现国家治理体系和治理能力现代化的阶段性目标，到2035年初步实现，到2050年完成。要实现这一目标，就一定要理顺央地权责关系，合理、清晰地划分财权、事权，加快建立现代财政制度。

9. 稳定：对治理能力的重大考验

从"医闹"说起

中国社会正处在转型的关键时期，同时也是社会矛盾和社会问题集中凸显的时期。化解和控制社会矛盾是对治理能力的重大考验，没有社会的稳定，就没有经济的繁荣、国力的富强。40年来，中国不断深化社会治理方面的改革，化解了许多尖锐的社会矛盾，也总结出一些维护社会稳定的经验。

2017年初，《法制日报》曾报道过一起职业医闹的案例。2016年12月，安徽医科大学附属巢湖医院的大厅内，突然涌进了30多人。他们大多数头上戴着白毛巾，还在大厅内点火烧纸钱、摆花圈，声称要给死去的亲人"讨公道"。原来，这些人是医院一名患者的亲属。该患者因为脑梗塞住院接受治疗，10日后在医院去世。其亲属认为是医院救治不力导致的，于是在院内闹丧。

接警后，巢湖市公安局快速处警，在劝离闹丧人员无效后，依法将带头滋事的五人强制传唤，并及时恢复了医院正常秩序。5人中有3人被依法行政拘留，另外2人予以训诫。

近些年，随着医患矛盾逐年升温，衍生出形形色色的"医闹"。医患矛盾的产生及其治理是一个典型的样本，通过对"医闹"现象的观察，我们可以一窥社会变革进程中矛盾是怎样产生和激化的，以及政府应该如何化解这些新生的社会矛盾。

"医闹"的前身其实是医疗纠纷，而大多数医疗纠纷都是由信息不对称导致的。在医疗专业人员看来，许多患者的死因是很容易理解的；但在普通人眼中则很难接受。举例来说，有些老人因为骨折被家属送进医院做手术，结果却在手术过程中死亡了。医院可以做出专业的判断：死亡很可能是脂肪栓塞引起的，这在老年骨折患者中容易发生，与骨折手术关系不大。但在家属看来，好端端的一个人，只是因为骨折，竟然被医院"治死了"！在这里，常识和专业知识发生了非常大的冲突，医患矛盾就爆发了。

在缺乏社会信任的情况下，因为信息不对称所带来的医疗纠纷在所难免。吊诡的是，这种纠纷由专业性引发，再用专业性的手法去调解，往往会激化矛盾。比如说，在调解医患纠纷的时候，医院往往只考虑医疗过程是否符合规范，有没有医疗失误；但大部分的医疗纠纷，都来自患者亲属对医院的不信任、对亲人突然离世的不理解。在这种情况下，用专业化的逻辑处理纠纷，矛盾反而会加剧。

社会矛盾有自身的演化逻辑。

为了尽快把事情平息下去、保证医院的正常运营，也为了避免事态扩大、导致恶劣的群体性事件，医疗纠纷发生后，医院多多少少都会有所"赔偿"，这种"赔偿"大多是以"人道主义救助"的名义进行的。医院的做法很无奈，也未必公平，但医院的妥协确实化解了一些社会矛盾。对医疗机构或政府来说，社会稳定和维护医疗秩序是其解决医疗纠纷的首要原则，单凭所在领域的"专业化知识"很难完全调解好具体的医疗纠纷。

但问题是，医院的息事宁人在化解矛盾的同时也催生出了"职业医闹"。2013年《人民日报》曾报道过，据广东医调委统计，在他们处理的600多起现场医闹中，约有五成是因为患方受到了医闹组织的参与、鼓动和策划。这些医闹组织，有一套完整的组织流程，如在医院焚烧纸钱、摆设灵堂等。待家属与医院达成赔偿协议之后，从中获取一定的报酬。① 也就是说，这些"职业医闹"并不是患者本人或患者家属，而是借炒作医疗纠纷进行商业运作获利的第三方。

复杂的医闹问题该如何解决？中国的经验是，打击"医闹"不能"一刀切"，而应将"职业医闹"和普通的医患矛盾区别对待。对于"职业医闹"，政府应当坚决依法严惩；而对于患者家属与医院纠纷激化形成的医闹事件，则应该积极促进双方和解，这样才能最大限度地化解社会矛盾。

一方面，有关部门出台了规定，明确了"医疗纠纷责任未认定前，医疗机构不得赔钱息事""滋事扰序人员违法行为未得到制止之前，公安机关不得进行案件调解"等多项措施。2017年新施行的《中华人民共和国刑法修正案（九）》更将"医闹"入刑，首要分子最高可判7年，以这种强力措施打击职业医闹。

另一方面，中国还在努力打破医患信息不对称和行业专业壁垒，寻求理性的维权途径。中国出台了一系列加强医疗纠纷人民调解工作的规范性文件，目前医疗纠纷人民调解组织已经覆盖了全国80%的县级行政区域，每年超过60%的医疗纠纷通过人民调解方式得以有效化解。

---

① 李刚：《"医闹凶猛"如何解扣》，载《人民日报》2013年11月6日13版。

"灰色地带"

"医闹"问题是中国社会变革过程中一个典型的社会矛盾。"职业医闹"其实是一种灰色的利益博弈方式。要深刻理解当前中国的社会矛盾,就应该看到社会治理中的许多"灰色地带"。

根据武汉大学社会学系研究院研究员吕德文的研究,灰色地带主要包括两种情况。一是新生领域。中国处在快速转型的时期,对许多新出现的事物还来不及制定法律去规制,互联网上的许多领域就是这样,比如校园贷、共享单车、比特币,等等。更常见的情况是,即使在法规成熟的传统领域,国家的力量有时也做不到完全掌控。一个例子是街边占道经营的小商贩,这里的法律已经很健全了,城管也投入了很多力量去治理,但因为它牵扯到就业、居民便利生活、社会稳定等诸多方面,所以始终得不到解决,这就是典型的灰色地带。

灰色地带游离在合法与非法之间,滋生出大量灰色利益,许多利益群体积极地参与进来,想在这里"分一杯羹"。同时,任何一个权力主体都无法彻底控制这里,甚至国家都控制不了,豪强、黑社会、经济主体也控制不了。具有机会多、不稳定的特点,各方在灰色地带利益博弈的过程中,也就很容易激化矛盾,引发爆发冲突。中国当前的许多社会矛盾如暴力拆迁、暴力执法、黑恶势力、上访钉子户等都与此有关。

灰色地带的治理是件很棘手的事情,因为这里实在太复杂了,经常面临治理的两难处境,解决了一个问题可能牵扯出另外一个问题。举例来说,目前一些县城还存在着"黑三轮",这些三轮车安全性能不高,容易发生事故,依照法规应该取缔。但是,在一些出租车不发达的县城,三轮车能满足市民的出行需求,它的存在有其合理性;更重要的是,许多三轮车车主是弱势群体,"一刀切"的取缔方式很容易激化社会矛盾,导致群体性事件。"黑三轮"的治理与下岗工人补偿、弱势群体救助等许多社会问题纠缠在一起,非常复杂。

因此，灰色地带的秩序是一种"被迫承认"的秩序——许多事物的存在未必完全合法，却已经是最合理的选择了。对灰色地带最好的治理方式，就是允许其存在，但要保证它的平衡有序，尽量减少矛盾冲突，不要出现群体性事件等严重危害社会的因素。如果政府放任不管，或者政府的力量很薄弱，成长最快的将是黑恶势力，因为他们的组织、纪律性最强，行动力也最强，灰色地带将很快被他们掌控。

了解了灰色地带，让我们再回头看看"医闹"的例子。医疗纠纷就处于灰色地带。一方面，医院和政府出于社会稳定的考虑，不能完全按照专业性原则处理纠纷，而是以病患家属更能接受的方式，用"人道主义救助"化解矛盾。另一方面，政府需要维持灰色地带的秩序，避免灰色地带变成黑色，因此政府要重拳出击打击职业医闹，避免形成新的矛盾。

社会治理重心向基层下移

灰色地带最容易产生社会矛盾，也最考验政府的治理能力。在改革进程中，中国政府摸索出了一种刚柔并济的治理方法。柔性治理，将矛盾发现在源头，解决在基层；刚性治理，坚持依法治国，将危害社会的因素坚决清除、不留后患。

近些年，中国的许多地市开始探索网格化的管理模式。截至2016年底，全国社区（村）网格化覆盖率达到93%。网格化，就是将街道或村镇划分为一个个的"网格"，使这些网格成为政府管理基层社会的单元，每个网格都配备有"网格员"，负责日常巡查，发现基层的矛盾。对于能够当即化解的矛盾，网格员可以利用"熟人社会"的优势尽快化解；而相对复杂的矛盾，则可以做到及时发现与上报，防止矛盾激化和影响社会稳定。

社区网格化管理从基层社区管理服务中遇到的矛盾出发，突破了条块分割的管理体制，理顺了社区与行政部门的管理职能，将原本高度分散的社区管理职能下放到每一个网格，实现社会矛盾的早发现、早解决。

调解制度是另一种柔性治理的手段，人民调解制度被国际社会誉为矛盾纠纷化解的"东方经验"。据新华社2018年对全国人民调解工作会议的报道，中国共有人民调解委员会76.6万个，其中，村（社区）人民调解委员会65.7万个；每年调解各类矛盾纠纷约900万件，调解成功率96%以上，大量矛盾纠纷被化解在基层。①

司法部部长傅政华曾表示，人民调解处于预防化解矛盾的第一线，往往最先接触也最了解矛盾纠纷产生变化的原因，能够最大限度把矛盾纠纷消除在萌芽状态、就地化解。

网格化治理和调解制度蕴含着同一种治理思路：重视基层。基层是社会治理的重点和难点，也是社会矛盾最集中的地方。基层的矛盾最多、最复杂，往往难以按部就班地依照法律法规处理；但基层的矛盾也最细微、最容易化解，灵活的治理手段在这里最能发挥作用。社会治理重心必须向基层下移。

未来，中国还将把更多的社会资源向基层倾斜，重视基层的治理，这是推进国家治理体系和治理能力现代化必须迈出的一步。

扫黑除恶

柔性治理并不能化解一切社会矛盾，在很多情况下，公权力必须采用合法的暴力手段来维持灰色地带的秩序，扫黑除恶专项斗争就是一个例子。

《中国纪检监察报》报道过这样一起案例：在江苏省涟水县红窑镇黄锅甑村，一提起村党总支原书记朱中华，村里人仍然直摇头。据当地人介绍，这位"狂人书记"在任职期间纠集社会闲散人员，培植个人势力，通过殴打、恐吓、威胁村民，不择手段聚敛钱财、侵吞扶贫资金。群众深恶痛绝，却又敢怒不敢言，直到朱中华被立案审查。②

朱中华案不是孤例。黑恶势力拉帮结派、称王称霸，强占豪夺、欺行霸市，

---

① 王茜：《我国76.6万个人民调解委员会将矛盾化解在基层》，新华社2018年5月10日电。
② 王珍：《坚决打掉黑恶势力"保护伞"》，载《中国纪检监察报》2018年1月31日第5版。

威胁恐吓、敲诈勒索，这严重侵害群众利益，啃食群众获得感，更侵蚀着党的执政基础。对于社会危害性极大、影响极其恶劣的黑恶势力，柔性治理是解决不了问题的，需要公权力依照法律予以严厉打击。

2018年1月，中共中央、国务院下发《关于开展扫黑除恶专项斗争的通知》，开展了10多年的"打黑除恶"，变成了"扫黑除恶"。一字之差，意味着在广度、深度、力度方面提出了更高的要求，彰显了除恶务尽的决心。

以前，中国打击黑恶势力主要采取"运动式治理"的手段。"运动式治理"并不是负面的，这是中国一项非常重要的治理技术，有其强大的合理性。在执法力量有限的情况下，运动式的打击方式很有效率。举例来说，警方可以集中在两三个月的时间里打击黑恶势力，保证当地至少在大半年内平安无事。一段时间后，黑恶势力死灰复燃，警方再集中力量打击一次。这样用较少警力完成基本的社会治理，还能取得不错的效果。

但长远来看，运动式的打击无法从根本上解决问题。黑恶势力就像杂草，拔掉一茬又长出一茬，只要土壤没有清除，就永远打不完。因此，中央提出了扫黑除恶，力求将滋生黑恶势力的土壤也清理干净。

是什么样的土壤滋生了黑恶势力？实践证明，涉黑犯罪往往以金钱开道，寻求"保护伞"。黑社会性质犯罪势力壮大的地方，也是腐败横行且合法政权软弱涣散的地方。在黑恶势力与腐败官员之间，存在一条灰色利益链。这条灰色利益链条是这样运作的：基层官员掌握着大量的国家政策信息，还部分掌握了分配国家资源的权力，如项目工程的经营权、建设权，这让他们可以有更大的弹性行政空间；地方豪强则想法设法拉拢官员，采取各种手段承包工程项目，积极承接国家向地方的利益输送，赚取暴利。

近些年，"地方豪强"与不法官员这两个食利阶层有明显的合流趋势。或者豪强慢慢"政治化"，成为基层行政的代理人，比如黑恶势力竞选村官、人大代表等；或者基层官员"去政治化"，异化为"厂商"性质，比如官员借助权力，拉拢黑恶势力谋取私利。

为了切断这种灰色利益链条，根除黑恶势力，这次扫黑除恶首次将地方扫黑与基层"拍蝇"结合起来，重点打击黑恶势力背后的"保护伞"。从"全国扫黑除恶专项斗争领导小组"的人员配置上也可看出扫黑除恶的，除了政法委、公安部、最高检、最高法等政法部门外，中组部、中纪委的领导也是该小组的主要成员，用意显而易见。

扫黑除恶不但打击黑恶势力，更深挖其滋生的土壤，这对保障人民安居乐业、社会安定有序、国家长治久安起到了巨大的作用。

利用柔性治理手段及早发现矛盾，并将其化解在源头；使用强力手段打击违法犯罪，维持社会公平正义。一软一硬两种措施帮助中国化解了许多社会矛盾，也维护了社会的稳定。改革永远在路上，未来，随着社会的发展与转型，一定还会出现新的社会矛盾。中国要不断深化社会治理能力改革，对于新产生的社会矛盾，应当积极应对，用多种手段及早化解。相信在执政者的不懈努力下，中国可以克服种种社会转型的困难，始终保持社会的稳定与繁荣。

10. 现代国家视野中的治理变革

改革开放再出发的突破口

当代中国的历史方位很清楚，那就是中国特色社会主义新时代。2017年10月召开的党的十九大制定了全面建设社会主义现代化强国的宏伟蓝图。中国特色社会主义进入新时代，掀开了实现中华民族伟大复兴的新篇章。

而当代中国最鲜明的特色是改革开放。中国坚持对外开放的基本国策，坚持打开国门搞建设。2018年是改革开放第40个年头，这个机缘也很自然地意味着，进入新时代同时也是中国的改革开放事业再出发。

再出发，从哪里出发？或者说，今天改革开放事业的突破口在哪里？答案是国家治理体系和治理能力的现代化。改革开放以来历次三中全会都研究讨论深化改革问题。到了十八届三中全会则明确指出，全面深化改革的总目标是完善和发展中国特色社会主义制度，推进国家治理体系和治理能力现代化。

如果简单梳理一下十八大以来以习近平同志为核心的党中央的治国理政实践，我们可以更清楚地看到，为什么治理现代化是改革开放再出发的突破口。

这些年治国理政的实践，其实正是围绕新的社会主要矛盾而展开的。社会主要矛盾的变化在理论上是一种精练的概括，在现实生活中体现为"问题"。

首先，对经济下行压力的判断是，其中固然有全球性、阶段性因素的影响，但根本上是结构性问题。如果不注重转方式调结构，只是为短期经济增长实行刺激政策，必然会继续透支未来增长。面对传统经济发展方式积累的矛盾和问题，如果一直迟疑和等待，不仅会丧失窗口期的宝贵机遇，而且还会耗尽改革开放以来积累的宝贵资源。

2013年到2017年这5年，中国经济实现了重大结构性变革，经济增长实现由主要依靠投资、出口拉动转向依靠消费、投资、出口协同拉动，由主要依靠第二产业带动转向依靠三次产业共同带动。这是我们过去多年想实现而没有实现的重大结构性变革。而快速崛起的新动能，正在重塑经济增长格局、深刻改变生产生活方式，成为中国创新发展的新标志。

中国经济的这个重大结构性变革，是中国的开放和市场化进程进一步深化的重大进展。在改革开放40周年之际，我们提出的扩大开放的措施，比如大幅度放宽市场准入、创造更有吸引力的投资环境、加强知识产权保护、主动扩大进口等，都对国家治理的现代化水平、法治化水平和科学化水平提出了新的和更高的要求。

其次，现在也是发展面临的各方面风险不断积累甚至集中显露的时期。这些重大风险，既包括国内的经济、政治、意识形态、社会风险以及来自自然界的风险，也包括国际经济、政治、军事风险等。如果发生重大风险又扛不住，全面建成小康社会进程就可能被迫中断。

如果结合改革开放40年的历史，很清楚的是，不发展有不发展的问题，发展起来有发展起来的问题，而发展起来的问题并不比发展起来前少，甚至更多更复杂了。

的确，以今天中国经济的体量和中国社会的复杂程度，我们面临的问题和矛盾，不仅是在量上比过去多，在质上也是不同。比如化解以高杠杆和泡沫化为主要特征的各类风险，出于斩断风险传染的迫切性，为了消除发生系统性风险的威胁，需要适时果断采取外科手术式的方法进行处理。过去几年这方面的做法，人们也都看到了。而现在则是要这些风险暴露出来治理问题以及政策执行过程中的进一步精细化和精准化问题，在治理体系和治理能力上进行重大变革。

最后，是实现共同富裕的目标也要求治理现代化。社会贫富差距过大，这是所有遭遇过重大风险挑战或发生过重大经济危机的国家的一个共性。如果说在改革开放之后，扩大开放和深化市场化改革，就能自动带来普遍的收入提高的话，那么今天这个命题已经不完全准确。贫富差距的缩小乃至一个更加公平正义社会的出现，一定是主动进行现代化治理的结果，而不是在开放和市场化进程中自发出现的。

从对治国理政的简单梳理可以看出，治理现代化之所以成为改革开放的突破口，原因在于用治理来保证发展进程不被打断，更在于它成了改革开放40年后继续深入的关键枢纽所在。

现代化治理是最重要的"基础设施"

对当代中国而言，现代化治理可以说已经成为最重要的"基础设施"。一个社会的健康发展，既需要有形的基础设施，比如公路、铁路、高楼大厦、港口、机场，等等；也需要无形的基础设施，现代化治理就是无形的基础设施。对于任何一个经济体来说，国家治理的重要性都是无比重要的。

回顾改革开放之初，中国亟待解决的是封闭半封闭下的落后状态。面对意识形态教条和体制弊端的羁绊，改革开放是从局部开始突破的，局部的经验上升为国家意志，持续扩大着开放和市场化的广度和深度。

在这个过程中，社会经济生活每天都在发生着变化，虽然人们的大部分精力可能和经济有关，但和国家治理发生碰撞其实是无处不在的。只不过，过去的碰撞，是以宏观调控、反腐败、政府机构改革、内外资所得税统一、劳动法等具体议题的形式展开的。从国家治理角度来说表现在调控、维稳、管理、综合治理等这些词汇当中。比如，改革开放历史上，有很多企业和企业家的命运跌宕起伏，其背后都是与这些具体议题的碰撞，比如调控经济过热、以产权问题表现出来的企业家与地方的矛盾、腐败小集团的瓦解等。产权、宏观调控、政商关系可以说是解读企业家命运的三个关键词。

如果说过去在红和黑之间有广大的灰色地带——这并不难理解，比如经济体制上的局部突破必然意味着暂时性的"违法"状态（不管这个"法"是指法律条文还是意识形态教条）。不管原因多么复杂，灰色毕竟意味着没有稳定和持久的预期。国家治理现代化就是要缩小这样的灰色地带，让全社会的运行都置于充满阳光的、稳定可预期的轨道上。

理解了全面深化改革，就理解了治理现代化的重要性。全面深化改革，关键是要进一步形成公平竞争的发展环境，进一步增强经济社会发展活力，进一步提高政府效率和效能，进一步实现社会公平正义，进一步促进社会和谐稳定，进一步提高党的领导水平和执政能力。所有这些方面，最终都可以归结为国家治理问题。治理变革就不是简单的修修补补，而必须上升到"现代化"的高度。

从 2018 年的党和国家机构改革到全国"两会"所要决定施行的修宪和其他重大改革事项，我们可以更具体地理解现代化治理的内涵。这些重大改革事项，很多是社会各界议论已久的重要关切，如今终于开始破冰。

关切，意味着相关群体对相关问题的敏感度。比如从企业家角度来说，对产权保护就是高度敏感的。产权制度是社会主义市场经济的基石。与过去特殊历史条件下的产权不清（比如红帽子企业）不同的是，今天的产权保护更多的是需要法治化的营商环境。即使产权归属是明晰的，但由于产权交易和纠纷解决的法治化水平不高,产权遭受侵犯的现象仍然比较多。这在国家治理上就必然要求划清正常的法律、政策要求和实际上不合法的甚至是侵夺性的干预之间的界限。正如国务院副总理刘鹤在2018年全国"两会"参加山西代表团讨论时说的,"营商环境关键是在透明法治下保护好产权,保护产权必须充分,这是根子上的问题,小打小闹的事儿都可以再说,但根本的事儿一定要做到"。

产权保护是降低制度性交易成本的一部分。事实上,无论何种重大社会关切,我们几乎都可以相应地看到由于治理体系不完善带来的制度性交易成本问题。营商环境对制度性交易成本的影响比较直接,比如办事繁琐、吃拿卡要、税费负担,等等。但制度性交易成本集中体现于但绝不局限于营商环境。相对于这些,司法公平、合理税制、金融监管、破除市场的隐形壁垒、公共服务资源的供给等,更触及深层次的体制性机制性问题。在时间来到改革开放40周年的时候,司法体制改革、金融监管体制改革、中央和地方事权和支出责任划分改革等,都已经进入"深水区",都要"啃硬骨头"。

从十八大后的治国理政实践和正在推进的改革,我们可以看出现代化治理的基本逻辑是既能够有效降低实体经济发展的制度性交易成本,又能有效减少社会贫富差距、维护社会公平,促进经济实现高质量发展。

如何衡量政治制度的有效

改革开放40年,中国打开国门搞建设,并且国门只会越来越大,在国家治理上自然也就会经常面对不同制度之间进行比较的问题。这很正常。有了40年改革开放的实践,对这个问题我们可以有更加从容的回答。

正如习近平总书记指出的,世界上不存在完全相同的政治制度,也不存在适用于一切国家的政治制度模式。[①] "物之不齐,物之情也。"各国国情不

---

① 2014年9月5日,习近平总书记在庆祝全国人民代表大会成立60周年大会上的重要讲话。

同，每个国家的政治制度都是独特的，都是由这个国家的人民决定的，都是在这个国家历史传承、文化传统、经济社会发展的基础上长期发展、渐进改进、内生性演化的结果。这也是中国改革开放40年得出来的一条基本经验。

尽管不同国家，政治制度会不同，但也不代表说没有普适性的衡量好坏的标准。美国学者福山曾经提出一个观点，他认为构成政治秩序的有三种基本类型的制度，即国家、法治和责任制。在不同的政治体中，三者可以有不同的组合。在他看来，最理想的当然是同时具备称职的政府、强有力的法治和民主的负责制。但实际上，三者的出现顺序和发展顺序，在不同的国家并不一样。

在国家治理现代化的三个要素中，如何把握三个要素之间的平衡，如何把握三个要素变革的顺序节奏，推动现代化治理规则的建立健全，对于我们建设社会主义现代化强国具有至关重要的意义。

如果回顾中国改革开放40年的历史，大致可以这样说，在起步和持续的体制转型过程中，国家能力是最先值得重视的。比如，在财税制度上，从最开始的包干制到1994年的分税制，就是一次维护国家能力的重要制度设计。当时面临的情况是两个比重，即全国财政总收入占GDP和中央财政收入占全国财政总收入的比重的持续下降，这对国家履行职能显然是一个重大威胁。中国的有形基础设施之所以在世界上如此受到赞誉，更是离不开强大的国家能力。

如果看看很多发展中国家的例子就很清楚，在经济全球化的过程中，由于国家能力存在的问题，导致社会经济问题的无法治理的现象是很多的。甚至政府内部出现了利益分化和冲突，导致削弱或者失去了变革的行动能力。有学者也提出过一种观点，认为改革开放以后，中国政府之所以能够为了长远经济目标而努力，是因为政府恪守"中立"，不轻易被利益集团裹挟。这种观点也是有道理的，不被利益集团裹挟保证了引导变革的国家能力。

同时，国家能力是有边界的。从改革开放40年的历史也可以看出，在治理现代化的过程中，对于一个地方来说，公权力过强，会妨碍市场和社会的发育；公权力过弱，往往又会导致无法治理社会经济灰色化甚至黑化的后果。改革开放40年，我们一直在对这个边界进行调试。从某种意义上说，法治化和问责制就是要划定国家行为的边界。没有这样的边界，也不可能诞生40年改革开放的经济奇迹。

也就是说，在国家治理上，我们大致是按照国家能力、法治化和问责的顺序来推进现代化的，但对此不能绝对化理解，国家能力的提高也离不开法治，问责也离不开法治保障；反过来，有效的问责制也会促进国家能力的提高和法治化水平。尤其是，有一个坚强有力的中央权威，不仅是国家能力的保证，也是我们能够不断推进法治建设和问责制建设的重要保障，这一点对中国这样一个人口众多、区域之间情况千差万别的大国的重要性，怎么估计都不过分。

任何标准的背后是价值观。那么，衡量国家治理的最基本的价值标准至少是有效。十八大后的治国理政，具有鲜明的问题导向的特色，无论是制度还是政策，特别讲究务实管用，能解决问题。这是一种实事求是的做法。政治制度之所以有效，也往往都具有这样的品格：体现了长期形成的历史传承，反映了长期积累的历史经验，同时回应了现实要求、能够解决现实问题。

2014年9月5日，在庆祝全国人民代表大会成立60周年大会上的讲话中，习近平总书记指出，评价一个国家政治制度是不是民主的、有效的，"主要看国家领导层能否依法有序更替，全体人民能否依法管理国家事务和社会事务、管理经济和文化事业，人民群众能否畅通表达利益要求，社会各方面能否有效参与国家政治生活，国家决策能否实现科学化、民主化，各方面人才能否通过公平竞争进入国家领导和管理体系，执政党能否依照宪法法律规定实现对国家事务的领导，权力运用能否得到有效制约和监督"。

这段话其实也包含了治理现代化的三个基本要素：国家能力，比如国家决策的科学化；法治化，比如全体人民依法管理国家事务和社会事务，信仰法律而不是信仰权力和"关系";问责制,比如权力运用得到有效制约和监督。

把治理现代化确定为全面深化改革的总目标,能够有效凝聚起利益和观念日益多元化社会的"最大公约数"。其背后则是,中国共产党之所以始终能够发挥领导核心作用,就在于始终站在整个社会发展的大方向、全体民众的最大利益这一边,敢于较真碰硬,推动国家治理现代化不断深入进行,无论是提高国家能力、法治化水平还是健全问责制度,都在党的十八大后取得了历史性突破。这也是中国共产党领导是"中国特色社会主义的最大制度优势"的一个生动体现。

第四章

美美与共，天下大同

回顾过去100年尤其是近50年，世界正经历大发展大变革大调整时期。世界多极化、经济全球化深入发展，社会信息化、文化多样化持续推进，新一轮科技革命和产业革命正在孕育成长，各国相互联系、相互依存，全球命运与共、休戚相关。

同时，世界也面临前所未有的风险和挑战。经济增长乏力，金融危机阴霾不散，发展鸿沟日益突出，兵戎相见时有发生，冷战思维和强权政治阴魂不散，恐怖主义、难民危机、重大传染性疾病、气候变化等非传统安全威胁持续蔓延。

2017年1月18日，中国国家主席习近平在联合国日内瓦总部发表演讲时指出，"让和平的薪火代代相传，让发展的动力源源不断，让文明的光芒熠熠生辉，是各国人民的期待，也是我们这一代政治家应有的担当。中国方案是：构建人类命运共同体，实现共赢共享"。①

在这次演讲中，习近平主席提出了构建人类命运共同体的五点主张：坚持对话协商，建设一个持久和平的世界。坚持共建共享，建设一个普遍安全的世界。坚持合作共赢，建设一个共同繁荣的世界。坚持交流互鉴，建设一个开放包容的世界。坚持绿色低碳，建设一个清洁美丽的世界。

构建人类命运共同体，这就是中国人的天下观，也是中国作为一个负责任大国的担当。

如何处理世界上不同文明文化的关系？社会学家费孝通曾经讲过十六字箴言："各美其美，美人之美，美美与共，天下大同。"

这一箴言的后半句，意指各个民族、各个国家的优秀文明和文化互相包

---

① 2017年1月18日，习近平总书记在瑞士日内瓦万国宫出席"共商共筑人类命运共同体"高级别会议，并发表题为《共同构建人类命运共同体》的主旨演讲。

容、互相学习，我们就有条件建立一个大同的社会。今天中国提出了构建"人类命运共同体"，不就是展现了"美美与共，天下大同"的人类美好愿景吗？

如何让美好愿景变为现实？把握历史大势，深化战略伙伴关系，把复杂性、曲折性思虑周全，勇于去排除一个个困难，迎接一个个挑战，朝着"持久和平、普遍安全、共同繁荣、开放包容、清洁美丽的世界"不懈努力，终将使命必达。

中国过去40年改革开放的不凡历程，就是这么在深一脚、浅一脚的探索尝试中走过来的；只要方向明确，不怕走弯路，不怕受误解，也不惮于超前闯关和改正失误；对内改革是这样，对外开放也是这样。

我们常说"有一千条理由把中美关系搞好，没有一条理由把中美关系搞坏"，但是当一方秉持"贸易霸凌主义、保护主义和单边主义"的时候，我们也明白在一时的中美关系亲疏之上，还有更高的国际准则和公理人心。一个站在正确一边的人，最终会变成多数。所以，提前推进全面改革，不理会无谓的叫嚣，是"稳外资"的最好方式。

经贸的压舱石作用，在中欧关系中强烈地体现出来。尽管如此，当中国显现出超越欧盟的经济活力时，中欧关系反而被注入了更多的竞争元素。欧债危机爆发后，欧盟逐渐意识到"中国机遇"的重要性，近几年才通过"和平、增长、改革、文明"四座桥梁，与中国"战略对接"。

日本曾经在中国对外开放伊始"近水楼台先得月"，不管21世纪以来发生了什么，两国民间的友好交往没有断过。而今是中日和平友好条约缔结40周年，两国关系回到了正常发展轨道，可喜可贺。

美欧日之外，无论是俄罗斯、朝韩和东南亚，还是西半个亚洲、非洲和拉美，以及并不遥远的加拿大和大洋洲，都越发离不开中国的经济加持。而中国借助国际组织和"一带一路"效应，也越发走近了世界舞台的中央。

1. 中美关系：超越分歧重构共识

踩着改革开放肇始的节点，中国于1978年12月与美国一同发表了《中美建交公报》。可以说，中美关系正常化是中国改革开放不可或缺的外部条件；在中国改革开放后的整个外交中，对美外交的重要性怎么强调都不为过。

不过，与中国40年波澜壮阔的改革开放历史相比，中美关系的演进路径并非一片坦途，有时甚至遭遇强大的逆流。冷战后期，中美关系有过短暂的"蜜月期"，也就是被称为"准盟友"的时期。但更长的时间里，中美关系都处在动态的调整过程中。这个过程，也是中美不断超越分歧、寻找共识的过程。

短暂的"蜜月期"

中美关系从敌人到准盟友的转变，跟20世纪60年代中苏关系公开决裂，以及美国在越战泥潭中越陷越深的大环境有关。从1969年开始，中美为两国关系正常化展开秘密但密集的互动和谈判，其中包括基辛格作为尼克松特使多次秘密访华。1972年2月21日，尼克松访问中国。6天后，《中美联合公报》在上海发表。

然而，从尼克松首次访华到1979年1月1日中美建交，历时7年之久。这背后原因复杂。从美国角度看，尼克松访华后，本打算在第二任期内实现中美建交，但"水门事件"导致尼克松的总统任期止步于第二任期的第二年。他的继任者福特总统，对中美建交的热情明显降低。

另一重要原因是，70年代中期后，已成为福特政府国务卿的基辛格，借着美国从越南撤军，把外交重点转向了与苏联缓和关系。他的想法与国防部长施莱辛格出现分歧，后者主张通过加速美中关系正常化，继续向苏联施压。这两人的分歧，以福特总统解雇施莱辛格的职务而告终。这也是为何共和党总统打开了中美外交局面，收获建交"果实"的却是民主党总统（卡特）的一个重要原因。

从中国方面来看,在中美建交谈判的绝大部分时间里,中国都还处在"文革"时期,在对美外交上没有太大的灵活操作空间。中美建交谈判在1978年实现突破,与当时"文革"已结束不无关系。

好事多磨。推动美中成功建交的卡特总统,在白宫只待了4年。1981年里根入主白宫后,利用台湾问题在中美关系上掀起波澜。他在竞选期间承认要恢复与台湾的"官方关系",胜选后、就职前还派其外交顾问克莱因访台。里根不仅在就职典礼上邀请台湾当局高官,还打算在对台军售上弄出大手笔。中美关系遭遇建交以来第一次严重危机。

在中国展现出不惜让中美关系退回到1972年前状态的强硬姿态后,里根政府对华态度开始软化。当时,处于勃列日涅夫执政后期的苏联,频繁释放改善苏中关系的意愿。与此同时,北京也向华盛顿暗示,可能改变联美抗苏的"一条线"战略。在这样的背景下,里根政府的国务卿黑格、副总统老布什相继访问中国,中美也围绕对台军售问题展开密集谈判。1982年8月,中美发表《八一七公报》,美国承诺逐步减少直至最终停止对台军售。

自那以后,中美关系进入所谓的"蜜月期",即彼此视对方为"准盟友"的时期。在里根总统第一任期内,中美两国相继签订《贸易协定》《海运协定》《民航协定》等一系列协定。双方在人员交流、科教合作上也驶入快车道。

更为重要的是,美国承诺给中国最惠国待遇,在相当程度上向中国开放了美国市场。1978年建交时,中美之间的贸易额仅为约10亿美元,1989年增加到122亿美元。按国别算,美国是那段时期中国引进外资的最大来源国。

更能体现"蜜月"色彩的是,中美军事层面的交流与合作。1980年1月,应中国国防部长徐向前的邀请,卡特政府的国防部部长哈罗德·布朗访华,中美军事交流由此拉开序幕。《八一七公报》发表之后,里根政府也在对华军事交流上表现出较大的热情,中美军事关系出现了历史上未曾再现的黄金时期。中美除了向对方派遣军事代表团互访、交流之外,美国在对华军售上也颇为慷慨，向中国出售军用直升机（比如"黑鹰"）、反坦克导弹、舰载反导弹火炮等较为先进的军事装备。

那个时期中美在军事关系上的热度，是外界将两国定义为"准盟友"的重要原因。不过，这种定义是非正式的，主要出现在学界和舆论界。无论是两国的官方文件还是官员的公开表述，都没有出现过"盟友"或"准盟友"。有位美国高官称，中美存在价值观等方面的根本差异，并明确表示两国只是朋友，而不是盟友。

中美从敌对到接触，再到建交并发展成"准同盟"关系，本质上与当时的冷战格局直接相关。广为人知的解释是，共同应对苏联威胁这个共同的战略需求，是吸引中美接近的最直接也是最大的动力。用美国前副国务卿佐利克的话说，当时的中美关系是基于双方"共同反对什么"来界定的。这样的判断固然没错，但也不够全面。

1972年至1978年，中美之间的互动与合作，基本上仅限于战略、外交层面，而在经贸层面的交流非常有限，双方在其他政策上也没有做出明显的调整。但1978年中国改革开放后，情况发生了当时看起来并非最重要，但实质上影响最为深刻的变化。

中美建交后，共同对抗苏联依然是两国的共同目标，但与此同时，中美互动从战略、外交扩展到政治、经贸、社会、文教等更为广泛的领域。这种扩展极大地丰富了中美关系的内涵，拓展了两国关系的发展空间。其更为深远的意义在于，中美关系的战略基础，从"反对共同敌人"悄然转向"寻找共同利益"。换句话说，1978年中国的改革开放，为根本上改变中美关系的战略基础埋下了伏笔。

这个改变的意义极为深远。如今中美"你中有我、我中有你"相互依赖局面的形成，基础就是在那个历史时期打下的。正如某位学者所说，如果说之前推动中美关系发展的唯一动力是对抗苏联这个"外需"，那么1978年之后中美关系的发展则通过增加共同利益，培育出了"内需"这个新的推动力。

定位一波三折

尽管中美关系在对抗苏联的基础上,"外溢"出了新的内容,但不可否认的是,20世纪七八十年代的中美关系,本质上依然是特殊历史时期的特殊产物。随着苏联解体、两极格局的终结,支撑中美关系的最大战略基础彻底消失。

如何认识对方,是发展关系的前提。老布什政府时期,中国邀请尼克松、基辛格等美国前政要访华,并主动派大型采购团赴美,以善意攻势化解中美外交僵局。中国的目标相对清晰,即继续坚持改革开放,在外交上寻求合作而不是对抗。

"纠结"的是美国。美国著名中国问题专家沈大伟(David Shambaugh)在1998年出版的《中美关系互动模式》一书中提出:中美关系总是从一个极端走向另一个极端,即在对抗与合作之间摆动,很难处于持续的均衡状态。有学者甚至认为,中美关系始终处于转型的过程中,这已成为一种常态。毫无疑问,作为双边关系中强势一方,美国对造成这种状态负有主要的责任。

对于中方的善意攻势,老布什政府做出了适当的回应,采取了一些缓和关系的措施。但直到克林顿总统第一任期结束的1996年,中美关系最突出的特征都是剧烈震荡。老布什总统在宣布解除对华制裁的同时,也宣布了对台50亿美元军售。1993年克林顿入主白宫后不久,就批准了高达110亿美元的对台军售,1995年又允许中国台湾地区领导人李登辉访美。这些都给当时的中美关系造成了危机。

1996年台海危机之后,美国开始意识到中美关系不稳定可能造成的严重后果。也是在那次危机之后,克林顿政府开始严肃地考虑调整对华政策。美国学者戴维·兰普顿在1997年撰文称,从台海危机中,华盛顿和北京所学到的最大教训是,它们之间的双边关系不再是关于贸易、技术、人权的关系,而是一种关乎战争与和平的关系。无论怎么理解中国的重要性,对华关系对美国来说都已经带有战略性。

另一个促使克林顿政府"正视"中国的因素，是大国关系的变化。在经历冷战结束初期与西方的"蜜月"后，俄罗斯对西方的幻想破灭，叶利钦政府转向兼顾西方与东方的"双头鹰"外交。中国军队1996年3月结束在台湾海峡演习后一个月，俄罗斯总统叶利钦访华。在那次访问中，中俄签署联合声明，宣布建立"面向21世纪的战略协作伙伴关系"。中俄关系提升到了新的水平。

1996年7月，美国总统国家安全事务顾问莱克访华，中美高层对话得以恢复。同年11月，美国国务卿克里斯托弗访华。在那次北京之行中，克里斯托弗对美国的对华政策做了较为笼统，但却带有前瞻性的表态："美国坚信，通过扩展我们在全球、地区、双边等每一个层次上的合作，将推进我们的共同利益。"

1997年是克林顿开始总统第二任期之年，其国家安全事务顾问伯杰致信中国国务院外事办主任刘华秋，表示美国希望"使两国关系从单纯的接触与对话上升到战略伙伴关系"。同年10月，江泽民主席对美国进行国事访问。这是冷战结束后中国最高领导人首次访美，两国发表联合声明，宣布"共同致力于建立中美建设性战略伙伴关系"。次年6月克林顿回访中国时，双方再次确认建立"建设性战略伙伴关系"的共识。

"建设性战略伙伴关系"，是中美建交以来首次以官方文件的形式对两国关系的定位。但这样的定位当时在美国国内是有很大争议的，其国会里的批评声音认为，当时中国对于美国的重要性来说，还达不到需要建立"战略伙伴"关系的程度。兰普顿在其2001年出版的《同床异梦：管理美中关系》一书中指出，随后发生的如"考克斯报告"、北约空袭中国驻南联盟大使馆等一系列事件，都在实质性地瓦解"建设性战略伙伴关系"这一概念。

美国学者杰拉尔德·西格尔1999年发表在《外交事务》杂志上的文章说得更直白，"中国只不过是一个理论上的大国，是现实中的二流中等大国"。客观地说，在美国的战略优先排序中，中国的位置并不那么靠前，没有形成足够的动力推动美国去实践"建设性战略伙伴关系"。所以有观点认为，当时中美事实上还不具备建立"建设性战略伙伴关系"的政治基础，这种外交关系定位过于"超前"。在中美外交中，克林顿政府之后，"战略伙伴"这样的表述就从美国的官方话语中消失了。

兰普顿在《同床异梦：管理美中关系》中还写道，经济和信息全球化、国际机制与多边国际组织的发展，使美中在同一张"全球床"上的距离越来越近，但我们彼此不同的国家制度、利益、领导、公众认知以及截然不同的民族性格，又决定了我们两国的梦想在实质上是不同的。"这不仅为冷战后第一个十年的美中关系提供了根本动能，而且会延续到21世纪。"后来中美关系的发展，一定程度上证实了兰普顿的判断。

2001年1月就任总统后，小布什明确否定中国是美国的"战略伙伴"，并多次在讲话中说中国是"战略竞争对手"。国务卿鲍威尔在参议院提名听证会上说："中国不是战略伙伴，但也不是我们无法回避和不可改变的仇敌。中国是一个竞争者，一个地区的潜在对手，但它也是贸易伙伴，愿意在我们两国都有战略利益的地区进行合作……中国不是敌人，我们的挑战就是要继续让中国保持这样的状态。"由此可见，当时美国对中国的角色定位是"非敌非友"。

2001年4月中美撞机事件，尤其是"9·11"事件后，小布什政府的对华态度出现了微调，不仅不再强调中国是"战略竞争对手"，还明确表示中国是"全球反恐联盟的重要伙伴"。同年10月，江泽民主席与小布什总统在上海会晤，中美达成"建设性合作关系"的共识。

在第二任期内，小布什政府对美中关系表现出更积极的塑造性的一面，最明显的莫过于副国务卿佐利克2005年9月所提出的"负责任的利益攸关者"。当时美国已经开始认识到，中美关系内涵和外延都可能不会是历史上传统的大国关系。正是在这样的背景下，中美两国启动了战略对话并将其机制化。

奥巴马在2009年1月就任总统时，很大程度上延续了小布什政府后期的对华政策。当年4月，胡锦涛主席与奥巴马总统在伦敦首次会晤，双方一致同意共同努力建设"21世纪积极合作全面的中美关系"。同年11月，奥巴马总统首次访华期间，中美在联合声明中对彼此的战略意图做了更清晰的表述：美方重申，欢迎一个强大、繁荣、成功、在国际事务上发挥更大作用的中国；中方表示，欢迎美国作为一个亚太国家为本地区和平、稳定与繁荣做出努力；双方重申致力于建设21世纪积极合作全面的中美关系。

"求稳"是奥巴马外交的一个突出特点，起初这一点是有利于中美关系发展的。中国崛起过程中对和平、稳定外部环境的需求，与美国维持国际秩序的稳定、应对全球挑战的希望，在很大程度上有契合的地方。从上述声明可以看出，美国对中国的崛起表示出一定的"宽容度"，而中国也对美国在全球与亚太地区的主导权，表现出某种"认可度"。当然，2008年的全球金融危机，也是中美都把视野更多地放在寻找共识上的一个重要原因。

奥巴马政府当时对中美关系的定位相对积极还有一个原因，那就是与小布什政府第二任期内对美中关系的认知相似，认识到这对双边关系不同于一般的大国关系，简单的遏制行不通，需要更精细的外交操作。小布什政府时期副国务卿柯庆生（Thomas Christensen）撰文称："即使美国试图采取直接和全面的遏制政策，也只会适得其反。这不仅会增加中国的怨恨和愤怒，还会削弱美国在这个地区的相对权力。美国不仅很可能在这样的努力中找不到新的同盟，而且还会失去一些现有的盟友。"

与克林顿总统第二任期内对中美"建设性战略伙伴关系"的定位相比，奥巴马政府时期的定位，某种程度上更符合中美关系的现实。这本应有助于两国关系的发展，可在实践中，"欢迎中国崛起"的辞令常常被"担忧中国崛起"的动作覆盖。后来，不仅出现了谷歌事件、接见达赖、对台军售等一系列影响中美关系的事件，事实上整个奥巴马政府时期中美关系都是波折不断。至少从中国的角度看，美国的对华外交行为没有表现出"建设性"。

更为关键的是，奥巴马政府在宏观的战略设计与微观的外交行为上，都明显突出了遏制中国的一面。2010年7月，希拉里国务卿在东盟地区论坛外长会上，提出南海问题事关美国利益，从而助长了南海危机。2011年11月，奥巴马在访问澳大利亚时正式提出"重返亚太"战略（后来改称"亚太再平衡"）。与此同时，美国还加速推进"跨太平洋伙伴关系协定"的谈判，打造将中国排除在外的自由贸易协定。

也就是说，奥巴马政府的亚太外交，针对中国的意图非常明显，而且是战略、军事、经贸全方位的。

在奥巴马当政时期尤其是第二任期内，虽然中美关系没有脱离合作的轨道，但战略竞争性更加突出了。在某些具体的对华外交上，美国甚至不掩饰其"拆台"的意图，比如公开威胁盟友不要加入中国倡导的亚投行。从2010年开始，美国战略界出现了历史上未曾有过的关于美中关系的大讨论，呼吁重新评估中美建交以来美国的对华政策。那一年，美国学者孟捷慕（James Mann）在《新共和》杂志上写道：通过接触改造中国的幻想已经破灭，需要改弦易辙应对更强大的中国。

2008年全球金融危机对西方国家的冲击，以及2010年中国超过日本成为全球第二经济大国，是美国全面反思对华战略的重要触发因素。因为无论从哪个角度看，中国都已不再是杰拉尔德·西格尔1999年所称的"二流中等大国"。在奥巴马执政后期，美国政界、智库以及舆论界把中国视为战略竞争者，主张对中国强硬的声音，即便不是共识也绝对属于主流观点。这种对中国认知的变化，成为美国调整对华政策的重要推动力。

不过，虽然在战略布局上已经与中国展开战略竞争，但直到奥巴马离开白宫，他也没有以官方文件的形式把中国确定为"战略竞争对手"。历史地看，冷战后给中美关系做明确的定位，对美国来说一直是个纠结的问题。即便在中美战略竞争性日渐凸显的情况下，以简单的"标签化"定义中美关系也不妥。给中美关系做一个双方都能接受和认可的定位，对华盛顿和北京来说都是个难题。

在美国国内对对华政策大辩论之际，中国也曾积极主动地稳定、塑造中美关系。2013年6月,习近平主席与奥巴马总统在安纳伯格庄园会晤时,提出构建中美新型大国关系,为两国关系的发展确立大框架。这一概念的内涵是"不冲突、不对抗、相互尊重、合作共赢"。这是中美建交以来,中国在塑造中美关系上做出的最为积极主动的尝试。不过,从此后中美互动来看,奥巴马政府并没有完全接受这一概念。

2014年1月,习近平主席在接受美国媒体采访时指出:"我们都应该努力避免陷入'修昔底德陷阱',强国只能追求霸权的主张不适用于中国,中国没有实施这种行动的基因。"[①]2015年9月访美期间,习近平主席再次提到,"世界上本无'修昔底德'陷阱,但大国之间一再发生战略误判,就可能给自己造成'修昔底德'陷阱"。对于这一点,奥巴马倒是明确否认中美会陷入"修昔底德陷阱"。但客观地说,这与其说是他的战略判断,倒不如说是他的个人希望。

重构中美共识

从里根到特朗普,每一位最终入主白宫的总统候选人,在竞选期间都无一例外地宣称要对中国强硬,但他们最终也同样无一例外地做了政策回调。小布什是唯一一位就任总统后依然把中国称为"战略竞争对手"的总统,但很快他就不再提这个表述了,更没有将此写入正式的政府文件。奥巴马是第一位制定了与中国进行战略竞争的明确政策的总统,但他并没有明确把中国定位为战略竞争对手。特朗普则完全不一样。

特朗普把中国认定为战略竞争对手,与以往历任总统有着非同一般的差别。最大的不同就是中美相对实力的缩小,以及美国出现的对中国认知的变化。换句话说,美国在很大程度上,形成了把中国视为战略竞争对手的政治基础。作为长期以来在中美关系定位上具有强势话语权的一方,美国对中国

---

① 出自2014年1月,习近平总书记接受美国《赫芬顿邮报》子报《世界邮报》专访时的回答。

的角色定位，毫无疑问将是影响中美关系走向的关键变量。而且，中美针对彼此的战略调整，与国际格局的深刻变动几乎同步发生，这又在很大程度上增加了未来中美关系的不确定性。

中国学者王缉思与美国学者李侃如（Kenneth Lieberthal）在《中美战略互疑：解析与应对》一书中指出，所谓"战略互疑"是指双方在长远意图方面互不信任，即认为"对方国家实现其主要长远目标，是要以本国的核心发展前景和利益为综合代价的"。①

特朗普政府对中国的"疑"是显而易见的。他的核心智囊彼得·纳瓦罗长期坚持的一个观点是，"帮助中国加入世界贸易组织是美国迄今为止犯下的最大错误，中国的崛起导致了美国的衰落"。特朗普竞选时的中国政策顾问白邦瑞（Michael Pillsbury），甚至宣称中国长期以来对美国进行"战略欺诈"，中国的真实战略意图就是削弱美国的全球领导地位，并且把美国赶出亚洲。

特朗普政府在主动营造战略竞争氛围的同时，也把战略竞争引入对华外交。2017年1月26日，也就是特朗普就任总统一周后，他的高级政策顾问、后来担任国家安全委员会负责战略规划的高级主管纳迪亚·沙德罗在媒体上公开撰文称："战略竞争时代已经到来，是时候将竞争文化注入美国的外交和发展，以应对中国的挑战了。"纳迪亚·沙德罗也是美国新版《国家安全战略》报告的牵头人。

美国2017年12月公布的《国家安全战略》报告称，冷战结束以来，美国力图将中国整合进战后国际秩序的努力并未实现目标，中国和俄罗斯与美国及其盟友、伙伴展开了积极的竞争，特别是地缘政治优势方面的竞争，并尝试改变国际秩序，以对两国更为有利。2018年1月公布的《美国国防战略（概要）》报告明确指出，国家间战略竞争，而非恐怖主义，已经成为美国最为重要的国家安全关切。该报告在对中国的表述中称，随着经济和军事实力的崛

---

① 王缉思、李侃如：《中美战略互疑：解析与应对》，社会科学文献出版社2013年版。

起，中国将继续推进军事现代化，以在近期内寻求印太地区霸权，未来则将取代美国的全球主导地位。

不过，战略竞争并不等同于战略对抗。美国《国家安全战略（概要）》报告中也有这样的表述，"竞争并不总是意味着敌对，也不是不可避免地走向冲突，然而没有人能质疑我们捍卫利益的承诺"。美国国防部副助理部长埃尔布里奇·科尔比在解释《美国国防战略（概要）》时说，这不是一个对抗的战略，它是一个承认竞争现实，以使我们能够维护利益与维持和平的战略。某种程度上说，特朗普政府在这些严肃的官方文件中突出战略竞争色彩，更主要的目的是通过强化美国的战略竞争意识、动员更多的战略资源，来维持美国对潜在挑战者的战略竞争优势。

淡化对抗色彩的根本原因在于，美国的战略不可能在真空中运行，而是受制于客观的现实。特朗普政府在经贸问题上对中国施加了强大的压力，但现实是中美不得不展开对话与合作。布鲁金斯学会学者、奥巴马政府时期国家安全事务委员会总统特别助理杰弗里·贝德，在2016年的《美国对华政策框架》一文中写道，我们的经济关系很可能杂音与和谐并存，但很重要的一点是，美国人和中国人考虑各自利益时要了解，从根本上讲在这个领域我们是被捆绑在一起的，因此我们必须让它有效运作起来。

无论美国怎么解读中美关系的战略竞争性，现实情况是中国的确没有表现出历史上的霸权挑战国那样的咄咄逼人。杰弗里·贝德在上述文章中称，无论如何，中国并没有建立一个拥有卫星国的帝国，也没有用武力去征服或搅乱邻国，也没有像苏联那样颠覆其他国家。"它的挑战更为微妙和低调，我们的应对方式也应该如此。"

现实地看，"战略竞争对手"的定位显然无法体现中美关系复杂、多维的特性。历史地看，中美关系的历史，就是不断超越分歧、寻找共识的历史。从这个意义上说，"新型大国关系"的表述既体现了开放性，也兼顾了灵活性，更能反映中美关系的实质和定位。

2. 欧盟，全球治理的中国伙伴

对于中国与欧盟的关系来说，2018年具有诸多节点性意义。这一年是中欧全面战略伙伴关系建立15周年，也是中欧领导人会晤机制运行20周年。关系的定位、机制的设立，是中欧关系发展史上的重要里程碑。更为重要的是，在中国改革开放40周年之际，中欧关系也走到了需要跃升至新台阶的关口。

从历史脉络来看，中欧能走到一起缘起于政治需求，关系发展则兴起于经济合作。经济结构上的互补性，经济利益上的相互需求，曾在相当长时间内扮演了中欧关系发展的动力引擎。如今，这个动力引擎依然在发挥不可替代的作用，但很大程度上已经难以承载中欧关系的战略意涵。

因而，中欧提出打造"和平、增长、改革、文明"四大伙伴关系，既是一种远景目标，也是一种全新的战略定位。全球治理的未来，需要中欧关系的重新定位。

历史脉络

1975年5月，中国与欧盟的前身——欧共体正式建立外交关系。不过，在中欧建交前，中国与当时欧共体成员国都已先后建立了外交关系，并与其中不少国家保持着一定的经贸关系，某些欧共体成员国还是中国生产设备进口的重要来源地。也就是说，中欧建交是有一定的土壤的，缺的只是气候条件。

对中欧建交起决定性作用还是政治因素。当时最大的政治就是冷战，中欧关系的发展总体上受制于中苏、中美关系。美国总统尼克松访华一年后的1973年，法国总统蓬皮杜访问中国，他也是首位到访北京的西欧大国元首。1974年毛泽东提出"三个世界"划分理论，西欧被划为可以争取团结的"第二世界"。在内外因素的共同作用下，中国与欧共体于1975年建立外交关系，中国也是第一个承认欧共体的社会主义国家。之后，中欧关系进入了新的历史时期。

1978年中国开始改革开放,中欧关系发展随之驶入快车道。1979年2月,欧共体委员会主席詹金斯首次访华,随同这次访问发生的是首届欧共体—中国联合委员会的举行。截至1987年,中欧已经建立定期的政治磋商制度、部长级会议等框架。1988年10月,欧共体正式设立驻华代表团。

政治互动频繁,有力地促进了经贸领域的合作。中欧刚建交的1975年,双边贸易额仅为23亿美元,14年后已经猛增到235亿美元。而且,这个阶段欧洲国家在市场准入、对华贷款、科技合作上,对中国也颇为慷慨。

中欧接近有冷战格局刺激的因素,随着冷战格局的瓦解,双边关系也急转直下。但这个状态没有持续太久。1990年夏开始,欧洲国家开始逐渐放松对华制裁。同年10月,欧共体取消了高级官员访华限制。截至1994年底,欧方取消了除军售以外的绝大多数制裁,各层级的交流也恢复到此前的水平。

值得一提的是,中欧关系"回冷"更多地体现在政治层面,经济领域受到的影响并不太大。在1994年之前5年中,中欧贸易从235亿美元增加到315亿美元。虽然比此前有所减缓,但年均近10%的增速,依然远高于当时欧洲与日、美的贸易增速。经贸的压舱石作用,在中欧关系中强烈地体现出来。

从1995年开始,中欧关系再次出现质变。这一年,欧盟委员会发表了名为《中欧关系长期发展政策》的报告。该报告提出"重新定义欧盟与中国的关系",与中国进行"建设性接触",并明确提出"与中国建立一种长期的并能反映出中国的全球性经济和政治影响的关系"。

1996年11月,欧盟委员会通过名为《欧盟对华新战略》的政治文件,明确欧盟的政策目标是与中国保持全面、长期的接触。1998年,中欧建立了领导人年度会晤机制。

进入21世纪,中欧关系在短时间内出现跨越式发展。2001年,欧盟发表第一份对华政策文件,明确对华"积极接触"政策。这一年,双方正式确立"全面伙伴关系",两年之后的2003年,双边关系升级为"全面战略伙伴关系"。

这一年，中国也发表首个《中国对欧盟政策文件》。2004年，欧盟首次超过美国和日本，成为中国最大的贸易伙伴。

对于中欧关系来说，1995年至2004年算得上是蜜月期。在这段时期，双方的互动与合作，明显多于分歧与冲突。更为重要的是，中欧关系实现了从一般意义上的接触，到战略性定位的转变，双方在政策目标和实践上，都从战略层面审视彼此。

2005年是中欧建交40周年，但也是在这一年，中欧关系出现微妙但影响深远的变化。随着中欧经贸联系日益紧密，此前不那么受关注的贸易逆差、市场准入、知识产权等逐渐变成了突出的问题。在政治层面，欧洲开始出现越来越多的"中国威胁论"，这一现象背后是"中国认知"的变化。

2006年10月，欧盟委员会发表名为《欧盟—中国：更紧密的伙伴，扩大的责任》，这是欧盟发表的第六份对华政策文件。随同一起发表的还有《竞争与伙伴关系——欧中贸易与投资政策文件》。同年底，欧洲理事会发布《关于欧洲—中国战略伙伴关系的结论》，预示着欧盟对华战略再次出现调整。

欧盟在视中国为伙伴的同时，开始加入更多的竞争元素。在政策行为上的一个明显做法是，在对华外交中突出"价值观""人权"等意识形态因素。

欧盟认知上的变化反映到政策行为上，直接后果就是中欧关系再起波澜。2007年，德国总理默克尔、法国总统萨科齐相继接见达赖。随后，北京奥运圣火在巴黎、伦敦等数个欧洲城市遭到干扰。在经贸上，欧洲多个国家密集出台针对中国的反倾销调查。中欧关系急转直下，导致2008年第11次中欧领导人峰会被取消。

2004年至2008年，是中欧关系出现大幅波动甚至剧烈震荡的时期。欧盟调整对华政策的同时，欧洲人对中国态度也出现了大幅变化。在欧洲几个大国中，只有英国对中国持负面看法的受访者的比例增幅最小（从34%增加到42%）。与此同时，认为中国是一个积极力量的比例出现明显下降。

深度调整

在 21 世纪即将进入第二个十年之际,中欧关系复杂、多维的特点变得更加突出,诸多分歧和矛盾集中爆发。追根溯源,变化的原动力还是来自经济层面。在欧元开始流通、欧盟大幅扩员的前夜(2002 年),中欧贸易额是 867 亿美元,中方顺差是 97 亿美元。到 2008 年,中欧贸易额猛增至 4255 亿美元,对华贸易逆差扩大到 1600 多亿美元。

从某种程度上说,对华贸易逆差只是技术层面的问题,更深层次的问题是中国经济实力的崛起。也就是说,随着中国经济实力的增强,欧盟眼中的中国,正在褪去"发展中国家"的色彩,变成需要严肃对待的既竞争又合作的对象。

2010 年,英国宣布正式决定停止实施了数十年的对华援助。时任英国负责对外援助的国际开发事务大臣安德鲁·米切尔称,继续向全球第二经济大国提供援助是没有道理的。也是在那个时间前后,欧洲几个大国都相继调整对华援助,有的从支持中国发展经济转向环保援助(比如德国),有的则像英国一样直接取消。

不过,这些对华援助的调整或取消,不能简单地与对华是否友好联系在一起。其背后反映的是,欧洲国家对华战略不同于以往的深度调整。

回顾历史可以发现,在对华政策调整上,英国算是走在欧洲大国前列的(虽然与中国建交晚于法国,但英国是率先承认新中国的欧洲大国)。2009 年 1 月,英国外交部发布了一份名为《英国与中国:接触的框架》。这份报告的特殊性在于,它是英国外交史上首个专门针对中国的带有战略性的外交政策文件。

这份报告指出,"中国成为一支全球性经济和政治力量,是如今这个时代最为重要的一个变化","与中国合作对于全球消除贫困、解决冲突以及采取有效措施遏制气候变暖来说都是不可或缺的"。该报告认为,中国、美国与欧盟的关系将决定未来10年世界发展的方向。

从中欧建交开始,欧洲国家在与中国的接触中,除了实质上的经济利益外,也在不同程度上希望能影响中国的政治进程,本质上是希望中国能走"西式"民主的道路。历史走到这个阶段,欧洲国家开始逐渐放弃这类幻想,而且或多或少带着不安的心态。

英国那份报告发布后3个月,在欧洲颇具影响力的智库"欧洲对外关系委员会"发布了一份名为《欧中关系实力评估》的研究报告。根据这份报告,欧洲人一直希望能够影响中国的发展方向,但"中国的内外政策却向着另一个方向发展,非但对欧洲的价值观不屑一顾,反而不断与之对抗,甚至对其产生破坏作用"。

2010年底,欧盟负责外交与安全事务的高级代表阿什顿,向欧洲理事会提交了一份全面审视欧盟与中国战略伙伴关系的报告,即阿什顿报告。其最突出的变化是提升了中国在欧盟战略伙伴关系中的地位——中国紧随美国排在第二位。报告还提议,建立欧盟、美国、中国三边对话机制。

中国战略性得到提升的另一明证是,欧盟把"共同应对全球挑战、加强全球治理"作为欧中战略合作的优先重点。该报告认为,强调欧中在全球层面与多边机构中加强合作,赋予了欧中战略伙伴关系具体内涵,回答了近年来的一些质疑。

从阿什顿报告来看,欧盟对华战略调整的另一突出特点是务实,这主要体现在经贸领域。报告将"更加自由与公平的市场准入"列为欧盟对华战略利益之首。这个变化虽然微妙但影响却极为深远。大致从那个时期起,知识产权保护、对等市场准入、公平投资环境等问题,密集出现在欧盟对华要求清单中。

有学者总结,欧盟在与中国打交道时会更加在乎"平等""互惠",本质上是一种"利益置换外交"。此前,中欧关系能大体上保持稳定,并能相对较快地从负面冲击中恢复过来,很大程度上有经贸这个"压舱石"的作用。更具体地说，是中欧经济结构上的互补性，创造了经贸合作双赢的便利性。但随着中欧经济实力相对差距的缩小，中国经济向高端产业链攀升，中欧经贸互动中竞争性的一面凸显了出来。这一切都预示着中欧关系进入了结构性变化阶段。

在欧盟调整对华战略的同时，中国对欧盟的认知、战略定位、外交政策也在变化。2009年欧债危机以后，中国的欧盟认知变得更加立体了。一方面，欧盟内部问题的复杂性、外部挑战的艰巨性，决定了矛盾、困难此起彼伏的状况，在相当长时间都可能是欧盟的常态。另一方面，中国认识到，欧盟依然是国际舞台上不容忽视且极为重要的力量，欧盟在中国外交中的重要性不但毋庸置疑，而且还有巨大的潜力可挖。

更加积极主动，是中国对欧盟政策调整的一个突出特点。自1975年中欧建交以来，双边关系中起主导作用的长期以来都是欧盟。2008年以后，这种局面开始逆转。2009年，中国派出数波贸易投资促进团赴欧洲，推动扩大欧洲国家对华出口，主动采取措施缩小欧盟对华贸易逆差。某种程度上说，正是中国一系列积极主动的政策行为，稳住了那个时期中欧关系的大局。

在中国的积极运作下，2012年的第15次中欧领导人峰会正式提出"积极努力寻找中国'十二五规划'与'欧洲2020'战略的契合点，拓展并深化各领域的务实合作"。"战略对接"成为中欧关系顶层设计中的一大亮点。

2013年中欧领导人第16次会晤后，发布了《中欧合作2020战略规划》。2015年第17次中欧领导人会晤后发表声明，称双方致力于推进三大战略对接，即"中方一带一路倡议与欧洲发展战略相对接，中国国际产能合作与欧洲容克投资计划相对接，中国与中东欧国家'16+1'合作与中欧整体合作相对接"。

2014年3月，习近平主席访问欧盟总部。这是中国国家主席首次到访欧盟总部。在那次访问中，习近平主席提出"从战略高度看待中欧关系，将中欧两大力量、两大市场、两大文明结合起来，共同打造中欧和平、增长、改革、文明四大伙伴关系，为中欧合作注入新动力，为世界发展繁荣做出新贡献"。

"四大伙伴关系"给中欧关系做了全新的定位,这个定位本质上已经超越中欧双边范畴,涉及全球治理这个更宏大的议题。从中国角度来看,在中欧经济结构互补性"红利"逐渐枯竭的情况下,需要寻找新的增长点。

对于把全球治理作为中欧关系新的增长点,中欧双方已经形成了相当程度的共识。阿什顿报告把"共同应对全球挑战、加强全球治理"作为中欧战略合作的优先重点,就是最好的明证。回顾中欧建交以来的历史可以发现,欧盟曾很大程度上把中国视为全球治理的一个"对象",即促使中国融入全球治理体系。最近几年出现的明显变化是,欧盟开始严肃地把中国看作全球治理中不可或缺的伙伴。

特殊伙伴

在可预见的未来,全球治理将是中欧互动的重要内容之一。在这一点上,欧盟是中国的特殊伙伴。特殊的原因在于,中欧关系结构性变化、彼此战略的深度调整,发生在一个特殊的历史时期,一个中欧对彼此的战略需求与战略疑虑同时增加的时期。

从欧盟角度来看,在正视与中国合作潜力的同时,对中国实力增强的不适应感也在增大。2008年全球金融危机爆发之后,中欧之间的经贸、投资局面在相对较短时间内,出现了较为明显的质变。相关数据显示,在货物贸易占比上,2009年中欧货物贸易在中国进出口贸易总额中占比是16%,2016年微降至15%。同一时期,中欧货物贸易在欧盟对外贸易中占比从7%大幅增加到15%。也就是说,虽然欧盟市场对中国依然重要,但中国市场对欧盟变得更加重要了。

欧债危机爆发前的2008年,欧盟的经济总量约为19万亿美元。2016年欧盟初步走出债务危机时,如果去掉公投脱欧的英国(2.6万亿美元),欧盟的经济总量已经剧降至14.6万亿美元。在这两个时间点,中国的经济总量分别约为4.6万亿美元和11.3万亿美元。从占比看,短短8年间,中国经济总量从占欧盟的 24% 猛增至 77%。

相对实力差距短时间内大幅缩小，不可避免会给心理上造成大幅冲击。这种心理冲击，很大程度上又被中欧各自的外交行为放大了。近年来，包括欧盟在内的西方世界，普遍认为中国的外交变得更加强势和自信了。具体到对欧盟的外交，中国也确实表现得更加积极主动。中国不但在战略层面更有主动塑造的意识，而且在具体操作上较为成功地实践了大国外交、欧盟外交、欧洲次区域外交三位一体的对欧政策设计。

与这个过程同时发生的，是欧盟因内部麻烦缠身导致在外交上表现出越来越明显的内向化倾向。近年来欧盟在应对外部挑战，在国际议题日程设置能力及影响力上，越来越力不从心。而且，这个趋势短时间内还看不到改变的可能。这种局面给中欧关系造成的后果，就是对中国的战略疑虑增大。

随着中欧双向贸易尤其是投资更加均衡，经济上竞争性的一面更加鲜明地凸显出来。附带的后果就是经贸议题更容易被政治化。欧盟仍然拒不承认中国的市场经济地位，很难否认不带有政治意图，甚至有利用政治手段确保经济竞争优势之嫌。

在全球治理的具体议题上，中欧之间的分歧是现实存在的。不仅在市场经济地位上，近年来在知识产品保护、投资限制、市场准入上，欧盟与美国、日本和其他西方国家不仅有着相当程度的共识，而且还有联手向中国施压的倾向。这背后的深层逻辑，都或多或少可以从战略疑虑上寻找原因。对于中国在欧盟的投资、并购，欧盟委员金特·厄廷格甚至发出警告："中国在接收欧盟，我们欧洲人在出卖自己的灵魂。"

中国的崛起正处于关键时期，西方不结成对华施压的统一战线，是中国的重大利益所在。在这个问题上，欧盟的角色至关重要。与美国、日本不同，欧洲与中国不存在地缘政治上的根本性冲突。地缘政治冲突向来是影响政治互信的关键因素。虽然欧美在战略上都对中国崛起有着疑虑，但欧洲的疑虑与美国不在一个层面上。进入 21 世纪以来，在与中国关系的定位上，欧方从不避讳使用"战略伙伴"这一表述,而美国则极力避谈这个词。

从这个意义上说,中欧之间的战略合作还有很大拓展空间,而拓展的重点方向应该是全球治理。历史机遇已然浮现。在气候变化问题、国际贸易问题等全球治理重大议题上,布鲁塞尔与华盛顿之间的距离在扩大,与北京之间的距离却在缩小。

英国脱欧、特朗普入主白宫,不仅导致西方国家之间的关系经历重构,相互之间的利益判断也出现微妙的变化。英国脱欧后,将不可避免地加大对欧盟以外包括中国在内的大国外交的投入。一个"缩小"的欧盟战略影响力的萎缩,以及特朗普执政以来对欧美传统关系的挑战,都增加了中欧关系结构性升级的可能性。

对于欧盟来说,中国的战略重要性正在上升。欧盟外交关系委员会高级政策研究员顾德明(François Godement),在 2017 年 3 月一篇文章中称,如果特朗普及其团队执意要与自由贸易渐行渐远,在环境政策上出尔反尔,与盟友疏远并给公众留下不良印象,这样的美国和由此产生的一个分裂的西方,对于中国来说是一个机遇,将给它留下所希望获得的政治机会和全球秩序相关问题上的谈判空间。①

3. 中俄合作:大国战略协调的典范

在中国与世界主要大国的关系中,与俄罗斯的关系是比较独特的。这对关系是在特殊的历史背景下,由中苏关系切换过来的。而在切换之前,中苏曾是正式的同盟关系,后来关系恶化并长期敌对。切换之后,中俄关系既没有结盟也没有敌对,而是发展成高水平的战略协作。

在出席 2018 年上合组织青岛峰会前,俄罗斯总统普京在接受中国媒体采

---

① François Godement, Expanded Ambitions, Shrinking Achievements: How China Sees The Global Order, 欧盟外交关系委员会, 2017 年 3 月。

访时这样评价中俄关系:"我们作为邻邦,在近几十年来建立了当今世界独一无二的关系。"①

跨越式发展

1991年12月27日,也就是苏联解体后第三天,中俄在莫斯科签署《会谈纪要》,确认俄罗斯继承苏联与中国的外交关系,中国承认俄罗斯联邦的独立。中俄关系由此开始起步。

虽然在此之前,中苏有40多年打交道的经历,但当时中俄关系的起点还是比较低的。主要原因在于,独立之初的俄罗斯,明确追求向西方"一边倒"的外交政策。俄罗斯首任外长安德烈·科济列夫甚至公开表示:"俄罗斯的重点伙伴是有着成熟经济和民主的富裕发达国家,也就是美国、西欧和日本。"

1992年底,叶利钦提出"既面向西方,也面向东方"的"双头鹰"战略。那年12月,叶利钦以俄罗斯总统身份首次访问中国,双方签订《关于中俄相互关系基础的联合声明》,宣布"两国相互视为友好国家"。就外交意义层面而言,这样的定位明显是偏低的。

叶利钦访华后,中俄关系开始呈现良好的发展势头,两国在政治、经济、军事等领域的交流逐渐活跃起来。从1993年开始,中俄互动频繁,两国都加快了外交调整的节奏。次年9月,江泽民主席访问俄罗斯,这是20世纪50年代以来中国国家元首首次到访莫斯科。双方宣布建立"睦邻友好、互利合作的建设性伙伴关系"。1996年4月,叶利钦再次访华,两国宣布发展"平等信任、面向21世纪的战略协作伙伴关系"。不到5年时间里,中俄关系实现了三次跨越。

中俄关系的快速"升级",与俄罗斯"中国观"的变化不无关系。1994年初,科济列夫在访华期间的一次演讲中说:"在阐述俄罗斯外交政策时,我们认为

---

① 俄罗斯总统普京接受中国中央广播电视总台台长专访,新华社北京2018年6月6日电。

与中国的睦邻关系具有战略意义。"叶利钦1995年7月的一次发言更能说明问题，他在谈到对华外交时说："俄罗斯的未来取决于和中国合作的成功与否。从全球政治角度看，与中国的关系也是极端重要的。我们可以借重中国来和西方打交道，那样西方就会对俄罗斯更尊重点。"

根据相关历史资料，在叶利钦1996年访华前，中俄就《中俄联合声明》的内容已达成一致。但在飞赴北京的飞机上，叶利钦觉得声明中的表述"发展长期稳定的睦邻友好、互利合作、面向21世纪的建设性伙伴关系"，没有什么突破而且不能真实反映两国关系今后的方向，于是他将此改为"发展平等信任、面向21世纪的战略协作伙伴关系"。随后俄方立刻与中方沟通，中方很快回应表示同意。那时，在中俄关系的定位上，两国已经有了相当程度的默契。

2000年7月，俄罗斯总统普京首次访华，中俄关系进入新的历史时期。一年后，江泽民主席访问俄罗斯，双方正式签署《中俄睦邻友好合作条约》，这是中俄关系史上的一件大事。对于这个条约的意义，普京在2018年5月是这样说的："我们在2001年签署了《睦邻友好合作条约》，这个条约仅仅是基础，也是如今我们筑起两国关系大厦的根基，而大厦每年都在绘就日新月异的色彩，不断筑成新的楼层，大厦越建越高，越建越牢。"

正是本着条约精神，中俄在2004年10月签署《中俄国界东段补充协定》，彻底解决了两国边界划定问题。尤其值得一提的是，边界问题谈判过程中培育出的信任，为2001年6月"上合组织"的建立奠定了基础。这个组织的建立也充实了中俄关系"战略协作"的内涵。

普京第一次执政的8年，以及随后梅德韦杰夫4年执政时期，中俄关系在叶利钦政府时期的基础上，诸多领域都再上新台阶。双边贸易额从1991年的39亿美元，增加到2012年的882亿美元。中俄间的军事合作，为中国的军事现代化发挥了重要作用。

2012年普京第二次出任俄罗斯总统，而次年习近平担任国家主席后的首次出访,即是对俄罗斯的访问。中国对中俄关系的重视可见一斑。自那以后,习近平主席与普京总统每年互访,年均见面次数多达5次。双方建立了包括国家元首、政府总理、议长、外长、部委部长等在内的成熟且运作良好的会晤机制。这些年来,两国还举办"国家年""文化年""语言年""旅游年"等活动,夯实双边关系的社会基础。

战略协调

2014年5月普京访华期间,两国发表联合声明,宣布"中俄关系已提升至全面战略协作伙伴关系新阶段"。根据有关学者的解读,所谓战略协作,即"协调"与"合作",是中俄两国对双方在国际社会的方针进行战略协调。这种协调不仅针对现实的发展状况,而且考虑到未来可能的发展远景。

长期以来,西方学者中有这样一种观点,认为中俄关系是一种"权宜婚姻",缺乏战略基础和政治信任。美国卡内基国际和平基金会学者尤金·鲁默,在2017年6月的一篇研究文章中做出了不同的判断:从对华外交来看,俄罗斯对中国的"熊抱"是真实的。"中俄关系在过去1/4个世纪完成了根本上的转型,已经发展成真正意义上的战略伙伴关系。"

2014年中俄联合声明发表前,乌克兰危机恶化,随后又出现克里米亚危机,俄罗斯遭遇美欧的强大压力。几乎与此同时,中国在太平洋方向面临美日的战略挤压。在都面临西方战略压力的情况下,中俄"联手抗压"是理所当然的选择。

历史地看,这个逻辑一直存在。中俄关系能从"相互视为友好国家",短时间内升级到"战略协作伙伴关系",西方的压力是个重要因素。1992年至1996年,不仅是俄罗斯对西方幻灭的时期(援助口惠而实不至,北约东扩),也是中美关系大幅波动的时期。

中俄能实现战略协调,另一关键原因在于两国与西方的"世界观",即对国际事务的看法与处理方法上的分歧。1997年4月江泽民主席访俄期间,双方签署《中俄关于世界多极化和建立国际新秩序的联合声明》。那时，正是美国单边主义盛行，西方干涉他国内政行为的高发期。在民族、宗教、恐怖主义等诸多问题上，西方都以双重标准打压中俄。

20年后，历史再次重现。2016年6月普京访华期间，中俄发表了《关于加强全球战略稳定的声明》《中俄关于协作推进网络空间发展的联合声明》。这两份声明的不同寻常之处在于，它们都是在重大战略问题上的"协调"。这一年，中俄分别在南海和地中海举行联合军演。在事关两国核心利益的区域联合军演，是战略协作的最佳注脚。

中俄战略协作为何是可持续的？普京在谈到"俄罗斯梦"与"中国梦"时说："什么最重要？提高人民生活水平。达成目的可以有多种方式，但目标是共同的。"发展，在历史上与可预见的未来都是中俄的共同目标。20世纪90年代中俄都处在转型时期，进入21世纪，俄罗斯发展与中国崛起都进入关键期，这都需要和平、稳定的外部环境，也需要两国深化合作。

机遇与挑战

特朗普政府同时把中俄视为"战略竞争对手"，种种迹象表明这不会是美国的短期政策，而是长期战略。这意味着中俄仍将不同程度地面临外部战略压力。而且，在21世纪即将进入第三个十年之际，整个国际秩序进入深度调整期，中俄战略协作更显必要。2016年版《俄罗斯外交政策构想》写道，中俄在解决国际政治关键问题上原则性立场的一致，是全球和地区稳定的关键要素。

不过客观地说，中俄关系的发展也面临一些挑战。尽管中俄的战略协作水平在大国关系中是非常高的，但中俄关系也是大国关系中少见的政治关系与经贸关系不匹配的类型。1979年中国改革开放之初，中国的经济总量大致相当于苏联中俄罗斯加盟共和国的40%，1991年两者经济总量大致相当。但2017年，中国经济总量约为俄罗斯的8倍。用俄罗斯学者迪米特里·特里宁的话说,当俄罗斯"向东看"时,它看到的是一个实力强大的中国。这在中俄 300 多年的历史中都未曾出现。

俄罗斯精英如何看待中国崛起,不可避免会影响未来中俄关系的走向。虽然俄罗斯在外交投入上提升了亚太的地位,身份上更加强调"欧亚大国"的定位,但俄罗斯在"欧洲大国"与"欧亚大国"之间的摇摆,短时间内可能不会彻底消失。2016 年版《俄罗斯外交政策构想》中,用在阐述与欧美关系上的篇幅,明显多于"向东看"。正因如此,有学者建议对中俄关系的国际战略边际效应,多做客观的评估。

4. 两个第二经济大国之间那些事

众所周知,中国是现在的世界第二经济大国,经济规模仅次于美国和欧盟,但欧盟是集合 28 个国家的经济体,所以一般不在比较之列。

中国成为世界第二经济大国,也不过是最近 8 年的事。2010 年以前是日本。日本是什么时候成为世界第二经济大国的呢?学界存在争议,最主要因为苏联的经济规模不好认定。

苏联经济学界长期轻视第三产业,只计算工农业生产总值,造成了苏联东欧集团的经济数据无法和西方直接对比。综合各类说法,日本保持第二经济大国地位,多则 38 年(1972—2009),少则 21 年(1989—2009)。

巅峰时期,日本 GDP 相当于美国的七成,人均下来是美国的 1.5 倍。这段历史和骄傲,是今天日本绝大多数工作年龄人口,都难以忘怀的。而从 2010 年超过日本开始,仅用 4 年,中国经济规模就攀升到日本的两倍多,这同样令日本人印象深刻。让日本人有点难受的则是,1991 年中国 GDP 仅为日本的 11.9%,然而到 2016 年已是日本的 2.26 倍之多。

所以,本文所说的"两个第二经济大国之间那些事",主要指中日这前后两个第二经济大国之间的交往和心态转换,但也涉及与超级大国美国的比较和博弈。

"老二"得与失

其实,"第二经济大国"在过去既是荣耀,也是烦恼。历史上,日美贸易摩擦肇始于1968年,激化于20世纪70年代,高潮于80年代,基本上跟日本成长为"第二经济大国"的阶段同步。

等到90年代日本坐稳了"第二经济大国"却又陷入"失去的10年"时,美国又怎么找日本的麻烦了。这就是"头号经济大国"对挑战者的从"敲打"到"适应"的过程。

很多人说美国也在衰落,所以特朗普说要"让美国重新伟大"。但从西方发达世界内部来看,近些年衰落的并不是美国。

我们来看一组简略的数据(四舍五入):冷战结束时,美国GDP是6万亿美元,日本4万亿,德国2万亿;日本是美国的2/3,德国是美国的1/3。

现在呢?美国19万亿,日本5万亿,从2/3降到不足1/3;德国从2万亿到3.5万亿,涨的结果是什么呢?从原先是美国的1/3变成不到美国的1/5。

所以,无论从绝对数额还是相对比重来讲,美国在发达世界没有衰落,还有明显的进步。

问题是,中国、印度等新兴经济体在崛起。这样在经济大国里面,美国就觉得相对于中国不那么伟大了。

这从经济数据上看很明显:1978年中国GDP是美国的6.3%,2010年是41%,2012年是53%,2016年是60%,2017年是62%……不到40年间,中国的相对比重变成原来的10倍。而且,中国主导的亚投行有德英法俄、印度、巴西、韩国、澳大利亚等57个创始会员国,远超日美主导的亚洲开发银行,让美日脸上无光。

所以,美国如果要找事,因为美日同盟的关系,不光是中美之间,中日之间也会多一些事了。

在 21 世纪，中日关系两度滑坡，一是在小泉纯一郎执政的后半期，因为参拜靖国神社等意识形态问题；二是在民主党执政的中后期，也就是 2010 年和 2012 年，主要因为海权方面的冲突。

其中的 2010 年，正是日本失去"第二经济大国"地位的一年，也是中国 GDP 总量超过美国半数的一年，所以可以理解当时日本民主党的少壮派为何对中国一艘渔船那么兴师动众，之后美国国务卿希拉里又为何帮腔说根据"美日安保条约"第五条协防钓鱼岛。而 2012 年，正是美国军方提出"亚太再平衡"战略的一年，所以日本野田佳彦政府忙不迭地出台了钓鱼岛"国有化"政策。

日本民主党政府在钓鱼岛问题上"一着不慎满盘皆输"，可以归咎于缺乏执政经验；安倍政权梅开二度后，中间接连两次提前大选并获胜，却也僵持了近两年才打开中日高层交往的正常渠道，到 2018 年才实现中国领导人时隔 7 年再次访日，则说明中日关系有它固有的结构性问题。

从 GDP 看外交

就中日外交方程式而言，经济交往热度是个短期变量，经济总量对比则是个长期变量。

1978 年，中国 GDP 不到 1500 亿美元，而日本是 1 万亿美元。要知道，中国达到 1 万亿美元是在 1998 年，比日本整整晚了 20 年。可以说，在这 20 年间，经济上很不平衡的中日两国关系，总体上是友好的。

其间，不仅有"二战"结束 50 周年之际，以首相名义替日本侵略和殖民统治道歉的"村山谈话"，还有围绕慰安妇问题的"河野谈话"——1993 年 8 月 4 日，在自民党下台前 5 天，时任宫泽喜一内阁官房长官的河野洋平，代表日本政府发表了承认日军"强征慰安妇"的调查结果。

2010 年之后，由于少子化、高龄化、高新技术迭代等问题，日本能维持第三经济大国地位就不错了——要知道，当前经济总量排第六的印度正在猛追。一些日本右翼媒体还在想当然地"预测"日本还有可能反超中国，重返一流经济大国地位，但这不符合普遍认知。

从人口规模来看，日本政府2017年发表的测算表明，到2065年其人口将从目前的1.27亿下降至8800万，减少三成。当然，如今德国、新加坡、韩国妇女的总和生育率（一个妇女终身生育数）都低于日本，所以德国GDP也甭想轻易赶上日本。

从大历史来看，美国《新闻周刊》日本版曾刊文称，中国才是东亚的超级大国，日本只是其周边的中等国家，这是漫长历史长河中东亚地区的"常态"。但历史没办法完全回到"常态"，因为古代不存在美国等列强。

自近代以来，日本与美国隔太平洋相望，不再只是"中国周边的中等国家"。美国其实并不希望日本重新"入亚"，尤其不希望它建立一个将美国排斥在外的经济或政治平台。所以，无论亚洲开发银行还是东亚峰会，美国都要插一脚进来。

这方面还有很多例子。比如，2011年末中国与日本开始讨论成立一个包括韩国在内的自由贸易区，这时奥巴马政府大力推销"跨太平洋伙伴关系协定"（TPP），直到中日因次年钓鱼岛国有化风波翻脸，美国才放心了。

冷战结束那年，美国就担心东亚会联合起来，所以联合澳大利亚成立了一个亚太经合组织（APEC），把东亚放在亚太的盘子里。而今中日韩三国，再加一个印度尼西亚，就跟美国经济总量差不多了，华盛顿更是惴惴不安。

所以，在美国渲染"中国威胁论"之后，近些年东亚又有南海冲突，又有美军的所谓"亚太再平衡"，又有日本牵头的同样排除中国的"瘦身版TPP"，东亚内部主要大国就是团结不起来。

中日在2012年邦交正常化40周年之际，官方关系反常地掉入冰窟。2018年，日本首相安倍晋三苦于自己身边人的丑闻频发，无法在内政和经济改革上发力，加上日本对俄对朝对韩外交陷入停滞，才需要在对华外交上打开突破口。

按照从GDP看外交的思维，假设中日经济总量差距越拉越大，"争无可争""合则两利",那么第二与第三经济大国其实关系会慢慢好起来,哪怕美国从中挑事。

峥嵘岁月稠

2018年是《中日和平友好条约》签订40周年,也是中国改革开放40周年,那么这两个事件,孰先孰后?

改革开放的发端,是1978年12月十一届三中全会做出的相关决策。而《中日和平友好条约》签订于同年8月12日。显然,对日搞好关系在先,因为我们当初改革开放说到底,主要是向西方国家开放,而日本作为近邻中唯一的发达国家,近水楼台先得月。

中日4个双边关系文件里,3个文件签署的年份尾数是8,分别是1978年《中日和平友好条约》、1998年《中日联合宣言》和2008年《中日关于全面推进战略互惠关系的联合声明》。还有一个基础性文件,即1972年《中日联合声明》,是宣布中日邦交正常化。

在4个文件中,《中日和平友好条约》从篇幅上说是最短的,除前言外正文只有5条7款,全文不足1000字。然而,这一条约从开始酝酿到最后签署,却用了4年多时间。

原来,当时"苏日友好合作条约"也在谈判,日方担心如果把中方要求的"反对霸权"写进日中条约,会妨碍日本向苏联争取要回北方四岛领土,所以在日中谈判桌上,日方表示为难。而当时中国的最高指示是"不能让!"所以,谈判陷入僵局。

后来,日本外相宫泽喜一提出了"宫泽四原则":反霸不针对第三国;不得与联合国宪章相矛盾;反霸不意味着采取联合行动;范围不限于亚太地区而是全世界。可是,时间进入1976年,中日两国都发生了动荡,缔约谈判实际中断。

搁浅两年多后,邓小平复出主持中央工作,着手与日本福田赳夫内阁重开谈判。尽管苏联方面又蠢蠢欲动，呼吁在苏日缔结"和平条约"之前首先缔结"睦邻合作条约"，但由于美国卡特政府推行"联华制苏"战略，并规劝日本在中日缔约问题上积极行动，所以日方在短短一个多月谈判后，就决定签订《中日和平友好条约》。

条约中曾引起分歧的"反霸条款"最后表述为："缔约双方表明，任何一方都不应在亚洲和太平洋地区或其他任何地区谋求霸权，并反对任何其他的国家或国家集团建立这种霸权的努力。"

同年10月23日，邓小平副总理作为中华人民共和国成立以来首位国家领导人访日，出席《中日和平友好条约》批准书互换仪式，并见识了新干线等日本高科技。一个多月后，邓小平即下定决心实行改革开放。

而如何进行改革开放，与日本也有很大关系。因为经过长期的动荡，中国国内的专业人才极为短缺，所以中方聘请了日本的经济专家来出谋划策。而自1979年日本首相大平正芳访华以来，日元"政府开发援助"（ODA）贷款也在很大程度上起到了点燃中国经济加速器的作用。

另外，当年邓小平访日时带去的摄影人员，走马观花多视角拍摄了许多日本各层面状况，回国后作为内部学习资料，后整理成访日纪录片全国公映，带给中国人直观的现代化印象。

蜜月几时有

1979年之后，作为"文革"之后登陆中国的第一部外国电影，高仓健、中野良子主演的《追捕》，将中日两国生活水平的巨大差距呈现在国人面前。所以，刚刚改革开放那会儿，中国人对日本有点艳羡的情绪是很正常的。

当时，除了日本的"针织涤纶"和"的确良"风靡中国，对我们文化冲击最大的产品，应该算"砖头录音机"了。它比冰箱、彩电、洗衣机这"老三件"能给人带来更为个性化的选择。

再往后，复印机、空调器、摄像机、傻瓜相机、微波炉、计算器甚至日本的原子笔,每一样产品的进入,都带给中国人对日本好感的增加。

1985年国家开放自费留学,大批中国青年陆续走出国门。北京方向以赴美为主,而上海、广州则主要是赴日留学。

在20世纪最后20年,中日关系比较平稳是因为,中国始终在亚洲政治方面处于中心位置,日本则有几十年处于经济方面的中心位置,直到2010年中国取而代之。双方均有一定的民族自信心去与对方打交道。

而且,"二战"期间日本有上百万的军人和移民、平民踏上了中国的土地,对中国有了真正的接触,很多人有了亲近感或赎罪心理。典型如大平正芳,曾在战时主持参与对中国华北、东北的鸦片贸易,当首相后却促成对华ODA贷款合同。

70年代初一句著名的解释——"当年侵华战争是由极少数军国主义分子发动的,广大日本人民也是受害者",就为两国邦交正常化做好了基础舆论准备。加上1952—1972年中日"民间交流"时期一直有经贸往来,所以,就算没有共同对付苏联的需要,没有29年里约合300亿美元的ODA日元优惠贷款,中日关系在1972年邦交正常化之后,也会慢慢密切起来。

可是,就在一些国人沉浸在中日蜜月期时,日本国内对于中国的优越感逐渐升起。在部分日本人眼里,中国由过去美苏中"三国演义"的一方,变成了向日本乞求援助的国家,因在朝鲜战争中打赢美国而建立的对中国的尊敬,逐渐消散。

1982年6月,日本文部省在审定教科书时,对送审的高中历史教科书中记述的对别国的侵略一概称为"进入",引发了第一次教科书事件。在舆论的强大压力下,同年8月日本官房长官宫泽喜一发表"宫泽谈话",表示要倾听"近邻国家"的批判,对教科书中的错误"由政府负责纠正"。

之后日本教科书审定制度,增加了被通称为"近邻国家条款"的内容。但在2012年,以安倍为首的自民党却将删除"近邻国家条款"列入竞选纲领。安倍在众议院选举时公开宣称,制定新教科书政策"将成为新政权的支柱性政策"。

从教科书事件就可以看出，21世纪以来日本在保守化之路上走得有多远。所以，无论是参拜靖国神社、东海油气田之争、钓鱼岛争议，还是日本重整军备和修宪图谋、"二战"劳工和慰安妇索赔等涉日纠纷，都在将中日关系往远离蜜月期的方向推。但在这些分歧点之外，中日在环保、基建、外商直接投资等领域，一直有着不错的合作。

2018年，在日本经济复苏乏力之际，总算又看到中日关系良性循环的势头。至于"蜜月"几时有，还是要问经济大势；双方耐心足够的话，它总会露面的。

5. 朝鲜半岛与大国担当

在中国的周边地缘政治棋局中，没有哪个区域像朝鲜半岛那样，对中国既至关重要又极为敏感。在朝鲜半岛，发端于冷战的敌视与对抗，一直延续到21世纪。冷战的一切显性元素，几乎在这里都还可以找到。

从改革开放以后中国与朝鲜半岛的互动，可以较为清晰地读懂后冷战时代中国外交政策的调整，以及所面临的挑战。与此同时，从中国与朝鲜半岛外交，也可以见证一个负责任大国的成长历程。

冷战阴霾

1978年中国开始改革开放时，与美国、日本、欧洲等都接近或者已经实现了关系正常化，与苏联的关系也在此后不久出现缓和。1985年，邓小平提出"和平与发展"是时代的主题。中国外交在继续坚持和平共处五项原则的基础上，更加突出不以意识形态划界的原则。

在冷战坚冰逐渐消融的大背景下，朝鲜半岛的趋势却是相反的。整个冷战时期，朝鲜的安全感，主要来源于中苏朝"北三角"。20世纪80年代中后期苏联领导人戈尔巴乔夫祭出"外交新思维"后,"北三角"开始瓦解,而美日韩组成的"南三角"依然坚如磐石。不安全感,是朝鲜的思维方式与行为模式走不出冷战阴霾的一个关键原因。此后出现并延续至21世纪的朝核问题,根源都在于朝鲜的不安全感。

1988年的汉城奥运是一个重要节点。经历"汉江奇迹"的韩国,1985年经济总量首次超过1000亿美元,排名进入世界前20名,锁定对朝鲜的绝对优势。这一年,朝鲜提出与韩国合办汉城奥运,遭到后者拒绝;随后又发动包括中国、苏联在内的社会主义阵营国家抵制汉城奥运,以失败告终。

也是在1985年,苏联施压朝鲜签署《核不扩散条约》。虽然朝鲜核研究始于1956年苏联的援助,但自始至终苏联都把援助放在和平利用核能上,严禁朝鲜研发核武器。朝鲜对苏联的施压反弹极大,加上汉城奥运事件的刺激,朝鲜意识到必须独自对抗外部压力。自那以后,朝鲜事实上就明确了核武器开发的意图,这也预示着此后朝鲜半岛的局势"因核而动"。

1990年9月苏联与韩国建交,对朝鲜震动极大。苏联向朝鲜通报将与韩国建交时,朝鲜甚至发出了威胁,一位高官说:"我们的核武开发进展神速,无论如何都将完成。既然苏联要和韩国建交,那我们也会采取相应措施。"这是朝鲜首次在外交事务中打出核武牌。也是1990年前后,美国情报部门根据卫星图片,推测朝鲜在秘密研制核武器。随后国际原子能机构要求对朝鲜进行核查。

在苏联与韩国建交前一年,东欧社会主义阵营国家大多与韩国建立了外交关系。1991年9月,美国正式宣布从韩国撤出全部战术核武器。也就是说,朝鲜半岛的"外围",冷战阴霾已大幅消散。也正是在这一背景下,中国审时度势在1992年8月与韩国建交。在此之前,中国向朝鲜通报并做了耐心的说服工作。但中韩建交还是给朝鲜留下了心结。

那时朝鲜曾做过外交挑战的尝试,但本意如何不得而知。1991年12月,朝鲜与韩国签署《朝鲜半岛无核化宣言》。1992年5月至1993年2月,朝鲜还允许国际原子能机构赴朝核查。尤其值得一提的是，1992年1月，朝鲜劳动党中央书记金容淳率团访美，与美国副国务卿坎特会谈。这是朝鲜战争以后，美朝之间首次高层接触。

美国学者罗伯特·卡林与约翰·刘易斯在2008年发表的《与朝鲜谈判：1992—2007》一文中提到，在那次访问中，金容淳向坎特发出朝鲜想与美国建立战略合作关系、与中国拉开距离的信号，称"朝鲜过去的百年悲惨历史，使朝鲜决心要'远交近攻'"。值得注意的是，那次访问发生时，中国与韩国还没有建交。没有证据显示华盛顿对金容淳的暗示做了严肃的回应，那时美国对朝鲜的基本策略是等待平壤政权崩溃。当时朝鲜正经历内外交困，经济濒临瘫痪。

1993年3月，朝鲜以美韩军演与国际原子能机构"特别核查"（即突击检查）为由，宣布退出《不扩散核武器条约》，导致第一次朝核危机爆发。从1993年6月开始，美朝通过三轮直接谈判，于1994年10月达成《框架协议》，朝鲜同意放弃核武开发，美国承诺向其提供两座用于发电的轻水反应堆。此后朝美关系一度出现缓和，美国国务卿奥尔布莱特还在2000年访问平壤，甚至安排克林顿访朝事宜。但美朝都没有严格履行《框架协议》。2001年小布什就任总统后，宣布废除《框架协议》，美朝关系急转直下。

大国担当

中韩建交以后，中国在坚持继续与朝鲜发展传统友好关系的同时，也大力发展与韩国的关系。中韩关系的定位，从1998年的"面向21世纪的合作伙伴关系"，提升到2003年的"全面合作伙伴关系"，再到2008年的"战略合作伙伴关系"。1992年建交时，中韩贸易额仅为63.8亿美元，2003年中国超过美国成为韩国第一大出口市场，2007年中国超过日本成为韩国第一大进口来源国。从2008年起，中国一直是韩国第一大贸易伙伴。

中国与韩国发展关系，契合"和平与发展"的时代主题。但在这个过程中，中国也没有"忘记"仍未摆脱冷战阴霾的朝鲜。中朝关系因中韩建交而陷入低谷后，中国一直没有放弃改善对朝关系的努力，在朝核问题上，中国也扮演着负责任的角色。第一次朝核危机期间，钱其琛外长 1993 年利用访美的机会阐述中方的立场：要保持朝鲜半岛的和平与稳定；实现朝鲜半岛的无核化，具体方法是通过有关方面的谈判。此后，中国也参与了 1997 年至 1999 年中美朝韩四方会谈。

2002 年 10 月，美国情报部门掌握了朝鲜在国际市场采购与核武开发相关技术和设备的证据，确认朝鲜在秘密研发核武器。随后，美朝就核问题的沟通不欢而散，第二次朝核危机爆发。

2003 年 2 月，美国国务卿鲍威尔访华，提出希望中国出面帮助斡旋解决朝核问题。中国经过慎重考虑后答应了美方的要求。但当时小布什政府拒绝与朝鲜直接会谈，而朝鲜坚持要求与美国双边会谈。中国经过穿梭外交和积极努力，最终促成了包括中国、美国、朝鲜、韩国、日本、俄罗斯在内的六方会谈。

从 2003 年 4 月到 2007 年 10 月，六方会谈共举行了六轮，达成了《9·19 共同声明》《2·13 共同文件》和《10·3 共同文件》三份成果文件。尤其是 2005 年达成的《9·19 共同声明》，涉及朝鲜弃核、补偿方式、半岛和平机制、关系正常化等在内的广泛议题。此后朝韩、朝美间的互动、对话，所涉及的内容基本都涵盖在那份声明中。作为六方会谈的主席国，中国为朝核问题的解决、半岛稳定与和平付出了巨大心血。

但就在六方会谈平台仍在运行的 2006 年 10 月，朝鲜进行了首次核试验。2007 年 9 月六方会谈举行第二阶段会议后，就再也没有恢复。2009 年奥巴马上台后，对朝鲜实施"战略耐心"政策。这个战略本质上是"施压而不谈判"，等待朝鲜主动弃核。朝核问题事实上处于"无人监管"状态。这年 5 月，朝鲜进行了第二次核试验。此后，朝鲜加快核导开发进度，截至 2017 年 9 月共进行了 6 次核试验。

奥巴马政府时期，朝鲜核导技术得到实质性提升。这个时期，也是半岛局势大幅波动的时期，最为严重的是2010年3月的天安舰事件，以及那年11月的延坪岛炮击事件。这两起事件不仅使半岛濒临战争的边缘，也一度对中韩关系造成负面影响。中国在坚持半岛和平与稳定以及无核化的原则下，努力劝和促谈，并提出如"半岛无核化与半岛和平机制并行"的谈判思路。

特朗普就任总统时，朝鲜核导水平已经逼近威胁美国本土的程度。在这种情况下，特朗普对朝鲜采取"极限施压"政策，在加大制裁力度的同时，实施外交围堵与军事威慑。整个2017年，半岛局势都处于紧绷甚至危机的状态下。

针对这种局面，王毅外长曾表态："在半岛问题上，中国始终有一条'红线'，那就是绝不允许生战生乱。"[①] 朝美对峙严重的2017年7月，中俄就朝鲜半岛问题发表联合声明，称中俄是朝鲜半岛的近邻，地区局势发展攸关两国国家利益。

因势而动

进入2018年，朝鲜半岛局势出现戏剧性变化。朝韩利用平昌冬奥会机会，实现互动并开启了高层对话。韩国总统文在寅与朝鲜领导人金正恩，在4月27日和5月26日举行了两次会晤。随后，特朗普与金正恩6月12日在新加坡举行会晤。随着这些首脑峰会的实现，朝韩关系与朝美关系开始走向缓和。整个半岛局势酝酿着出现巨变的可能性。

对此，中国外交也做了快速跟进。5月23日，王毅外长在与美国国务卿蓬佩奥会谈后表示，中方坚定致力于实现半岛无核化，这一立场绝不会改变。中方坚定支持美朝领导人举行会晤。"如果想创造历史，现在就是机会。"

在半岛局势转圜的背景下，朝鲜领导人金正恩分别于3月和5月两次访

---

① 《王毅：中国在朝鲜半岛问题上有"红线" 绝不允许生战生乱》，人民网北京2014年3月8日电。

华。在金正恩5月的那次访华中，习近平主席对朝鲜战略重心转移的决策表示赞赏，称中方"支持朝鲜战略重心转向经济建设，支持朝鲜同志走符合本国国情的发展道路"。

新加坡首脑峰会，是美朝领导人历史上首次会晤，能成功举行本身就具有历史性意义。但鉴于朝核问题的复杂性，一次首脑峰会不可能解决所有问题。朝鲜如何以自己能承受，同时也能让美国满意的方式和节奏"弃核"，还存在一些挑战甚至变数。但不管前景如何，中国必将继续在朝鲜半岛事务上担当负责任大国的角色。

6. 谁人不识东南亚？

最近10年来，前往东南亚旅游的中国人数量增加了4倍。东南亚11个国家中，热门的旅游目的地就有7个，如泰国、菲律宾、印度尼西亚、新加坡、越南、马来西亚、柬埔寨，2个偶有人气：缅甸、文莱，只有老挝、东帝汶乏人问津。

换作40年前，如何敢想象中国游客遍布东南亚的情形？那时候，虽然曼谷亚运会即将举行，但越南即将侵略柬埔寨，中国即将对越"自卫反击战"，地区形势还是非常紧张。东南亚伊甸园一般的岛屿、古老的寺庙和能歌善舞的人妖，还不在普通中国人的脑海里。

"国之交，在于民相亲。"改革开放40年来，东南亚成为很多中国人出国的第一站；中国大国外交的风生水起，也正是从东南亚起步的。

邓小平的选择

1978年1月至1979年2月的一年间，邓小平相继访问了缅甸、尼泊尔、朝鲜、日本、泰国、马来西亚、新加坡和美国。这一系列出访，帮助邓小平完成了对中国与外部世界关系的准确定位。而他所出访的8个国家中，东南亚国家就占了一半。

回顾一下，越南、印度尼西亚和缅甸在1950年相继与中国建交，柬埔寨、老挝要晚一些，也不超过1961年。而马来西亚、菲律宾、泰国，都是在1972年尼克松访华、中日邦交正常化之后，才陆续与中国建交的。

当时，邓小平选择缅甸和新马泰三国出访，可以说是在东南亚已建交国中采取了"排除法"：1978年越南公开排华，造成几十万华侨难民，柬埔寨和老挝也曾一度追随越南采取限制华侨华人的政策，而菲律宾还处在马科斯的右翼独裁统治下，印度尼西亚则因为1965年"9·30事件"与中国断交后尚未复交；剩下的邦交国，就是邓小平出访的缅甸、马来西亚和泰国。

邓小平还访问了新加坡，而1990年新加坡才和中国建交。这一举动虽不同寻常，却也有先例可循。1976年5月，新加坡总理李光耀第一次访华，明确表示中国是亚洲的大国，新加坡不可能也不会反对中国，中国越强大对新加坡越有利；只是新中建交的时机还不成熟，但要努力发展经贸合作关系。

新加坡的犹豫在于，它在印度尼西亚、马来西亚夹缝中求生存，国内又有比重不小的印度族，需要同时考虑这三方的对华立场。1988年印度总理破冰式访华，1990年8月印度尼西亚和中国复交，新加坡这才于同年10月与中国建交。

新加坡并非东南亚最后一个跟中国建交的国家。中国1991年才和文莱达鲁萨兰国建交，2002年才和东帝汶民主共和国建交，这主要是因为，文莱1984年才从英国保护下完全独立，且长期低调，东帝汶2002年才从印度尼西亚正式独立。

自1978年邓小平访问东南亚四国，到2013年习近平访问印度尼西亚和马来西亚两国，整个东亚发生了沧海桑田的变化，中国看待东南亚的眼光，自然也会大大不同。

辨识东南亚

"东南亚"这个地理概念，并非一开始就有的。

以前常用"印度支那半岛"指代中南半岛，用"东印度群岛"指代南洋群岛。印度支那半岛上，有佛教盛行的暹罗（泰国）、英属缅甸和法属印度支那；东印度群岛上，有伊斯兰教盛行的英属马来地区、荷属东印度群岛（印度尼西亚），以及在西班牙殖民统治时期接受了天主教的美属菲律宾。

可以说，这从来不是一块完整的政治—地理—文化区域，只是由于地处亚洲与大洋洲、太平洋与印度洋的"十字路口"，而在"二战"后被捏合起来。

那些说很了解东南亚的中国游客，有可能只是盲人摸象。因为东南亚不同国家之间的差异较大，而且一些国家的历史进程与众不同，很难说其国民是与其他东南亚人民处在同一个历史时空。

"二战"结束前，东南亚只有泰国维持了表面独立；战后数年内，印度尼西亚、越南、老挝、菲律宾、缅甸、柬埔寨相继摆脱殖民统治。到1955年亚非会议在印度尼西亚万隆召开时，非洲大部分地区还没有出现独立国家，而东南亚的马来半岛、沙捞越、沙巴仍被英国占领着（马来西亚1957年独立，新加坡1965年独立）。

平均下来，东南亚国家可以说要比中华人民共和国"年轻"。因此，一些东南亚国家内部的整合进程，也还是一个"进行时"。缅甸的东北部、北部，至今仍然面临分离主义武装的威胁，其西部的若开邦则在2017年爆发了罗兴亚人被大规模驱逐的事件。菲律宾南部的棉兰老岛上，同一年也发生了马拉维市被伊斯兰极端组织攻占的怪事。

对中国人来说，介入东南亚国家的内政是大忌。东南亚各国都是多民族的国家，也是世界上外籍华人和华侨最集中的地区之一。

所以，尽管我们可以夸口"谁人不识东南亚？"但正如2014年3月失联的马航MH370客机的机长一样，该地区社会上各类人群的真正面目，还需要我们在具体的接触中去重新认识。

牵手东盟

1967年,东南亚地区出现了一个"国家集团",这就是"东南亚国家联盟"(以下简称东盟)。

东盟建立之初,只有5个成员国,并不包括大部分中南半岛国家,也不具备实质的政策议程制定能力,反而被美国构建的一系列双边盟约架空。久而久之,美国在东南亚前沿建立起了稳固的政治和军事存在。时至今日,泰国、新加坡和菲律宾仍堪称美国的军事盟国。

随着1995年之后越南、老挝、缅甸和柬埔寨先后加入东盟,东盟扩充到10个国家(不包括东帝汶),并通过2008年生效的《东盟宪章》夯实一体化。此时,东盟已然成为一股不可小觑的政治力量,在诸如自贸区谈判和南海争端协商(如酝酿"南海行为准则")等方面充任主角。

虽然东盟近些年在外交上异常活跃,通过"东盟+1""东盟+3"以及2005年开始的东亚峰会("东盟+8"),把自己变成了跨地区外交的"辐辏",但东盟内部其实没有绝对的政治权威,其真正的黏合剂也不是政治一体化,而在于其向贸易自由化的迈进。这又是因为,东盟内部在经济发展上,存在对多边合作非常有利的差序格局。

换言之,东盟国家的经济互补性强,可依照梯度发展递进。其中,新加坡已达发达国家标准,经济以第三产业为主,并积极发展高科技和教育;马来西亚、泰国都有部分中高端制造业,比如半导体和汽车;印度尼西亚、菲律宾和越南的经济相对落后,偏重旅游业、低端制造业和农渔业;老挝、缅甸和柬埔寨差不多垫底,但正在奋起直追。

从出口的初级产品来看,东南亚国家间又存在一定的竞争。泰国、越南、缅甸是世界上重要的稻米出口国;印度尼西亚是重要的石油出口国,出产石油较多的还有南海周边的马来西亚、文莱和越南;泰国、马来西亚的锡产量居世界前列；印度尼西亚、泰国、马来西亚都是橡胶生产大国。

不过，中国作为制造业大国的"加盟"，很快就拉动了东南亚初级产品的整体出口。从 2001 年中国与东盟就建设自贸区达成共识，到 2010 年中国—东盟自贸区正式建立，双边贸易额从约 400 亿美元增长到约 3000 亿美元。

在被称为"黄金 10 年"的 2002—2012 年，中国和东盟双边贸易额年均增长 23.6%，最终达到 4000 亿美元。中国超过日本和欧盟成为东盟最大贸易伙伴，东盟成为仅次于欧盟和美国的中国第三大贸易伙伴，双方合作建成了世界上最大的发展中国家自由贸易区。

"钻石 10 年"

中国与东盟历经"黄金 10 年"之后，正努力创造"钻石 10 年"。

2013 年 10 月，李克强总理在中国—东盟领导人会议上，倡议启动中国—东盟自贸区升级谈判。经过 4 轮谈判，2015 年双方签署中国—东盟自贸区升级谈判成果文件，"升级"货物贸易的原产地规则和贸易便利化措施。

根据东盟秘书处的统计，2016 年东盟与域外国家的货物贸易中，中国以 3680 亿美元贸易额排名第一，相当于美国和日本对东盟货物贸易额之和的九成。

与贸易自由化相辅相成，中国和东盟的双向投资从 2003 年的 33.7 亿美元增长至 2014 年的 122 亿美元，增长近 4 倍。2013 年习近平主席在印度尼西亚宣布"21 世纪海上丝绸之路"倡议，则加快了中国对东盟的投资步伐。

2016 年 10 月，中马合建的马来西亚皇京港（地处马六甲海峡中段）深水补给码头开始奠基；2025 年建成后，该港规模将超过新加坡港。除了试图把马来西亚皇京港打造成中国进出印度洋的落脚点外，中国企业 2016 年还签署了投资新加坡港 3 个全新大型泊位的协议。

中国在东南亚参与的铁路项目也在多国铺开。普铁方面，有总投资近 400 亿元人民币的中老铁路——第一个以中方为主投资建设、共同运营并与中国铁路网直接联通的境外铁路，还有泰方出资、中方出技术的中泰铁路第一段（曼谷至呵叻段），以及中方负责设计、建造的马来西亚东海岸铁路，还有柬埔寨境内的柏威夏矿山铁路。

高铁方面，印度尼西亚的雅加达—万隆高铁 2017 年已进入全面施工阶段，这是中国高速铁路"全方位整体走出去"的第一单项目。而新加坡到马来西亚吉隆坡的价值 120 亿美元的新隆高铁项目，中国亦有机会参与 2018 年的投标。

如果要说"钻石 10 年"的最惠国，那就是马来西亚。2016 年中马签订 355 亿美元的商业协议，2017 年双方又签订超过 340 亿美元的投资项目。将近 700 亿美元的投资与合作，让马来西亚 GDP 在 2017 年增长了将近 6%。若非如此，马来西亚很难应对通胀、林吉特贬值、资本外流等困难。

无怪乎，2017 年 5 月新加坡尤索夫·伊萨克东南亚研究所公布的民调显示，在未来 10 年哪个国家或国家集团在东南亚最有影响力的选项上，选择中国的高居榜首（74.8%）。

金融和政治风险

表面上看，1997—1998 年亚洲金融危机过去 10 年后，东南亚国家总体上欣欣向荣。尤其是菲律宾、越南、马来西亚和泰国近年来经济增速较高（在 4% 到 7% 之间），而这四国近 3 亿的人口就占到东南亚人口的近一半，会带动东南亚整体走向繁荣稳定。

可是，潜在的金融和政治风险都不能排除。远的不说，2008 年就有过源自美国的全球金融震荡，用对冲基金大鳄乔治·索罗斯的话说："人之所以犯错误，不是因为他们不懂，而是因为他们自以为什么都懂。"

如今 88 岁的索罗斯还有"闲心"买入特斯拉的可转债，93 岁的马哈蒂尔重掌马来西亚朝政后，自然也没有忘记 20 年前与索罗斯"斗法"的过节。他们会不会再来一场货币战？

忆往昔，20年前中国的外汇储备足够，加上资本市场未开放，可以抗击东南亚金融风暴，所以坚持人民币不贬值，牺牲一部分自己的出口订单，间接支持东南亚国家的出口，让它们的经济能比较快地复苏，从而获取了东南亚国家的信任，这才有了后来的"黄金10年"。

对于中国投资者而言，相比汇率风险，近些年东南亚的政治风险更为棘手。

比如，2009年3月中缅两国政府签约，拟投资36亿美元建设缅甸伊洛瓦底江上游的密松水电站。该项目当年底即开始动工，计划2017年首台机组发电。然而，2011年时任缅甸总统吴登盛突然以"人民意愿"为由，宣布在其任内搁置密松项目。4年后昂山素季带领反对党上台，之后曾三次访华，并在2018年4月换上了一位知华友华的新总统吴温敏，但密松项目还是没有重启的迹象。

又如，2013年10月李克强总理访问泰国，与当时的泰国总理英拉签署被称为"高铁换大米"的协议，准备投资建设曼谷至清迈的高铁。但次年5月泰国发生政变，英拉下台，巴育将军接任总理，中泰高铁项目也因而搁置至今。

再如，2018年5月，被认为亲日的强人马哈蒂尔上演"夕阳红逆袭"，联手造反者安瓦尔之妻赢得马来西亚大选，取代巫统/国民阵线长达61年的统治。在记者会上，马哈蒂尔表示要审查"中资"，并检讨所有的相关项目。日媒称，在中日激烈争夺的"新隆高铁"项目上，日方可能迎来利好。

其实，比拼谁更廉价的"价格战"对中日双方都不利。中方可在"一带一路"倡议里给日方安排一个合理的角色，与之协调开拓第三方市场。当然，此刻中国的外交应对也只能是善后。对于不可控的对象国政治剧变，中国事先能做的就是尽量不把鸡蛋都放在一个篮子里。

南海定风波

2018年7月柬埔寨议会选举将至，鉴于柬法院已裁定解散主要反对党，已执政33年的洪森似乎将无悬念连任。但这个曾在南海问题上力挺中国的国家，未来也存在像马来西亚一样"变天"的风险。

"变天"倒不一定全是坏事。菲律宾2016年大选后的变局，就给中国在南海仲裁问题上"解了套"。

南海自2009年美国侦察船"无暇"号事件后就风波不断。到了2015年，依《海洋法公约》附件七组成的南海案临时仲裁庭，居然在中方没有出庭的情况下强行判决，给菲律宾撑腰。幸好，来自菲律宾南方的杜特尔特当上总统，对华态度大转弯，令仲裁结果成为一纸空文。

不过，菲现行宪法规定总统只能干一届6年，杜特尔特之后是谁？我们又要走着瞧。

需要指出的是，南海大部分海域为中国专属经济区，南沙诸岛为中国领土，不属东南亚。对于有报道称，中国在南沙群岛的三个岛屿上，部署了反舰导弹与地对空导弹系统，而越南要求中国撤走这些军事装备，中国外交部发言人称：

"中国在南沙群岛上开展和平建设的活动，包括部署必要的防御设施，是维护主权和安全的需要，也是主权国家享有的当然权利。有关建设不针对任何国家……我们敦促越方切实尊重中方的主权，与中方一道妥善处理南海问题，推动中越关系始终在正确的轨道上发展。"①

受美日搅动的南海问题之外，还有一个受伊斯兰极端主义挑动的恐怖袭击问题，可能威胁中国在东南亚当地的利益。以往，印度尼西亚、马来西亚和菲律宾的极端分子针对澳洲游客或西方人发动袭击，以扩大影响或勒索赎金，但随着中国国际地位的上升和游客的增多，这些极端分子也有将矛头指向中国人的趋势。比如2014年上海女游客在沙巴遭绑架，幸而后来获释。

2018年5月印度尼西亚泗水发生的教堂袭击案中，没有中国人遇难，不

---

① 我国外交部发言人华春莹在2018年5月3日例行记者会上的发言，人民网北京2018年5月3日电。

代表以后都能这么走运。20年前,印度尼西亚就曾发生过苏哈托当局拿华人当替罪羊的事件。如今的佐科总统虽然对华人比较友好,但也面临着2019年连任的压力。中国人在巴基斯坦和叙利亚等地被绑架甚至杀害的报道时有耳闻,提醒我们对于极端主义的扩散要保持警戒。

谁人不识东南亚?是的,它的绚丽与草莽,光荣与落寞,都值得我们去品鉴、去思索。

7. 西半个亚洲:爱憎不必分明

西半个亚洲是多个古文明的诞生地,是当代东亚与欧洲的连接地,也是"一带一路"重点经营的地区。它包括南亚、西亚和中亚三大片区:南亚包括印巴等7个国家;西亚的地理范围东至阿富汗,西至土耳其,北抵格鲁吉亚,最南端是也门,含巴勒斯坦在内一共20个国家;中亚包括5个国家。加起来,西半个亚洲覆盖了32个国家,占亚洲48个国家总数的2/3。

对于中国外交来说,西半个亚洲一开始就占有重要位置。在1971年10月投票赞成中国重返联合国的76国里面,有18个亚洲国家,而其中位于西半个亚洲的就有13个,包括印度、巴基斯坦、伊朗、伊拉克、以色列、叙利亚等。要知道,当时中亚和高加索国家都还属于苏联,所以单单投赞成票的南亚和西亚国家就占到了投中国赞成票的亚洲国家的2/3以上。

如今,西半个亚洲仍然是中国外交的重要竞技场。它意味着基于庞大人口的新兴消费市场、全球最集中的能源输出地、陆路直通欧洲的枢纽地带,甚至是部分高科技的来源地。其中的印度,在大国政治中的角色越发突出,而中东——这个在西亚撤开阿富汗和外高加索三国后的政治—地理概念,更是如雷贯耳。

然而,同样突出的问题是,上述地区对立国家间的矛盾,构成了中国与矛盾双方同时交好的障碍。中国的努力可以做到自身被矛盾双方接纳,但离

"创造性介入"调解该地区矛盾尚有距离。

爱憎不必分明

冷战结束后,相较于"东盟"较成功的一体化实践,西亚和中亚迄今为止都不能组建本区域的大联盟;南亚虽然组建了南亚区域合作联盟,可由于印巴矛盾的加剧,近年来"南盟"难以正常化运作。

究其原因,西半个亚洲内部矛盾重重,以邻为壑的特征突出。"二战"结束后,该地区仅中东战争就打了五次,印巴战争打了三次,伊拉克对外战争打了三场,阿富汗国内外打了两场战争,还有叙利亚、也门、斯里兰卡、尼泊尔等国的内战,土耳其、巴基斯坦内部政变也发生好几次,总之没有几年是完全安宁的。

这些战争,是不是亨廷顿所说的"文明断层线战争"[①]呢?虽然有这层因素,比如阿富汗抗苏战争;但领土之争因素更明显;比如阿以战争、印巴战争、中印战争、两伊战争、海湾战争、格俄战争、纳卡战争;还有两个是美国牵头的"反恐"战争——新阿富汗战争、伊拉克战争,跟"文明断层线战争"也不是一回事。

从宗教文明形态来看,该地区多数国家流行伊斯兰教,但在1979年伊朗伊斯兰革命之后,伊斯兰两大教派间的敌视愈演愈烈;2014年崛起的极端组织"伊斯兰国",更是将教派冲突和逊尼派自相残杀,演绎得令人毛骨悚然。

伊斯兰世界之外,印度、尼泊尔流行印度教,不丹、斯里兰卡流行佛教,以色列流行犹太教,亚美尼亚流行基督教,格鲁吉亚流行东正教。其中的印度、以色列、亚美尼亚对外都有过严重的领土冲突,而宗教因素对于领土问题的无解,起到了固化的作用。

中亚国家在1991年苏联解体后,看似彼此相安无事,其实也龃龉不断。

---

① 亨廷顿:《文明的冲突与世界秩序的重建》,周琪等译,新华出版社2010年版。

作为首屈一指的中亚人口大国，乌兹别克斯坦不仅多年来为争夺中亚主导权而与哈萨克斯坦明争暗斗，而且因为苏联时期的划界问题，跟吉尔吉斯斯坦、塔吉克斯坦两国不睦，尤其是跟塔吉克斯坦一直存在历史过节和文化隔阂，还有水资源冲突。

尽管西半个亚洲国家之间矛盾重重，但在与中国建交问题上却不甘落后。在南亚，印度和巴基斯坦最先在1950年初跟中国建交，然后是尼泊尔和斯里兰卡，20世纪70年代轮到新成立的马尔代夫共和国和孟加拉国；而中亚五国和外高加索三国，都是在1992年与中国建交的，中亚五国甚至连续5天依次与中国建交。

在外高加索以外的西亚，50年代与中国建交的仅有阿富汗、叙利亚、伊拉克和也门，70年代与中国建交的有科威特、土耳其、伊朗、黎巴嫩、约旦和阿曼，之后建交的有阿联酋、巴勒斯坦、卡塔尔、巴林、沙特和以色列。

对于今天的中国游客大军来说，不同于东北亚和东南亚所组成的广义东亚，西半个亚洲是相对陌生的地理世界。尽管在电视新闻上经常听到当地国家的名字，看到当地的战火、灾难与油气经济奇迹，但要说大规模的亲身体验，随着对中国免签/落地签国家名单的拉长，也才刚刚开始。

幸运的是，除了在南亚跟印度的纠葛正在调解外，中国与西半个亚洲其他国家都没有宿仇。对于它们彼此间的不和，普通中国人可以用"爱憎不必分明"来规避，中国政府则争取与各方搞好关系。比如，支持印巴两国在2017年同时加入上海合作组织。

与印度和平共处

印度可谓西半个亚洲最重要的国家，其经济总量是G20里另两个属于该地区的国家——土耳其和沙特之和的1.5倍，亦相当于东盟前五名国家（印度尼西亚、泰国、菲律宾、新加坡、马来西亚）的总和。

中印1962年爆发过为期一个月的边境战争，1976年恢复互派大使。1988

年 12 月印度总理拉吉夫·甘地访华,是 1/3 个世纪以来印度总理首次访华。1991 年到 1996 年,中印高层互访频繁。但这种热络关系在 1998 年"印度人民党"上台并连续 5 次核试验之后,转为冷淡。

2003 年印度总理瓦杰帕伊访华,首次公开承认西藏是中国领土的一部分,重申不允许藏人在印进行反华活动,中国则首次承认印度对锡金拥有主权。同时,双方又约定各自任命"特别代表",探讨解决边界问题的框架。

2004 年 5 月到 2014 年 5 月,印度重回国大党执政的"常态"。这 10 年也是中印政治和经贸关系大发展的 10 年,双方高层往来频繁,大量中企赴印投资。印度还从 2005 年起参加东亚峰会,从 2008 年起参加 G20 峰会,从 2009 年起参加金砖峰会,增加了与中国领导人当面沟通的频次。

这种全方位交往的态势,延续到印度人民党的莫迪上台之后。2017 年 6 月莫迪第二次出席上合峰会,10 天后洞朗对峙事件发生,又在厦门金砖峰会 9 月召开的一周前化解了危机。2018 年 4 月在武汉非正式会晤期间,习近平对轻车简从的莫迪表示:"希望我同总理先生在这里的会晤能够掀开中印关系新篇章。"

需要指出的是,虽然金砖峰会《厦门宣言》史无前例地点了涉巴恐怖组织的名,但如今中印巴三角关系的再定位,并不必然以中巴关系的相对受冷落为代价,而旨在以双边和区域经济合作为先导,螺旋式地提振三对双边关系。这就像随着中印关系重启,新德里对于马尔代夫宪法危机采取了尊重中国利益的克制态度,有利于中马、印马关系一样。

中巴政治关系基础厚实。在 20 世纪 90 年代初的国际风云变幻中,巴方顶住美国的压力继续与中方合作。21 世纪以来,在上合、亚信、博鳌、亚非、联合国、亚欧峰会等多边场合,以及中国的重要庆典和纪念活动期间,中巴领导人也经常会面。两国"建立全天候战略合作伙伴关系"的目标不会改变,只会在政治和经济发展方面更加平衡。

巴基斯坦的 GDP 目前只有印度的 1/8,但中国在巴投资却远超过在印投资。2013年4月中印天南河谷"帐篷对峙"事件发生后,李克强总理即于次月提出"中巴经济走廊"远景规划。只不过由于巴国内局势不稳,习近平主席对巴的访问被推迟到2015年4月。这之后两年里,中巴经济合作不断升温。

中国也对南亚的斯里兰卡、孟加拉国和尼泊尔有不小的投资,甚至帮助斯里兰卡平息内战。不丹虽然没有与中国建交,但其王室素来对华友好。现在的主要矛盾,还是印巴之间绵延逾70年的矛盾,以及中印边界的历史遗留问题。对于前者,21世纪以来中国对南亚政策已经逐渐与之解绑;对于后者,中国有信心将分歧管控在合理界限内,不使之干扰到中印关系的大局。

在中国与南亚国家"和平共处"的同时,南亚一体化进程的停滞令人忧心。根据南盟的章程,只要有成员国缺席,南盟峰会就应推迟举行。所以,原定2016年由巴基斯坦承办的第19届峰会,由于印度、不丹等国的抵制,至今也未召开。印巴关系要学习"中印模式"比较困难,这需要印方有更大的包容胸怀。

在中东劝和促谈

在国际热点报道中,"中东"是个高频词,常用于指代阿拉伯半岛国家外加伊朗、埃及和土耳其三国;所谓的"中东战争",即指以色列与阿拉伯国家的战争。

1982年的"第五次中东战争"又称黎巴嫩战争,是阿以之间最后一次爆发大战,导火索是以色列驻英大使被巴勒斯坦武装暗杀。1991年巴以开始和谈,3年后巴勒斯坦开始自治;2000年双方大打出手,和谈中断7年;后虽屡经重启,但关于首都、难民和边界的谈判没有实质进展。2018年以色列建国70周年之际,加沙巴勒斯坦人与以色列军警爆发大规模冲突,5月14日一天就夺走62条生命、造成2000多人受伤。

中国长期支持巴勒斯坦人民的权利和正义事业,与埃及、叙利亚、伊拉克等国很早就建交;1971年通过"乒乓外交"与美国和解后,又陆续与7个君主制阿拉伯国家建交；2004 年又建立了两年一届部长级会议的中国—阿拉伯国家合作论坛。另外，1992 年和以色列建交后，中以关系发展顺利，2017 年双方宣布建立"创新全面伙伴关系"。

海湾阿拉伯国家和以色列之间至今没有建交，则反映了中东政治的残酷现实。拿民航航线来说，近 70 年来，以色列与东亚、南亚国家的直达航线，通常需要绕经土耳其空域或红海上空。直到最近，利雅得才批准"印度航空飞以色列的商业航班"飞越沙特领空，但这对以色列航空不适用。

近年来，沙特和以色列在对付伊朗、叙利亚阿萨德政权和黎巴嫩真主党等什叶派势力方面，越走越近。而对以色列来说，自埃及、约旦相继在 1978 年和 1994 年与自己媾和后，单凭阿萨德政权和真主党已经翻不起大浪，目前主要是担心伊朗暗中发展核项目，以及援助真主党建火箭弹基地。

在阿以关系方面，中方的促和努力从未缺位。2016 年 1 月，习近平主席对沙特、埃及、伊朗三国进行国事访问，同沙特、伊朗均新建了全面战略伙伴关系，同埃及则巩固了这一关系。在阿盟总部，习主席着重提及巴勒斯坦问题，发出了"和谈""重建"并举的有力呼吁。同年 6 月，王毅出席"支持中东和平倡议"外长会，提出了"三停止、三探索"的主张。

阿以矛盾虽然突出，但在过去 40 年里，中东矛盾呈现多线发展之势。从 1979 年霍梅尼在伊朗发动宗教革命上台，到 1980—1988 年伊拉克和伊朗的拉锯战，从 1990—1991 年海湾战争到 2003 年的伊拉克战争，"两伊"曾长期占据国际新闻的版面；然后，轮到 2011 年铺开的阿拉伯反叛风潮。后一风潮的其中两个风暴眼——叙利亚和也门，至今也没有安宁的迹象。

2017 年秋，随着建政 3 年多的"伊斯兰国"被从叙北部连根拔起，中东的主要矛盾从各国各派与"伊斯兰国"的矛盾，转化为以沙特为首的"南方阵营"和以伊朗为旗手的"北方阵营"之间的矛盾。沙特联合阿联酋、巴基斯坦和埃及，纠集了 41 国"伊斯兰反恐"军事联盟，变相向伊朗施压。

而经历了 2016 年未遂政变的土耳其，和因王子被绑架而进退失据的卡塔尔，从同属逊尼派的"南方阵营"跳槽到"北方阵营"，以及俄罗斯在其驻土大使被杀一年多后却默许土军在叙北部对库尔德武装大动干戈，是中东政治相当戏剧化的一面。2018 年美国不顾英法德警告，执意退出 3 年前签署还有 7 年才到期的伊朗核协议，并且将驻以大使馆搬迁到耶路撒冷，则是美以同盟升级后的必然结果。

对于中东诸种矛盾缠结，中国政府第四任中东问题特使宫小生认为，巴以问题是中东和平的根源性问题，不应被忽视，更不能被遗忘，中国同巴以双方都保持着良好关系，这是中方推进巴以和平的独特优势；伊朗核协议是各方经过艰苦努力和谈判达成的多边协议，并且由联合国安理会一致通过，维护这份协议的完整性和严肃性具有重要的意义。

中国政府叙利亚问题特使解晓岩 2018 年 5 月在上海举办的关于叙问题的国际学术研讨会上表示，中方推动叙问题解决的努力从未停歇。从叙危机一开始，中方就同有关各方保持接触，劝和促谈；中方积极参与国际促和会议，并向叙人民包括境外难民提供了力所能及的帮助。

给中亚全新选择

苏联解体之后，中国与中亚国家的关系堪称典范——不仅与哈、吉、塔三国顺利解决了划界问题，而且组建了上海合作组织共同打击三股势力。

当然，中亚国家之间的问题比较复杂。2005 年，哈萨克总统纳扎尔巴耶夫在国情咨文中提出"中亚国家联盟"的设想，可惜一直未能实施。主要原因除了乌兹别克斯坦的抵制外，还由于时机不成熟，历史遗留问题复杂。

在被俄国征服前，中亚三大汗国（浩罕、布哈拉、希瓦）均是多民族杂居，并没有清晰的民族国家意识。20 世纪 20 年代，苏联不科学地划分了中亚几个新共和国的边界。在 1991 年苏联解体后，相关矛盾延续至今。

以塔吉克斯坦和乌兹别克斯坦两国的矛盾为例，具体可分四个方面：领土争夺有增无减；"水资源之争"妨碍水电站建设；"能源之战"恶化塔吉克斯坦经济；"过境铁路争端"造成两国外贸额下降。

此外，塔吉克斯坦、吉尔吉斯斯坦各自国内的南北矛盾一直较大，其中塔吉克斯坦多年陷入内战。土库曼斯坦僻居一隅，看似自我孤立，其实是对伊朗、乌兹别克斯坦、俄罗斯等国都不放心。

习近平主席2013年在哈萨克斯坦提出的"丝绸之路经济带"倡议，给中亚各国提供了全新选择。新丝绸之路经济带，东边牵着亚太经济圈，西边系着发达的欧洲经济圈，被认为是"世界上最长、最具有发展潜力的经济大走廊"。

当然，挑战也是巨大的。中亚的两大河——锡尔河和阿姆河，最后都汇入日渐干涸的咸海。中亚整体的水运条件并不乐观，而中方提议的横贯中亚的铁路计划，又受到个别国家本位主义的牵绊。要让中亚重塑"亚欧枢纽"角色，还真是任重道远。

幸运的是，土库曼斯坦和乌兹别克斯坦两国先后完成了长期执政领导人去世后的政权有序交接。在上海合作组织这个前景光明的合作平台上，中亚国家能够敞开心扉，在中国投资的带动下向邻国伸出友谊之手，共筑铁路、公路、航空、电信、电网、能源管道的互联互通网络，以利益的增量来化解矛盾的存量。

8. 非洲"兄弟"与拉美"伙伴"

长期以来，流行一种说法：中国是被非洲黑人兄弟抬进联合国的。因为当年非洲投出了26张赞成票，票数最多，所以这种说法是可以成立的。

当然，按照支持率排名，非洲以61.9%排名第三，不及欧洲和亚洲。但中国一直要求恢复在联合国的合法席位，因支持票不过半被否决多年，1971年再次提交提案，多亏了那些独立不久的非洲国家，中国得以恢复。这一点就体现了"政治增量"的意义。

非洲国家作为重要的政治存在，被中国赋予"兄弟"的身份，在当时的语境下，乃至在中国尚未告别发展中国家身份的当下，都有独特意义。

至于与拉美国家的"伙伴"关系，在中国的伙伴国遍及全球的时代似乎不足为奇，但要注意到拉丁美洲是距离中国最遥远的区域之一，素有"美国后院"之称，中国把伙伴关系拓展到拉美，意义匪浅。正如2018年1月王毅外长在中拉论坛第二届部长级会议前夕所说，"中国愿继续把拉美国家作为优先和重要伙伴"。

当前，中拉年度贸易额保持在2000亿美元以上，中国对拉"非金融类直接投资"存量突破2000亿美元。这两个数字都多于中国与非洲之间的相应数额。中国还在跟APEC一些拉美成员国协商，共同推进"亚太自贸区"建设。

如果说，改革开放后的中国试图在保持与非洲传统政治纽带的同时，按照市场规律来开发非洲巨大的发展潜力，那么中国与拉美的关系就要单纯一些，是以经贸为合作重点，且相关数据早已后来居上。

基本洲情之异同

从基本洲情来看，拉丁美洲包括墨西哥、中美洲七国、西印度群岛和南美洲，总面积不到非洲2/3，人口不到非洲一半，纬度比非洲整体上偏南，矿产资源总体上不及非洲丰裕，但作为"新大陆"吸引了众多欧洲移民，因此GDP总量反而比非洲高出一大截，人均GDP接近非洲的4倍。

从投资价值来看，非洲和拉美有一定的相似性，即矿产、石油等资源丰富。非洲相对来说更丰裕一些，比如南非的金矿和铀矿、刚果（金）的金刚石和铜矿、赞比亚的铜矿、尼日尔和纳米比亚的铀矿，以及尼日利亚、阿尔及利亚、利比亚、安哥拉、埃及、南苏丹等国的石油。拉美的石油则集中在委内瑞拉和墨西哥；另外，巴西的铁矿产量居世界第二，智利的铜储量居世界第二。

在"大农业"方面，拉美更胜一筹。非洲草原面积居各洲首位，野生动物品种繁多，大型有蹄类哺乳动物和淡水鱼比其他各洲都多。而拉美地区林业资源丰富，耕地多种植玉米、大豆、甘蔗、柑橘、咖啡等作物；秘鲁、智利和巴西的沿海，墨西哥湾和加勒比海，都是世界重要的渔场。

从语言的繁杂来看，非洲作为"旧大陆"令一些投资者望而生畏。非洲有六大语系：闪含语系、尼日尔—刚果语系、尼罗—撒哈拉语系、科依桑语系、南岛语系，以及殖民者带来的印欧语系。想想印地语、波斯语和英、法、希腊语都属于同一个语系，就知道不同的语系之间要切换，是何其困难了。

相比之下，拉美基本上被"印欧语系拉丁语族"中的西班牙语和葡萄牙语所垄断，英语、法语及大量土著语言，只在拉美的局部地区流行（比如伯利兹、圭亚那、巴哈马等国说英语，海地和法属圭亚那说法语）。这样的语言相似性，对于外商投资当地并将商品行销整个区域非常有利。

不仅如此，拉美大陆主要信奉同一种宗教——天主教，没有像非洲那样大规模的宗教仇杀，恐怖袭击也很少，曾有的革命浪潮也趋于平息。但美中不足的是，拉美5.88亿城市人口中，有1.11亿人居住在贫民窟。由于枪支和毒品泛滥、贫富严重分化，全球50个最危险的城市中，有43个位于拉美和加勒比海地区。该地区人口在世界占比8%，每年却有33%的杀人案发生在这里。

虽然21世纪以来，阿根廷、巴西、洪都拉斯等国都出现较大的政治危机，如今更有多个拉美国家首脑因为腐败被检方指控，但相比非洲来说，拉美国家的政治稳定性还是要高不少。除了委内瑞拉等个别国家，拉美国家今后发生军事政变的概率很低。

不过，若论在联合国大会中的存在感，非洲会比拉美强一些。别的不说，非洲共有60个国家和地区，拉美只有34个国家和地区。

从与中国建交的情况来看，非洲国家整体上领先于拉美国家。最早与中国建交的非洲国家是埃及，时间是1956年；最早与中国建交的拉美国家是古巴，时间是1960年。在中国改革开放前，与中国建交的非洲国家多达42个。

而第一个与中国建交的南美国家，是 1970 年的智利；1972 年有墨西哥和阿根廷，1974 年有委内瑞拉和巴西……

自 2016 年冈比亚和圣普与中国"复交"后，非洲 54 国中只有布基纳法索、斯威士兰不是中国邦交国（2018 年 5 月布基纳法索与北京复交）；而在近两年巴拿马、多米尼加相继与中国建交后，拉美还有尼加拉瓜、海地、巴拉圭等 9 国尚未与中国建交（圣卢西亚则是建交后被中止关系）。所以说，非洲在很大程度上是"兄弟"，而拉美只是"伙伴"。

"兄弟"情谊今尚在

中非之间的"兄弟"情谊，在中国改革开放之前就已存在，且经受了岁月的沉淀，延续到了改革开放 40 年后的今天。

这其中自然会有曲折。新中国成立之初，对外关系受到西方限制，直至 1955 年万隆亚非会议召开，中非官方外交才有了突破。1960 年，中国政府成立了中非人民友协。1965 年到 1969 年，中国对非援助 2 亿美元，主要用于坦桑尼亚、赞比亚、几内亚等"核心盟国"的建设。中国也从军事上支援非洲国家的民族解放运动。

20 世纪 70 年代初，苏联在安哥拉、扎伊尔、索马里等地先后挑起战端。中国提出联美遏苏的"一条线"原则，随后在非洲多数国家支持下，恢复了在联合国和安理会的合法席位。整个 70 年代，我国同 25 个非洲国家建交，援建了长达 1860 公里的坦赞铁路，并对许多非洲国家提供无偿援助。

改革开放后，中国对非援助方式发生变化，经贸合作走向前台。80 年代，中国在非洲的劳务合作和承包工程营业额达 25 亿美元。此后 10 年间，中非年均贸易额从 10 多亿美元发展到 1999 年的 64.8 亿美元。

从 2000 年开始，伴随 3 年一届的"中非合作论坛"部长级会议机制，中非关系转向"做生意"与"交朋友"并重。

2006 年 11 月的中非合作论坛北京峰会，是新中国成立以来举办的规模最大、级别最高的外事活动。峰会宣示：今后3年内中国将向非洲国家提供总计100亿美元的优惠贷款、出口买方信贷和发展基金。

2013年3月，国家主席习近平表示，中国将继续扩大同非洲的投融资合作，落实好3年内向非洲提供200亿美元贷款额度的承诺。2015年12月，习近平主席在中非合作论坛约翰内斯堡峰会期间承诺，中国将在3年内向非洲项目投入600亿美元。①

2017年5月"一带一路"国际合作高峰论坛的成果清单，涉及非洲东部和北部的4个国家：埃及、埃塞俄比亚、肯尼亚和坦桑尼亚。2018年9月，中非合作论坛将于北京举行新一届峰会。

中非之间既有信任基础，又有不断涌现的合作项目。中国目前是非洲最大的基础设施融资方，2012—2016年间年均为115亿美元，但非洲国家的相关资金缺口仍很大。相比中国的投融资集中于水坝、港口、机场、铁路、电力、工业园区、电信网络及道路项目，美国对非直接投资流向矿业的比例远高于中国。

欧洲仍是非洲最大的出口目的地，2016年占38.1%。但能源资源价格的大幅下跌，造成非洲出口额断崖式下降。鉴于发达国家的制成品价格波动很小，而非洲进口的制成品金额是出口制成品的3.5倍，比较吃亏，中国正积极推行一项非洲工业化战略，希望在未来10年把低工资的加工制造业转移到非洲。

在对非直接投资方面，中国仍有很大潜力可挖。截至2016年底，中国对非直接投资总额累计约400亿美元，仅约占中国对外直接投资的3%。

就"做生意"而言，贸易堪称21世纪中非关系的支柱。2000年，中非贸易额仅有100亿美元。截至2014年，这一数字已扩大20倍，达2200亿美元——尽管由于大宗商品价格下跌，后来又有所回落。

2017年，中非进出口总额约1700亿美元，较上年增长13.8%。其中，中

---

① 2013年3月25日，习近平总书记在中国援建的尼雷尔国际会议中心发表题为《永远做可靠朋友和真诚伙伴》的重要演讲。

国对非出口约 945 亿美元（对象国前两位是南非和尼日利亚），自非进口约 753 亿美元（来源国前两位是南非和安哥拉）。相较于 2.4% 的中国对非出口增长，2017 年中国自非进口增长 32.2%。

究其原因，随着中非产能合作的推进，越来越多的中企投资非洲，替代了非洲的部分进口需求；而随着非洲工业化进程的推进，非洲出口商品的附加值也在不断提升。

总之，21 世纪以来中国与非洲国家既重温"兄弟"情谊，又遵循市场规律办事，未来进一步合作的前景广阔。

拉美"伙伴"抵万金

由于相距遥远，中国与拉美的交往不算太早，但在中国外向型经济崛起后，拉美却成为中国的全球产业链中不可或缺的一环。

从 2000 年到 2012 年，中拉贸易增加 22 倍。2017 年，中拉贸易额在经历三年下降后有所反弹，达到了 2660 亿美元，同比增长 16%。

中拉关系不再仅仅依赖贸易。2017 年一年里，中国在拉美的新增投资就达到 250 亿美元。中国在拉美的投资不仅从矿业拓展到基础设施、农业、金融等领域，也流向该区域的更多国家。例如在玻利维亚，中钢集团投资了一个铁矿石开采项目；在牙买加，酒泉钢铁集团投资了一个铝土矿的精炼设施。

与此同时，越来越多的拉美国家开始将更高质量的产品销往中国。智利已经成为中国进口生鲜水果最大的来源国，占市场份额的 24%，领先中国的邻国泰国和越南。中国消费者对非传统农产品需求的增长，也为拉美的农业和食品行业带来了新的投资。

中国的互联互通倡议（主要是"一带一路"倡议）正在试图联通拉美。中国提议的横贯巴西、秘鲁的"两洋铁路"还处在论证阶段，华为又在同智利通信部协商建造一条 2 万至 2.4 万公里的海底光缆，直接联通中国和拉美。而作为巴拿马运河的第二大用户，中国或许会在未来将巴拿马作为众多大型中资企业进入美洲市场的重要门户。

正因为拉美与中国的经贸联系强劲，美国才发出了啧啧之声。2018年4月，美国商务部长罗斯在第八届美洲峰会上称，拉美向中国出口原材料造成长期的贸易逆差，向美国出口制成品则带来顺差，且高附加值的制成品提供了高收入工作，对拉美经济体更有利，因此拉美"应依靠美国而不是中国"。

其实，很多拉美国家与中国存在贸易顺差，如巴西、智利、秘鲁、委内瑞拉等。反过来，如果将墨西哥从总数字中排除，拉美整体上与美国存在巨大的逆差，对中国只有较小的逆差。再者，美国退出了跨太平洋伙伴关系协定，殃及智利、墨西哥和秘鲁三国；更新北美自贸协定谈判过程中，美方的威胁也激起加拿大和墨西哥的不满。

值得观察的是，特朗普政府可能"逆转"北美自贸区23年来的开放和合作，给身为全球第四大汽车出口国的墨西哥带来转型压力。墨西哥若失去北美自贸协定，将致力于打造向拉美其他国家出口汽车的装配中心，而这块市场其实更适合中国在墨西哥的合资工厂。

2017年，阿根廷和智利总统出席了北京的"一带一路"国际合作高峰论坛，显示"中国机遇"和"太平洋意识"成为当前多数拉美国家对外战略的重要考量。而继2007年哥斯达黎加与中国建交之后，中美洲7国里地理位置最重要的巴拿马与中国建交，显示这个地峡板块的整体撬动指日可待。

就进一步压缩"台独"的国际空间来看，说中国的拉美"伙伴"抵万金，一点也不夸张。在"中美洲和加勒比地区最大的经济体"多米尼加于2018年5月宣布与中国大陆建交后，目前与台湾当局有"邦交"的国家剩19个，其中拉美国家就占10个。如果拉美33国都成为中国的"伙伴"，其政治意义将不言而喻。

对拉美国家来说，未来几十年中国的经济增长、城镇化和中产阶级的发展，意味着对燃料、矿产品和粮食的巨大需求。这将是一个给拉美自然资源赋予价值和引入技术的机会。未来对拉美国家的挑战是，如何减少对原料出口的依赖,并在中美之间走好平衡木。

亚非拉的政经合作

"亚非拉"是亚洲、非洲和拉美国家的统称。20世纪五六十年代,这个政治—地理概念意在强调广大被压迫国家和民族间的政治协同。而今,在互不干涉内政的前提下,主要亚洲国家和非洲或拉美国家之间也存在某种政经合作。

对亚洲而言,在自身都没有整合好的时候,洲际合作往往是务虚性质的,比如两年一度的亚欧峰会,就比统合南北美洲的美洲峰会还要清淡。

2009年金砖国家机制的创立和2010年吸收南非加入,填补了亚非拉合作机制的空白。巴西、俄罗斯、印度、中国、南非五国,英文首字母排列为BRICS。这其中,印度和中国代表亚洲,巴西代表拉美,南非原本指望代表非洲。

相比巴西GDP在拉美首屈一指(是墨西哥的1.7倍),非洲似乎没有一个核心。非洲前四位的经济体是尼日利亚、埃及、南非和阿尔及利亚。南非的GDP只有尼日利亚的3/4,或埃及的九成,人均GDP只有约6000美元。所以,即便是金砖国家机制,在非洲国家的代表性上也还是存在不足。

这也难怪,如果说近40年来拉美的发展中规中矩的话,那么撒哈拉以南非洲和发展中亚洲的经济表现就相去甚远。

1980年,发展中亚洲占世界经济总量的6.8%,撒哈拉以南经济体占2.5%;2000年,发展中亚洲经济体占6.9%,而撒哈拉以南非洲却只有1.1%;此后,发展中亚洲飞速崛起,至2017年占比达到21.7%,而撒哈拉以南非洲不过1.9%。从原来的两三倍之差,扩大到十倍之差,双方原先的平等交往态势,渐被投资与被投资的关系左右。

有统计显示,在非洲获得的全部贷款中,约1/6来自中国。非盟总部大厦就是中国援建的。《中国的第二块大陆》一书,记录了定居非洲的约100万中国创业者的经历。美国哥伦比亚大学地球研究所所长杰弗里·萨克斯，将中国对非洲的热情投入称为"非洲人在这一代所经历的最重要发展"。

当然，非洲人也会对腐败政府为留出回扣而虚抬项目价格感到不满。中国企业已更加注意协调此类问题。中国政府的政策指令，伴随的是低成本融资和隐性的国家担保——以防非洲各国政府在贷款上违约。在中国投资的工程中，80%的工人是非洲人。中国企业还有意识地在当地技能、环境等问题上，与公民社会、国际非政府组织打交道。

还应当看到，"安理会五常"中，中国在非洲的维和部队最多，在刚果（金）、利比里亚、马里、苏丹及南苏丹，共部署了2000多名维和人员。在与也门隔红海相望的非洲国家吉布提，中国海军也建设了后勤保障基地。

至于拉美，20年前就有新加坡与智利倡议建立的东亚—拉美论坛，但两三年才举行一次外长会。而中国—拉共体论坛与中非合作论坛一样是3年一届，可2015年1月在北京举行的部长级会议就来了不少首脑，先声夺人。

南美洲作为拉美的主体部分，与非洲之间举办过两次首脑会议，先是2006年在尼日利亚举行，再是2009年在委内瑞拉举行。然后，就没有下文了。

不难想见，未来亚非拉的政经合作，由中国来牵线搭桥最具号召力。"一带一路"倡议或许就是这样一个桥梁，会将中国的"兄弟"和"伙伴"们，载往通向富庶繁荣的彼岸。

9. 加拿大、澳大利亚：并不遥远的存在

在地理位置上，加拿大和澳大利亚都与中国相隔遥远，但这两个国家与中国的关系却颇有渊源。虽然受制于中美关系，它们都是在20世纪70年代初才与中国正式建交，但建交步伐迈得都比美国快；而且，在建交前都与中国保持着有限的互动和贸易往来，不同于美国的全面封锁和不接触政策。

正式建交尤其是中国改革开放后，这两国与中国的关系总体上都比较顺

利。中国多年来一直是加拿大的第二大贸易伙伴。澳大利亚与中国的经贸关系更为特殊，它是西方发达经济体中对中国依存度最高的国家。

经贸联系，是加拿大和澳大利亚与中国"并不遥远"的重要原因。但与此同时，这两个西方国家在价值观上表现出的与中国的疏离感，在整个西方世界也算是比较突出的。美国"领导"西方世界的意愿下降，中国经济实力、国际影响力快速上升，给这两个国家在外交上造成了选择焦虑。如何调整对华政策，是加拿大与澳大利亚面临的重大外交课题。

中加距离拉近

加拿大在对华外交上，明显超前于美国。但在建交后相当长时间里，中加两国都只保持着较低水平的互动。1990年两国间货物贸易还不到30亿美元。

1997年，江泽民主席访问加拿大，双方一致同意建立中加"面向21世纪的全面合作伙伴关系"。2001年，加拿大总理让·克雷蒂安率领600多人的庞大代表团访华，中加签署200多项合作协议。此后中加经贸关系驶入快车道。从2003年开始，中国长期保持着加拿大第二大贸易伙伴的地位。2017年，中加贸易额为730亿美元，接近双方此前设定的2020年达到1000亿美元的目标。

保罗·马丁担任总理的2005年，中加关系提升至"战略伙伴关系"。但在第二年，保守党领袖史蒂芬·哈珀出任总理，此后中加关系受人权问题、经贸摩擦甚至司法问题影响而波折不断。哈珀就任之初，甚至公开否认中加是"战略伙伴"。政治关系的冷淡，导致哈珀2009年才首次访华。此后他重提"中加战略伙伴关系"，但称"经济是中加关系的重头戏"。直到离任，哈珀的外交重点更多聚焦西方国家，对中加关系热情不是很高。

从2006年到2015年，哈珀执政10年期间，对华关系的显著特点是政冷经热、摇摆不定。这段时期，虽然中加间政治上麻烦不断，但贸易保持了稳步增长的势头，双边贸易额从不到300亿美元增加到670亿美元。2012年9月，哈珀政府批准中海油收购加拿大尼克森石油公司。这笔高达150亿美元的收购在加国内引发反弹后,哈珀政府又在2012年底修改《外商投资法》,限制中国国企对加投资。当与美国出现经济摩擦,经济出现减速后,哈珀政府又在2014年与中国签署《中加投资保护协定》。

2015年11月贾斯廷·特鲁多就任总理时,"中加关系正处在重要节点"在加国内已成共识。特鲁多胜选后,李克强总理给他打电话表示祝贺,并说:"45年前,你的父亲皮埃尔·特鲁多先生担任加拿大总理期间,中加正式建立外交关系,揭开了两国关系的新篇章,中国人民不会忘记老朋友。"特鲁多表示:"愿与中方保持高层交往对话,加强全方位合作,将加中关系提高到新的水平,开辟两国友好合作的新天地。"

2016年8月特鲁多首次访华期间,中加宣布启动两国总理年度对话机制。在这次访问期间,加拿大正式申请加入亚投行(2017年3月获得批准,使七国集团里只剩美国和日本未加入)。同年9月,李克强总理访问加拿大,这是中国总理13年来首次访加,被外界解读为中加关系回暖的重要标志。

2017年12月再次访华后,特鲁多对媒体表示:"我相信,在寻求为全世界建设更美好未来的过程中,加拿大和中国的友谊将扮演十分重要的角色。"

特鲁多的话或许不是外交辞令。历史上,加拿大的对华外交深受美国的影响,一旦出现分歧也只能选择跟着美国走。但目前的情况是,重大分歧不是出现在对华外交上,而是加拿大与美国之间,比如关于经贸合作、气候问题等。而这些,正是中加战略伙伴关系值得拓展的领域。就此而言,中加关系可能正进入再次重构的"黄金时期"。

焦虑的堪培拉

1972年12月,中国与澳大利亚建交。不过,由于当时中美还没有实现关系正常化,而且中国还处于"文革"时期,建交后的中澳互动并不是很多。中澳关系尤其是经贸关系真正开始发展,是在霍克1983年就任总理之后。基廷总理时期(1991—1996)则延续了霍克对华外交路线。

1996年霍华德就任总理后,在对华政策上采取"政经分离"的原则。一方面,在外交上紧跟美国,在中美分歧上坚定站在美国一边。比如1996年台海危机、2001年中美撞机事件等这些与澳没有任何关系的事件,霍华德政府都高调支持美国。另一方面,霍华德政府以务实的态度,抢搭中国经济快速发展的顺风车。1972年中澳建交时,双边贸易额仅为7200万美元,2005年增加到284亿美元,中国成为澳第二大进口来源国、第二大出口对象国。这一年,霍华德政府承认中国市场经济地位,并启动了双边自贸协定谈判。

中国在2007年成为澳大利亚第一大贸易伙伴(2008年被日本取代,之后中国一直是澳第一大贸易伙伴)。这一年上台的陆克文政府,基本上延续了霍华德的对华外交政策,不同的是增加了对中国崛起的担忧。陆克文政府在2009年的《国防白皮书》中写道,"亚洲的单极时刻的终结已经开始""中国将成为亚洲最强军事国家",呼吁强化澳美同盟,要求美国加强在亚太的军事存在。英国广播公司2010年12月的一篇报道,援引维基解密的消息称,陆克文曾私下向美国国务卿希拉里表示,"西方要为对华动武做准备,以应对中国可能采取的不负责任行为"。

2010年吉拉德就任总理后,在对华外交上做了适当的微调。正是在她任内的2013年,霍华德政府时期的中澳"面向21世纪互利共赢的全面合作关系"这种较低层级的外交定位,时隔10多年后才提升为"战略合作伙伴关系"。2013年上台的阿博特总理,对华外交与吉拉德差别不大。2014年,中澳关系升级为"全面战略伙伴关系"。一年后,中澳签署自贸协定。但与此同时,阿博特政府大力发展与美国、日本的军事关系。

2016年就任总理的特恩布尔,在对华外交上与其前任最大的不同,是对中国的崛起从"担忧"升级为"焦虑"了。特朗普总统同盟外交上的"非传统"做法——不那么在乎盟友关系——放大了这种焦虑。

特恩布尔曾在一次演讲中说:"世界霸权从英国转向美国,对澳大利亚来说只是从一个家族成员转向另一个家族成员,中国经济与军事实力与美国相当时，我们面临的将是一个制度和文化完全不同的国家。"

这种焦虑突出反映在2016年版澳《国防白皮书》中。该白皮书不仅明言"中国正在挑战美国的地位"，还把中国视为国际秩序挑战者。2017年是中澳建交45周年，本应是促进双边关系的契机，却因澳指责中国干预其国内政治、中国投资威胁论等而陷入低谷。

在澳国内关于中国的争论告一段落后，2018年5月澳外长毕晓普借出席二十国集团外长会的机会，与王毅外长会面。她表示："澳方高度重视中国，认为中国的发展是重大机遇而非威胁，中国的持续成功有利于澳大利亚，也有利于世界。"

这位曾说"美国是澳最伟大的盟友，日本是澳在亚洲最重要的盟友"的外长，或许在推动改善澳中关系上有先天的不足。不过，她在2016年曾于《华盛顿邮报》上撰文称："特鲁多比多数西方国家领导人都对中国抱有更良性看法，或许他能在权衡加中经贸关系发展和加拿大国家安全利益方面做得更好。"

不难想见，在平衡对美关系和对华关系方面，加拿大和澳大利亚有着相似的难题要解。而对中国来说，加、澳这两个地理上遥远的国家，却是在经贸、留学、移民乃至国际政治等领域，越来越"近"的存在。

10. 从国际组织边缘到舞台中央

2016年6月，总部位于瑞士日内瓦的国际移民组织举行特别理事会会议，批准中国等3个国家加入该组织。不久后，这个当时有165个成员的组织，也正式成为联合国组织机构。

这是一个中国最新加入的重要国际组织。

中华人民共和国成立后，中国红十字会在1952年成为首个在国际组织中恢复合法席位的团体。1971年重返联合国，则是中国大批次重新加入国际组织的开端。此后数年，中国接连加入国际民航组织、世界卫生组织以及重返国际奥委会等。但坦率讲,除了在联合国安理会等少数机构外,中国当时在国际组织里的地位还不高。

1978年底中国改革开放后,随着次年元旦中美建交,中国大踏步、全方位挺进或回到各类国际组织,尤其是西方掌控下的国际经济组织。2001年中国加入世贸组织,给中国"与国际接轨"史增添浓墨重彩的一笔。

与此同时,中国开始创建由自己作为主要成员的国际组织。这一尝试在2015年亚洲基础设施投资银行正式成立时,达到了高潮。这期间,中国在其他主要国际经济组织中的投票权份额也不断上升。随着"一带一路"倡议向全球拓展,中国开始站到国际社会的舞台中央,在人类命运共同体的理念指引下,承担自己应尽的大国责任。

跻身三大国际经济组织

"二战"后形成的以美元为中心的布雷顿森林体系下,诞生了3个重要的经济机制:国际货币基金组织(IMF)、国际复兴开发银行(后改称世界银行)、关税贸易总协定(后改称世界贸易组织,即WTO)。

其中,IMF和世界银行的总部在华盛顿,其职能被网友总结为"一个救急,一个救穷"。按照惯例,IMF的总裁来自欧洲,世界银行的主席来自美国。

中国作为这两个全球性国际金融机构的创始国,于1980年4月和5月相继恢复在两者的合法席位。

2007年,中国的经济规模超过了德国,成为世界第三经济大国。次年,世界银行提名北京大学中国经济研究中心主任林毅夫担任世行高级副行长、首席经济学家(任期至2012年)。

2010年中国成为世界第二经济大国。次年,IMF提名中国人民银行副行长朱民为IMF副总裁(任期至2016年)。

经过几次提升份额,目前中国在两机构中的投票权均仅次于美日,为第三大股东国。但是美国在IMF和世行中投票权高,在决策时形同拥有"一票否决权"。

值得一提的是,世界银行认为中国已接近中等发达国家,故自1997年7月起,不再对我国提供优惠的软贷款。中国当然不会介意,因为目前中国向发展中国家发放的贷款就超过了世界银行,而在20世纪八九十年代,中国可是世界银行和亚洲开发银行贷款最大的接受国。

如果说重返IMF和世行,代表了中国改革开放路线在西方所受的认可,那么中国加入WTO,则反映了中国经济全面与世界自由市场接轨的承诺。

从80年代开始,中美贸易有了一定的制度安排,即最惠国待遇条款加上一个多边数量限制,但到了90年代,问题全面爆发,美国对中国原来"友好非盟国"的定位松动。这样,中国利用WTO规则化解美国可能的贸易大棒,就具有了优先性。

2001年11月,世贸组织部长级会议在多哈通过了中国加入WTO的决定,标志着中国长达15年复关和加入WTO进程的结束。不久后,中国正式成为WTO第143个成员。而俄罗斯是在2012年才加入WTO,成为其第156个成员的。

应该指出,中国在WTO项下的成员资格,是由中国与WTO的"特殊议定书"作为交换条件的。特殊议定书几乎把WTO义务重抄了一遍,但这里面有一个15年的条款,15年以后,按照它们的解释,要看中国是不是市场经济过渡完成了。这也是近几年,中国的市场经济地位问题被欧美日翻炒的原因。

全球化的重要推手

中国改革开放的肇启,正赶上美苏冷战时期的中后段。那个时期的全球化格局,基本还是"二战"后初期成立的联合国、IMF、世界银行、国际审判法院,60年代成立的欧佩克、东盟、经合组织、慕尼黑安全政策会议、亚洲开发银行,以及70年代成立的世界知识产权组织、世界旅游组织等奠定的。

中国在1984年加入的国际原子能机构(总部在奥地利维也纳)和2004

年加入的核供应国集团，就属于那个冷战时期的产物。而中国在1983年恢复其间活动的国际劳工组织（总部在瑞士日内瓦）和1984年加入的国际刑警组织（总部在法国里昂），则属于更早的第一次世界大战后时期。

亚太经合组织（APEC）成立于1989年11月，中国1991年11月以主权国家身份加入，算是抓住了冷战时期的尾巴。

而目前这一轮全球化的发轫，可以追溯到冷战结束后的几年：1993年欧盟正式诞生，APEC峰会首次举行；1994年北美自贸协定生效，WTO成立；1995年《财富》全球论坛创办；1996年亚欧会议成立；1997年八国峰会登场（后演化成G20），东盟"10+3"峰会亮相（后演化成东亚峰会）……

仔细观察，这一阶段诞生的不少全球化机制，都渗入了西方及其伙伴将原东方阵营的国家纳入国际大家庭的意图。而中国在1999年首次承办《财富》全球论坛，在2001年10月首次承办APEC峰会，年底加入WTO，次年赢得2011年世博会的举办权，则标志着中国对于经济全球化的践行。

而原本狂飙突进的全球化，在21世纪却呈现出不同的面相。中国在2001年6月联合欧亚邻国，成立了负有反恐使命的上海合作组织；美国则在3个月后遭遇了"9·11"空前袭击，开始了漫长的反恐战争。2008年金融海啸后，G20峰会扮演了救火队的角色，稍后又催生了金砖国家的年度峰会；欧元区则在成立10年后，遭遇了债务危机的沉重打击，警报至今未解除。

此时的中国，已从全球化的践行者变成了重要推手；而在2010年成为第二经济大国后，外界关于G2、"中美国"的提法不绝于耳。但中国清醒地认识到，若不创立自己能在其中独当一面的国际组织，把鸡蛋都放在需要依赖与美国友好关系的国际组织的篮子里，则存在相当大的经济风险和外交政策被绑定的可能。

走近世界舞台中央

创立新的国际组织一直是中国的光荣与梦想。虽然2001年诞生的上海合作组织和 2009 年诞生的金砖国家峰会都有中国的重要参与，甚至前者就诞生在中国，但由于这两个组织的创始成员都包括同为安理会常任理事国的俄罗斯，"双核驱动"的结果往往是中国最期望的经济议题得不到足够的重视。

2013 年以来，"一带一路"倡议的提出及丝路基金、亚投行的成立，给中国特色的经济外交插上了坚实的翅膀。尤其是亚投行，拥有 57 个创始成员国，五度扩容后，成员总数增至 86 个，正式成员国包括 G20 成员国中的 15 国、"安理会五常"中的 4 国，以及全部的金砖国家。

而 2014 年中方关于建立澜沧江—湄公河合作机制的提议，也在一年后落地，迄今为止已举行两届澜湄合作领导人会议。

除了创立深具影响的国际组织，中国走近世界舞台中央的方式，还包括承办多国峰会，尤其是洲际峰会。

近 5 年来，中国成功主办了 2014 年上海亚信峰会、北京 APEC 峰会，2015 年北京中拉论坛、抗战胜利 70 周年阅兵式外交、苏州中国—中东欧峰会，2016 年杭州 G20 峰会，2017 年北京"一带一路"峰会、厦门金砖峰会。光从举办地点就能看出，这些峰会吸引了多少眼球。

2018 年中国有所谓"四大主场外交"的说法，即 4 月博鳌亚洲论坛年会、6 月青岛上合组织峰会、9 月北京中非合作论坛峰会，以及 11 月在上海举办的首届中国国际进口博览会。

有道是："莫愁前路无知己，天下谁人不识君。"世界正经历剧变，中国机不可失。

归来兮，自信之中国。

后 记

2018年是改革开放40周年。习近平总书记指出:"我们要不忘改革开放初心,认真总结改革开放40年成功经验,提升改革开放质量和水平。"

为了庆祝改革开放40周年,南风窗杂志社隆重推出《大变革 平天下——寻找现代化的"中国方案"》一书。我们以习近平新时代中国特色社会主义思想为指导,按照中国人的现代化、大国经济的崛起、治理现代化、大国外交的基本框架,既比较系统又比较精练地总结了改革开放的基本经验,特别是深入描述了党的十八大以来,以习近平同志为核心的党中央治国理政的不平凡历程。

相信对想了解改革开放40年基本逻辑,特别是党的十八大以来治国理政的新思想新理念新战略的读者朋友们来说,本书会提供一定的帮助。

本书的主题是"大变革,平天下"。确定这样的主题,理由很清楚,因为中国改革开放本身就是一部大变革的历史,也是一部中国自觉拥抱全球化并进而为全球化带来新活力的历史。"大变革,平天下",取自《礼记·大学》之"修身,齐家,平天下",兼具了现实意义和历史厚重感。

通过改革开放,中国不仅改变自己,也改变了世界,因此中国的改革开放具有世界意义,即拓展了发展中国家走向现代化的途径,为解决人类问题提供了中国智慧和中国方案。当然,寻找现代化的中国方案还是进行时,并不是完成时。下一个40年,中国一定会有让世界刮目相看的新成就。

为了写好本书，编辑委员会付出了巨大的努力。尤其值得一提的是各章的作者们，他们在做好紧张的日常采编工作的同时，也高质量地完成了本书的写作。有必要在这里再重复一下他们的名字：第一章，李少威、荣智慧；第二章，何子维、杨露；第三章，赵义、郑嘉璐；第四章，谢奕秋、雷志华。作者队伍里面，既有从业多年的资深老记者，也有刚从业不久的年轻新记者。新记者的成长速度，和本书的出版一样，让我们感到惊喜。

在这里，我们要特别感谢人民日报出版社，感谢本书编辑张炜煜同志，本书的出版得益于出版社从领导到编辑等诸多同志的努力；还要感谢编务统筹钟璐珊，正是她不厌其烦地忙前忙后，让作者们得以专心写作。要感谢的人还有很多，恕我们不一一列举名字了。总之，本书的出版是集体协作的结果，荣誉永远属于有战斗力的集体。

当然，文责自负。如果您有什么批评指正，欢迎随时和我们联系。

南风窗杂志社
2018 年 10 月 31 日于南书房